Démaquillée

Conception de projet et direction éditoriale:
Les Communications Jean Couture inc.
Correction: Anne-Marie Théorêt et Sylvie Massariol
Infographie: Marie-Josée Lalonde

DISTRIBUTEUR EXCLUSIF:

- Pour le Canada et les États-Unis:
  MESSAGERIES ADP*
  2315, rue de la Province
  Longueuil, Québec J4G 1G4
  Tél.: 450 640-1237
  Télécopieur: 450 674-6237
  Internet: www.messageries-adp.com
  * filiale du Groupe Sogides inc.,
  filiale du Groupe Livre Quebecor Media inc.

Catalogage avant publication de Bibliothèque
et Archives nationales du Québec et Bibliothèque
et Archives Canada

Bertrand, Dominique
Démaquillée

Autobiographie.
Comprend des réf. bibliogr.

ISBN 978-2-7619-2627-0

1. Bertrand, Dominique. 2. Mannequins (Personnes) - Québec (Province) - Biographies. 3. Animateurs de télévision - Québec (Province) - Biographies. I. Titre.

HD6073.M772C3 2010 746.9'2092 C2010-940083-6

01-10

Dépôt légal: 2010
Bibliothèque et Archives nationales du Québec

ISBN 978-2-7619-2627-0

Gouvernement du Québec – Programme de crédit d'impôt pour l'édition de livres – Gestion SODEC – www.sodec.gouv.qc.ca

L'Éditeur bénéficie du soutien de la Société de développement des entreprises culturelles du Québec pour son programme d'édition.

Le Conseil des Arts du Canada
The Canada Council for the Arts

Nous remercions le Conseil des Arts du Canada de l'aide accordée à notre programme de publication.

Nous reconnaissons l'aide financière du gouvernement du Canada par l'entremise du Programme d'aide au développement de l'industrie de l'édition (PADIÉ) pour nos activités d'édition.

Dominique Bertrand

Démaquillée

LES ÉDITIONS DE L'HOMME
Une compagnie de Quebecor Media

À Rosemarie, ma fille adorée.

Je t'ai conçue, tu m'as mise au monde;
Je t'ai allaitée, tu m'as nourrie;
Je t'ai appris à marcher, tu m'as fait avancer;
Je t'ai éduquée, tu m'as élevée.

À Jacques, mon mari, mon chêne et mon refuge.
Parce que tu me connais par cœur
et que tu m'aimes quand même.

Par-delà faux cils et talons aiguilles

Un jour, je devais avoir vingt-sept ou vingt-huit ans, je rentrais d'un séjour à New York où je travaillais comme mannequin. Nous étions le 22 décembre et nous pouvions sentir toute la fébrilité du temps des fêtes s'emparer des voyageurs. Je me réjouissais de passer mes vacances de Noël avec les miens et j'étais impatiente de sauter dans un taxi pour enfin regagner mon domicile après ces longs mois qui m'avaient menée tantôt à Paris, tantôt à Milan, à Miami, à Monaco ou Dieu sait où.

Soupçonnant que je rentrais peut-être au pays la valise pleine de cadeaux, les douaniers décidèrent de faire passer mes bagages à la fouille. L'agent des douanes, une petite femme douce et joviale, me reconnut immédiatement et entreprit de me questionner sur la vie de mannequin. Sa fille, disait-elle, rêvait de faire carrière comme modèle. Il était évident que cette gentille douanière percevait mon métier comme la quintessence du glamour, le summum de la sophistication. « Quelle chance, s'exclama-t-elle, admirative et rêveuse, tous ces beaux vêtements que vous portez ; tous ces looks d'enfer, ces soirées mondaines. Mon Dieu, quelle vie ! Quand je vais dire à ma fille que je vous ai rencontrée ! »

Puis elle ouvrit finalement ma valise... Décrire la déception qui se lisait sur son visage me serait impossible, tant elle était criante. De ses mains gantées, incrédule, elle farfouillait dans mes effets personnels qui s'avéraient on ne peut plus désappointants : deux ou trois robes de nuit de *flanellette*, des jeans, des chaussettes en peluche, une robe de chambre en ratine et... une bouillotte ! Bref, l'essentiel de ce qui m'était nécessaire pour affronter les longues soirées d'hiver dans mon miteux appartement mal chauffé de Soho, le quartier branché de la métropole américaine.

Je pratiquais au fait un métier qui ne ressemblait en rien à ma réalité personnelle. Mes journées de travail terminées, je regagnais l'intimité de mon minuscule chez-moi new-yorkais. J'enlevais mes faux cils – petites chenilles veloutées –, je retirais de mes pieds mes escarpins, de mon chignon les épingles à cheveux, et je me réappropriais ma véritable identité. Aux autres les parties, les soirées en boîtes de nuit et les réceptions V.I.P. Quand on sourit à la caméra d'un inconnu toute la journée, la perspective de faire la *cute* en heures supplémentaires dans la vraie vie n'est pas ce qui vous enchante le plus. Je ne savais pas encore très bien qui j'étais, mais je savais avec certitude que je n'étais pas *ça*. Et je ne le suis toujours pas.

Tout compte fait, ma véritable vie s'est passée à l'ombre des projecteurs, à l'écart des caméras de télé, loin des studios de photos. Ceux qui n'ont connu de moi que l'image publique seront étonnés d'apprendre que, sous le vernis de l'élégance et du chic, en marge des poses gracieuses et de la notoriété, ma vie m'a donné pas mal de fil à retordre. La vérité, c'est que, armée de glaçons, de sachets de thé ou de Préparation H – eh oui ! ça marche ! –, je me suis battue d'innombrables fois contre d'affreuses poches sous les yeux d'avoir trop pleuré. Le vedettariat, malgré ce qu'on peut en penser, ne vous prémunit en rien contre les problèmes. Je vous en passe un papier.

Tribulations porteuses de sens

Quoi qu'il en soit, je crois fermement que l'on peut donner un sens à toutes les difficultés qui surgissent sur notre chemin. Il n'en tient qu'à nous. Ce sens, bien entendu, ne nous paraît pas toujours évident au moment où l'on doit traverser ces épreuves. Mais, comme l'a dit James Dean avec beaucoup de sagesse : « Puisqu'on ne peut changer la direction du vent, il faut apprendre à orienter les voiles. » Ce n'est qu'après coup, une fois que la tempête est passée et que les vents se sont calmés, que nous pouvons toujours, sans exception, non seulement tirer un enseignement utile de nos périples, mais aussi constater que se sont révélées en soi des forces insoupçonnées.

L'attitude que l'on choisit peut faire toute la différence entre avoir souffert en vain ou non. Les propos que je tiens ici s'inscrivent justement dans le sens que je veux donner à mon parcours particulièrement semé d'embûches. Ils n'ont d'autre prétention que d'être un partage sans faux-fuyants, ainsi qu'une invitation à explorer les véritables valeurs qui inspirent notre vie.

À la suite d'entrevues télévisées au cours desquelles j'ai ouvertement et sans pudeur témoigné de mon cheminement personnel, des centaines de courriels et de lettres me sont parvenus des quatre coins du Québec. Des hommes et des femmes de tous âges et de toutes conditions, qui traversaient eux aussi des épreuves semblables, s'étaient reconnus dans mes propos. Ils étaient à la recherche de valeurs auxquelles s'accrocher afin de trouver la force de continuer à faire face à l'adversité. Certains trouvaient en mon récit une forme d'encouragement de même qu'un réconfort. D'autres, rassurés de pouvoir s'identifier à mes expériences de vie, sortaient enfin du sentiment de honte et de solitude qui les accablaient depuis longtemps. Les difficultés ne sont pas un déshonneur. Voilà mon message. Au final, ce qui compte n'est pas ce qui nous arrive, mais ce qu'on en fait.

C'est à ce moment que l'idée m'est venue de faire le bilan des valeurs porteuses de ma vie. Certaines de celles que mes parents m'ont transmises, mais aussi d'autres que ma propre expérience de vie a façonnées en moi. Les valeurs sont comme des empreintes digitales : propres à chacun. Elles sont la signature d'une vie, les traces ou le sceau qui marquent une existence.

Force m'est de reconnaître que mes valeurs m'ont sauvée. Je ne crains pas de le dire. Mais ce sont MES valeurs. Bien que je sois prête à les défendre bec et ongles, je ne peux prétendre détenir la vérité. Je crois sincèrement qu'il appartient à chacun de nous de trouver et de cultiver celles qui nous sont propres si nous voulons éviter d'être emportés par les grands vents de la tempête. Car ce sont précisément nos valeurs qui servent à orienter les voiles.

Je me suis donc mise à l'écriture comme on parle à un ami. Afin que tous ceux et celles qui font présentement face à de rudes épreuves – ou qui estiment, en toute sagesse, qu'ils n'en sont pas à l'abri – sachent qu'il est possible non seulement de s'en sortir, mais, contre toute attente, de s'en trouver bonifiés.

Étrangement, les aspérités de mon parcours ont accru ma sensibilité pourtant déjà très grande. Je suis plus que jamais touchée par la souffrance humaine, quelle qu'elle soit. En me confiant comme je m'apprête à le faire, je désire faire un geste concret de partage, de solidarité et d'ouverture. Et, si possible, conforter ceux et celles qui se retrouveront dans les pages qui suivent : « Voyez, vous n'êtes pas seuls. J'ai moi aussi reçu ma part de difficultés et, aujourd'hui, le soleil brille de mille feux. Tout comme il pourra de nouveau le faire pour vous. »

J'ai fait également le choix de me compromettre de la sorte pour toutes celles qui, comme moi, ont collectionné les *losers*, trop aimé de crétins, piétiné leur amour-propre, accepté l'inacceptable. Bienvenue dans le club ! J'ai aussi rédigé ces pages avec une intention particulière pour ceux et celles qui portent seuls et à bout de bras le bien-être de leurs enfants, de même que pour toutes les personnes qui ont été mordues par la dépression. Oui, une vie, ça se change.

Je l'ai aussi fait en pensant à ceux et celles qui souffrent d'un manque de sens à leur existence et qui peinent à accorder leurs choix de vie aux valeurs qu'ils souhaitent privilégier. Si ce livre n'aide ne serait-ce qu'une seule personne à rechercher un sens à sa vie, à se rebrancher à sa dimension spirituelle, à avoir du courage et de l'espoir, ou à prendre la maîtrise de sa destinée, sa rédaction n'aura pas été vaine. Et mes souffrances non plus.

En m'adressant à vous, j'ai laissé tomber les faux cils, les fards, le strass, les bijoux et tous les artifices que suppose la vie publique que j'ai menée depuis près de trente ans. Me voilà, pour ainsi dire, nue devant vous. Mais ne perdez pas de temps à chercher dans ces pages les photos qui en attesteraient.

Il va falloir me croire sur parole.

La vie sauve

L'homme se mesure devant l'obstacle.
ANTOINE DE SAINT-EXUPÉRY

L'amour est apparu tard dans ma vie. Bien sûr, comme tout le monde, j'ai connu dès l'adolescence les émois de l'infatuation, les vertiges du désir, l'ivresse de me sentir désirée. Et, bien entendu, comme tout le monde – cela n'a rien de bien surprenant –, j'ai confondu ces sentiments avec l'amour. Je passais de longues heures à me languir dans le hamac, l'été, ou devant le feu de foyer, l'hiver, de garçons dont je ne connaissais pourtant presque rien. L'amour était au mieux un loisir, un jeu de devinette ou une valse-hésitation qui alimentait nos longues conversations téléphoniques entre filles. Au pire, il était une torture nourrie de diverses superstitions : je marche sur une craque du trottoir, il ne m'aime pas ; la pluie cesse avant midi, il va rappeler.

La vérité, c'est que je ne connaissais encore rien de l'amour. Bien sûr, les cahiers de mes seize ans sont noircis de poèmes attendrissants et de lettres enflammées destinées à des garçons dont je ne me rappelle même plus les noms et dont j'ai oublié les traits, la forme des yeux et le timbre de la voix. Était-ce le petit Garand ou l'un des jumeaux Mercier que j'ai embrassé, un soir de pluie, adossée au grand orme de notre parc ? Je ne saurais dire.

Tous mes écrits de l'époque parlent de passion et riment avec toujours. Pourtant, cela ne prouve rien. J'étais, comme le disait ma mère, « en amour avec l'amour ». J'étais à la recherche de sensations fortes, d'émotions effervescentes. Bref, aussi stupide cela puisse paraître, je voulais vivre des scènes de films. La plus grande vertu de l'amour, tel que je le concevais, était de me soulever de terre et de me soustraire à la réalité. Pour tout dire, l'amour avait le pouvoir d'une drogue. C'était un *buzz*; un *trip*. Une évasion; une fantaisie. L'amour, au temps de mes seize ans, me faisait pousser des ailes plutôt que des racines.

Mais avec la maternité, j'allais découvrir que c'est bien plus qu'un sentiment. C'est précisément pour cela qu'il est si difficile. L'amour ne tient pas que dans une émotion. Il est une décision qui comporte une grande responsabilité. Je ne me rappelle plus qui a dit, lors d'une entrevue télévisée, que « l'amour, c'est accepter d'être dérangé ». C'est certainement, à mon sens, la meilleure description qu'on peut en faire. L'amour est difficile parce qu'il exige une capacité à faire passer au premier plan, lorsque c'est nécessaire, les besoins d'une autre personne. L'amour vrai ne consiste pas à chercher en l'autre une image de soi idéalisée. Ce n'est pas plonger son regard dans les yeux de l'autre pour y voir son reflet, mais bien pour y prendre contact. L'amour n'est pas accessible aux Narcisse de ce monde qui sont, à notre époque, passablement nombreux ! Il nous force, bien au contraire, à l'humilité, à sortir des cercles concentriques entourant notre petit moi.

Parce qu'il nous met à risque et nous pose un défi, parce qu'il est un rendez-vous avec *autre* que soi – et tout à la fois la porte sacrée de la rencontre avec soi-même – l'amour nous terrorise. Mais l'amour, le vrai, est aussi une source de bonification incomparable, une occasion d'épanouissement, un *repousse limites* sans pareil. Je ne connais rien qui soit plus grand.

Maternité révélatrice

À trente et un ans donc, enceinte de quelques semaines, je vis apparaître sur l'écran de l'échographie un flash miniature, rapide, régulier et incessant: le cœur de ma fille Rosemarie. Une petite lumière pas plus grosse qu'un point numérique sur un réveille-matin. Il était évidemment trop tôt pour que l'imagerie puisse me révéler le sexe de mon enfant, mais certainement pas trop tôt pour que, en l'espace d'un éclair, je ressente un élan encore jamais éprouvé. J'aimais cet enfant. Sans en avoir vu le visage ou reniflé la peau, sans l'avoir encore jamais pris dans mes bras, sans même savoir s'il était normalement constitué, j'aimais profondément cet être – petite crevette stroboscopique harponnée à mon ventre – d'une manière dont je n'avais jamais soupçonné qu'on puisse aimer. Si bien que, en sortant de l'hôpital ce jour-là, j'avais l'intime conviction de n'être déjà plus la même personne que celle qui y était entrée.

Voilà que se pointait un lien d'une nature à la fois transcendante et animale. Un lien que je serais prête à défendre et à protéger contre la Terre entière. Un lien pour lequel je ferais volontiers tous les sacrifices. Voilà que je devenais louve. Voilà que ma vie prenait un sens. Alors que, jusqu'à ce jour, j'avais vécu avec «beaucoup de voile et pas beaucoup de gouvernail», comme aimait si bien le dire mon père. Je savais désormais où j'allais et qui je voulais devenir. Une petite personne préparait sa venue dans la vie et rien ne comptait plus que mon désir d'être digne de sa pureté et à la hauteur de ses besoins.

Cet amour-là était une véritable révélation. Il sollicitait le meilleur de moi-même, combattait mon nombrilisme et organisait mes sentiments, allant jusqu'à les prolonger de plans concrets et de projections d'avenir. Il orientait ma vie vers le bien-être et l'épanouissement de ce qui était en voie de devenir ma fille, mon bébé, mon amour «à la vie, à la mort». Avec elle, il ne faisait jamais plus complètement noir. Un feu restait allumé en permanence.

Mes bonnes intentions allaient cependant être mises à rude épreuve. Cet amour maternel tout nouveau allait très tôt mobiliser toutes mes forces et tout mon courage. Pas encore née, cette enfant allait m'imposer des renoncements difficiles, des réaménagements frustrants, provoquer des deuils douloureux. En octobre 1989, à la onzième semaine de grossesse, un chauffard ivre me heurta de plein fouet, m'obligeant à garder le lit jusqu'à l'accouchement. Je dus donc abandonner mon travail de chroniqueuse à la télé que j'occupais depuis que je m'étais retirée du métier de mannequin. Et afin de me rapprocher de l'hôpital où j'allais accoucher, il m'a aussi fallu me résigner à poursuivre les six derniers mois de ma grossesse chez mes parents, loin de ce chez-moi que j'habitais avec mon conjoint.

Allongée dans un lit du matin au soir, je guettais les signes de vie qui me parvenaient du creux de mon ventre. Et même si j'employais toutes mes forces à espérer le meilleur dénouement possible, même si je repoussais avec véhémence les scénarios noirs qui ne manquaient pas de s'immiscer dans ma tête – surtout la nuit –, je dois avouer que l'angoisse et l'anxiété me rongeaient. Je résistais du mieux possible à la déprime, mais ma nature plutôt inquiète avait de quoi se mettre sous la dent.

Moi qui, au cours des dernières années, avais connu un agenda archi-chargé, pour ne pas dire étourdissant, j'étais littéralement réduite à regarder les *soaps* d'après-midi. À trente et un ans, je devais compter sur ma mère pour la préparation de mes repas ainsi que pour me véhiculer lors de mes rendez-vous chez le médecin. Ma grossesse était tellement précaire qu'une simple promenade à pied risquait d'y mettre fin. Mais je VOULAIS cette enfant. Et si ma condition avait exigé que je reste allongée tel un fakir sur un lit de clous, rien ne m'aurait dissuadée de le faire. Si j'avais dû effectuer le tour de la Terre à genoux dans le gravier pour éviter une fausse couche, je l'aurais fait.

Je ne saurais mesurer la part exacte de l'instinct maternel dans mon attitude, cette part animale qui assure depuis le début des temps la survie de l'espèce. Pas plus que je ne saurais déterminer clairement le rôle de mes propres carences affectives dans la manière dont j'ai investi ma grossesse, dans la façon dont j'ai engagé toute ma vie dans cette aventure. Le travail de thérapie m'a bien apporté quelques réponses au cours des ans, mais force est de reconnaître que les sentiments de la maternité demeurent en soi, depuis toujours, un épais mystère dont les composantes sont bien propres à chaque mère.

Abandons récurrents

Quoi qu'il en soit, je n'étais pas au bout de mes peines. Au quatrième mois, le père, avec qui je partageais ma vie depuis sept ans, m'informa qu'il me quittait. D'une grossesse à risque, les perspectives changèrent alors pour en faire une maternité solitaire et laborieuse. À la menace de fausse couche ou d'accouchement prématuré – avec tout ce que cela comporte de dangers pour l'enfant – s'est du jour au lendemain ajoutée la réalité de la monoparentalité.

Moi pour qui le simple fait de mener ma grossesse à terme représentait un défi de taille, je devais envisager d'élever mon enfant sans conjoint avec toutes les difficultés que cela suppose. Allais-je être capable de pourvoir seule à son bien-être matériel ? Avais-je les qualités nécessaires pour être une bonne éducatrice ? Allais-je être capable de compenser un tant soit peu l'absence du père ? Comment allais-je conjuguer travail et parentalité ? Toutes ces questions se bousculaient dans ma tête au point de m'empêcher de dormir. Pourtant, dans cet océan de complète incertitude, une seule assurance ne se démentait jamais: celle de vouloir lier ma vie à celle de mon enfant.

Dans les circonstances, on aurait pu croire que je vivais une peine d'amour. Étrangement, il n'en était rien. Et j'en fus la première étonnée. Il faut savoir qu'il y a des lâchetés si grandes, des offenses si blessantes, qu'elles tuent instantanément tout amour existant. Il n'y a pas de moyen plus sûr pour anéantir les sentiments amoureux qu'un germe de mépris.

À vrai dire, j'éprouvais des émotions très diverses. Je suis une fille adoptive. Inutile de dire qu'avec le départ de mon conjoint, je revivais un sentiment d'abandon lié à ma propre naissance. Mais j'avais aussi soudainement conscience de me retrouver là où ma mère biologique s'était retrouvée avant moi. C'est-à-dire à une croisée des chemins. Là où l'on peut infléchir le destin de l'enfant que l'on porte.

Selon le mince dossier que j'ai pu consulter, ma mère naturelle avait poursuivi sa grossesse dans l'intention de me donner en adoption. L'ampleur de la responsabilité que je représentais, les mœurs ambiantes sans doute, son célibat, et peut-être aussi son manque de ressources financières avaient eu raison de moi. Aussi avais-je la très désagréable impression de répéter l'histoire: abandonnée de nouveau – était-ce une fatalité ? –, j'allais mettre au monde une petite fille déjà laissée-pour-compte par son papa.

Mais mon apitoiement n'a duré que peu de temps. « *Chin up !* » me disait mon père. Relève la tête ! De l'inévitable: « Pourquoi moi ? », mon leitmotiv s'est vite transformé en: « Vous allez voir ce que vous allez voir ! » Ma révolte et ma frustration sont en quelque sorte devenues un moteur. Mon regard s'est rapidement tourné vers l'avenir. C'était ce que j'avais de mieux à faire. « Les animaux qui se sont le mieux adaptés à la vie sur terre sont ceux qui ont renoncé une fois pour toutes à la vie en mer », fera dire Réjean Ducharme à Bérénice Einberg dans *L'avalée des avalés*. C'est ainsi qu'après le prévisible échec d'une tentative de réconciliation, j'ai quitté le rivage de la parentalité à deux pour celui de la monoparentalité sans jamais regarder en arrière.

La vérité, c'est que je n'ai jamais autant tenu à quelqu'un ou à quelque chose qu'à cette petite fille. Dans l'intimité de notre osmose, je lui demandais de tenir bon. Je lui parlais, je lui chantais des chansons. Dans les moments où je doutais de mes compétences maternelles, où la peur et l'angoisse noyaient tout le plaisir que j'aurais pu éprouver à être enceinte, je m'accrochais à cette idée un peu ésotérique et ridicule qui prétend que les enfants choisissent leur mère. La fin justifie les moyens. Je savais que la route serait difficile, mais, qu'à cela ne tienne, je mettais tout en œuvre pour que Rosemarie naisse dans les meilleures conditions. Je voulais qu'elle se sente accueillie, désirée, aimée, célébrée. Je voulais pour elle ce à quoi je n'avais pas eu droit : une naissance espérée, glorieuse et triomphale. Avec mon enfant, j'avais l'occasion de réparer ma propre naissance.

Appel au dépassement

Je crois fermement que tout changement chez un être humain, qu'il soit souhaité ou non, dépend d'un ensemble de circonstances. Autrement dit, que, en dépit des apparences, chaque chose arrive en son temps. J'aurais cependant beaucoup de peine à dire si j'étais, à ce moment-là de ma vie, assez construite pour affronter ce long et laborieux périple qui m'était imposé. Je parierais même que je ne l'étais pas. Après tout, peut-être est-ce justement ce périple lui-même qui a contribué à me construire, et ce, exactement au moment où je tournais en rond sans en avoir l'air, à cette époque de ma vie où mon épanouissement stagnait, contenu dans mes innombrables peurs, freiné par mon manque de confiance en moi.

Je suis de celles qui croient que les obstacles sont des occasions de croître, pour peu qu'on veuille bien leur faire face. Devant l'épreuve, le premier réflexe demeure bien entendu la fuite. Le contraire serait suspicieux ; chacun rêve toujours d'éviter le pire. Mais comment savoir de quel bois on se chauffe si l'on pratique l'esquive toute sa vie ? Comment découvrir nos forces, sinon en les sollicitant ? Et nos limites, sinon en s'y butant ?

En ce qui me concerne, par exemple, avant que ma grossesse se complique, je ne me savais pas du tout dotée d'autant de ténacité et de pugnacité. Je ne connaissais pas la force de ma volonté. La vie m'avait jusqu'alors ballottée. Je m'étais laissé plus ou moins porter par le vent, attrapant au hasard, ici et là, ce qui me semblait attrayant, et évitant du mieux possible ce qui me créait de l'inconfort. En termes clairs, je n'avais pas réellement pris conscience du pouvoir que je pouvais exercer sur ma vie.

Entrecoupée de plusieurs séjours à l'hôpital et de menaces d'accouchement prématuré, ma grossesse connut enfin son dénouement au terme de trente-neuf semaines. Le 27 mars 1990, à 23 h 47, ma fille, Rosemarie, est née. Dans toute la splendeur de sa beauté, elle est finalement apparue : parfaite, miraculeuse et victorieuse. Nimbée de la lumière de la vie, celle qui avait déjoué les sombres prédictions médicales, celle qui s'était, en dépit de tout, accrochée durant neuf mois, faisait contre toute attente son entrée dans le monde.

Quand, seule dans la quiétude de ma chambre, j'ai enfin pu la tenir dans mes bras, je fus submergée par l'immensité du lien à créer. Même si j'avais porté cette enfant, même si, durant trente-neuf semaines, elle m'avait littéralement habitée, je me rendais compte que tout était à bâtir. Comme quoi les liens de sang ne garantissent pas tout et qu'on surestime leurs vertus. Je regardais cette petite chose merveilleuse dépendre entièrement de moi. À la fois affolée et folle d'amour, j'anticipais les années à venir avec circonspection et euphorie. Je ne serais plus jamais libre. Voilà ce que je me disais au lendemain de cette nuit de printemps. Et j'en éprouvais un bonheur incroyable.

Apprentie maman

Jusqu'à aujourd'hui, le parcours n'a pas toujours été facile. La monoparentalité est une vie de solitude qui exige beaucoup de renoncements, sinon définitifs, du moins temporaires. Mais j'ai été gratifiée d'une fille merveilleuse. Une enfant rieuse, calme et aimante, d'une grande intelligence et d'une sensibilité non moins manifeste. Les défis ont été nombreux et variés, mais je peux dire sans hésiter que les gratifications et les satisfactions les ont toujours surpassés de beaucoup. Les femmes qui s'apprêtent à vivre l'expérience – par choix ou par accident – doivent savoir que la monoparentalité, bien que très exigeante, apporte aussi beaucoup de contentement. Et que les difficultés surmontées sont dans tous les cas génératrices d'une grande fierté.

Pour ce qui est de ma propre expérience, les premiers mois se sont révélés particulièrement éprouvants. Installée dans un petit appartement de banlieue, pas très loin du domicile de mes parents, je prenais soin de Rosemarie au meilleur de mes capacités. Je me souviens avec précision de la première nuit suivant mon déménagement. À quatre heures, entourée d'innombrables boîtes de carton à défaire, au cœur du fouillis qu'était mon logis pas encore aménagé, et épuisée par cette première journée de maternage à temps complet, je donnais le biberon à ma fille. Tandis qu'elle buvait, son regard pénétrait le mien d'une manière telle que l'intensité du lien qui nous unissait s'y dessinait déjà. Dans ces yeux de poupon s'esquissaient non seulement toutes les attentes du monde, mais aussi la confiance qu'elle mettait en moi, de même que le soutien et la solidarité qu'elle quémandait. Car assez curieusement, celle-là même qui m'obligeait à affronter l'inconnu se révélait être mon meilleur épaulement dans l'aventure. Sous des apparences de fragilité et de vulnérabilité se cachait un coach redoutable capable de me faire soulever des montagnes. C'était « toi et moi contre le monde entier ».

Mais le quotidien ne me laissait pas beaucoup de répit. Je me sentais tour à tour débordée, inadéquate, paniquée et très souvent incompétente. Pour tout dire, j'avais parfois l'impression de ne plus m'appartenir. Je m'accrochais alors à ce qu'une mère célibataire m'avait déjà dit : « Au pire, ne perds jamais de vue que ce ne sera PAS toujours ainsi. »

Lorsque la tâche me semblait lourde, je prenais du recul et je faisais preuve de tolérance envers moi-même. Au diable le ménage ou la vaisselle ! Qu'on se le dise, on ne peut réussir sa monoparentalité qu'en acceptant de « tourner les coins ronds » plus souvent qu'à son tour. J'ai donc renoncé très tôt à jouer la *Miss parfaite.* J'ai compris rapidement que, si je voulais être en mesure de pourvoir aux besoins de ma fille, il fallait aussi que je respecte mes propres limites. J'ai donc priorisé les tâches. Par exemple, il était plus important pour moi de faire une promenade au soleil avec Rosemarie que de *faire mon Pledge* assidûment ou de plier mon linge sitôt sorti de la sécheuse. Je préférais l'emmener avec moi faire un peu de shopping que de ranger par couleurs les chaussettes dans les tiroirs.

La compromission ne s'est cependant pas opérée sans quelques élans de culpabilité, car, enfant, j'avais vu ma mère faire tremper chaque jour nos lacets de bottine dans de l'eau javellisée afin qu'ils demeurent blancs pour que nous ayons, ma sœur et moi, une apparence irréprochable de laquelle elle tirait beaucoup de fierté. Je peux dire sans hésiter que la monoparentalité m'a éloignée considérablement du modèle maternel qui avait été le mien. Avec moi, le culte de la perfection a sauté une génération ! Et au grand étonnement de plusieurs, personne n'en est mort.

Mais ce n'est pas tout. Moi qui avais toujours pris un soin minutieux à entretenir mon image, voilà que je m'affichais dans des looks pour le moins discutables. Comme toutes les mamans du monde, je me suis tournée vers des vêtements lavables exigeant peu d'entretien et j'ai pris plaisir à privilégier le confort. Dieu merci, le legging était fort en vogue en 1990 !

Comment aurait-il pu en être autrement ? Je prenais le parti d'embrasser ma condition, et même d'en rire, à défaut de quoi je me serais sentie continuellement frustrée. À quoi bon des chemisiers griffés quand notre enfant bien-aimé régurgite constamment ou s'exerce avec talent au lancer de la purée de carottes ? Le temps disponible pour se faire un soin des ongles, un masque de beauté ou un maquillage sophistiqué étant complètement inexistant, je dus faire le deuil – au moins temporaire – des petits luxes féminins. Adieu jolies mises en plis, bonjour les élastiques ! D'autant plus que, durant les deux premières années de vie de Rosemarie, les revenus se sont faits très rares.

En effet, j'avais décidé, dès la naissance de ma fille, de m'y consacrer exclusivement jusqu'à ce qu'elle soit assez vieille pour exprimer verbalement ses besoins. Elle ferait son entrée en garderie plus tard. Ce furent donc près de vingt-quatre mois aussi extraordinaires qu'exigeants. Deux ans de purée maison, de promenades en poussette, de casse-tête *Sesame Street*, de coliques, de rhinites, de couches et de biberons. Deux ans de routine quasi immuable qui ont contribué, j'en suis certaine, à établir entre ma fille et moi un lien très fort ainsi qu'à me faire prendre conscience que, maman à la maison, ce ne serait jamais ma tasse de thé.

Seule à bord

Ma vie était en tout point semblable à celle de ces mères qui font le choix de mettre leur carrière en veilleuse pour élever leur enfant. À cette différence près: je n'avais que moi sur qui compter. Personne à qui raconter ma journée, personne contre qui me lover la nuit, personne avec qui commenter l'actualité, personne pour veiller sur bébé le temps d'un bain mousse ou même d'une douche éclair.

Quand vous êtes une maman chef de famille monoparentale et que vous manquez de lait ou de couches en soirée, ou encore que vous devez vous rendre à l'urgence pour vous-même en pleine nuit, il n'y a personne pour prendre le relais. Qu'il neige ou qu'il pleuve, vous habillez votre trésor et vous foncez. Et quand vous en avez marre du Zincofax, du perçage de dents et des pleurs incessants qui vous rendent folle, vous ne pouvez y échapper, ne serait-ce que l'espace d'une heure, afin d'aller fureter du côté des kiosques à journaux ou encore pour prendre un café avec une amie. L'expédition que représente une sortie avec votre enfant, surtout l'hiver – habit de neige, bottes, siège d'auto, poussette et *tutti quanti* – vous incite à ne même pas considérer l'idée. «*Give me a break!*» avez-vous envie de hurler.

Mais il n'y a pas de papa pour assurer la garde vous permettant d'échapper brièvement au zoo dans le but de préserver votre santé mentale. Vous n'avez pas d'autre choix que celui de respirer par le nez un bon coup et de repenser à ce qu'on vous a dit: «Ce ne sera PAS toujours ainsi.» Vous vous calez alors dans la berceuse avec votre enfant dans les bras en sachant que la nuit sera longue. Puis vous épuisez le répertoire de vos *lullabies* dans la lueur faiblarde de la lampe-ourson. Et même si ma mère a toujours été d'une disponibilité exemplaire, d'une aide précieuse et d'un soutien indéfectible dont je lui serai éternellement reconnaissante, il n'en reste pas moins qu'ultimement je demeurais la seule responsable de ma fille.

On pourrait croire que la solitude de la chef de famille monoparentale est plus difficile dans les moments exigeants. Mais elle pèse aussi cruellement dans les moments les plus beaux. Bien sûr, vous pouvez raconter à votre mère ou à votre sœur de même qu'à votre meilleure amie les exploits de votre enfant. Mais l'ordre naturel des choses voudrait que vous puissiez d'abord les partager avec un papa qui ne s'est pas évanoui dans le décor.

Lorsque ma fille a prononcé le mot «maman» pour la première fois, c'était à l'heure du souper, pendant le journal télévisé. Je me suis alors tournée spontanément vers le visage de Pierre Bruneau, comme pour le prendre à témoin, et j'ai hurlé: «En veux-tu une vraie nouvelle, mon beau Pierre? Rosemarie vient de dire MAMAN!» Après quoi je me suis mise à pleurer dans un mélange de joie, de fierté et de commisération pour moi-même devant l'expression ahurie de ma petite fille.

Encore aujourd'hui, alors qu'elle aborde ses vingt ans, que l'on pourrait présumer que j'ai fait mon deuil d'un papa pour elle, certaines images, dans les films ou les téléromans, me sont toujours insupportables au point de me faire verser une larme. Ce sont ces scènes comme en guimauve où l'on voit le père entourer sa femme de son bras protecteur, la tête inclinée tendrement vers son enfant. Des images qui me rappellent ce à quoi je n'ai pas goûté en tant que mère, qui me renvoient en plein visage ce dont ma fille a été privée.

Introspection souhaitable

Par ricochet, le plus beau cadeau que je pouvais faire à Rosemarie a été certainement celui de suivre une thérapie. Chacun a sa part de responsabilité dans ses échecs amoureux. Je voulais désespérément connaître la mienne afin d'éviter les mêmes aveuglements, les mêmes erreurs et les mêmes mauvais choix dans le futur. Je refusais d'endosser le rôle de la victime même si c'était moi – pour l'heure – qui subissais toutes les conséquences d'une décision que je n'avais pas prise. Dans mon for intérieur, il ne faisait pas de doute que j'avais contribué en partie au fiasco de ma relation avec le père de ma fille.

Ce fut donc le début d'une exploration qui dura des années et qui me fut d'un apport inestimable pour l'éducation de Rosemarie. En guérissant mes propres blessures, je sapais leur pouvoir de gérer ma vie à mon insu. En comprenant ma propre histoire, je m'outillais pour mieux la poursuivre. De même, en prenant conscience de mes propres carences, je risquais moins de les transmettre à ma fille. On ne peut changer ce dont on ne reconnaît pas l'existence. Et puisque, comme le dit le psychanalyste Guy Corneau, on est condamné à revivre ce qu'on n'a pas compris, j'étais TRÈS motivée à comprendre.

La thérapie m'a d'abord aidée à ventiler mes frustrations sans me sentir jugée; à circonscrire mes peurs, à exprimer mes doutes et, surtout, à ne pas oublier qu'en marge de la maternité j'étais aussi et surtout une femme. Tous les mardis matin, je laissais ma fille chez ma mère qui la couvrait de baisers et j'allais m'asseoir pendant cinquante minutes dans le fauteuil IKEA de mon psy moustachu.

Le plus grand mérite de cet itinéraire, qui s'est étalé sur de nombreuses années, est de m'être révélée à moi-même. Et au chapitre de l'éducation d'un enfant, le parent qui se connaît lui-même part avec une longueur d'avance. Car comment défendre des valeurs, comment les transmettre, comment poser des balises et ériger des interdits si on ne s'est pas soi-même positionné dans l'existence? Bref, comment être présent à son enfant si on n'est pas d'abord présent à soi-même? Être parent, c'est avant tout être guide. Si le guide n'a aucune idée du chemin, il ne faudra pas s'étonner que ceux qui le suivent se perdent en cours de route!

Dans son ouvrage *Pourquoi l'amour ne suffit pas*, la psychanalyste Claude Halmos explique de brillante façon qu'il faut beaucoup plus que de l'amour pour construire un enfant. Or le défi qui s'est posé à moi, dès la naissance de Rosemarie, concerne justement cet amour-là. Pour aider ma fille à se construire, je devais résister à l'envie de fusionner avec elle. Il ne fallait pas que l'amour que je lui porte étouffe le feu de sa vitalité. Ce qu'il fallait, c'est qu'il soit le courant la poussant à explorer toutes les dimensions de ses possibilités comme celui qui pousse le fleuve vers la mer. Je devais me rappeler constamment que mon travail était de la préparer du mieux possible à quitter le nid, à voler de ses propres ailes, comme on dit. À aucun prix je ne devais la laisser s'investir du rôle de partenaire ou d'amie de maman.

Délimitation nécessaire

C'est pour cette raison que je n'ai jamais accepté – sauf dans des cas de force majeure – que Rosemarie dorme dans mon lit. La place à côté de moi était vide, mais ce n'était pas la sienne. C'était une place à prendre par un homme. Et lorsque je me suis fait un amoureux et qu'il est venu dormir à mes côtés, Rosemarie ne s'en est jamais offusquée. Elle n'avait pas le sentiment que quelqu'un lui volait sa place. Sa place à elle, c'était dans la sécurité de sa chambre, dans son propre univers d'enfant où elle avait appris à apprécier la solitude et l'intimité avec elle-même.

Quant à la place qu'elle occupait et occupe toujours dans mon cœur, elle n'en a jamais douté une seule seconde. Il était crucial pour moi que ma fille comprenne que je n'étais pas qu'une maman, que la maternité ne pouvait pas répondre à tous mes besoins. Et que, pour être une maman heureuse, la femme en moi devait l'être aussi.

L'autonomie est sans aucun doute le plus beau cadeau que des parents puissent offrir à leur enfant. Facile à dire ; pas mal plus difficile à faire ! Afin d'y arriver, j'ai dû fournir des efforts constants pour demeurer le parent. Ainsi, quoi qu'il arrivât, j'étais le *boss* et je le demeurais ; c'est à ce prix que ma fille a grandi dans la sécurité affective.

Bon, il me faut bien admettre que mes décisions n'ont pas toujours été populaires auprès de Rosemarie, mais mon rôle n'était pas d'être la mère *cool* ou encore d'être pour elle une copine. Dire NON et le maintenir quand on est épuisée, garder sa position sans fléchir quand abdiquer achèterait si facilement la paix, ce n'est pas toujours aisé. D'autant plus que les enfants ont un don incroyable pour nous manipuler, tester nos limites et nous culpabiliser comme personne d'autre. Mais il arrive un temps où négocier n'est plus utile. Devant l'argument: « Oui, mais tout le monde le fait… », je ne trouve rien de mal à répondre: « Les autres, on s'en fout. Je suis ta mère et c'est moi qui décide de ce qui est le mieux pour toi. Point final. » Les portes claquent, les dents grincent. Mais vous pouvez continuer de lire votre bouquin tranquille. Bette Midler a dit un jour: « Si votre enfant ne vous a jamais détesté, c'est que vous n'avez pas été une bonne mère. » Voilà de quoi soulager le sempiternel sentiment de culpabilité qui ne cesse d'assaillir les parents du monde entier.

Je me souviens d'un soir où, en désespoir de cause, j'ai usé d'humour en empruntant une grosse voix virile pour affermir mon autorité. « Non mais qu'est-ce que c'est que cette voix ? » m'a demandé ma fille, médusée. « En ce moment, ai-je répondu, toujours sur le même ton et consciente d'avoir constamment les deux rôles à jouer, c'est ton père qui parle ! »

Objecter des interdictions n'a jamais été une partie de plaisir. Mais j'ai tenu bon dans la plupart des cas, même si j'ai succombé plus souvent que je ne l'aurais souhaité aux basses manœuvres d'attendrissement de ma petite princesse. À ma décharge, je dois dire que même un bébé Golden Retriever n'aurait pas mieux déjoué mes plus fermes résolutions pour arriver à ses fins.

Malgré toutes mes précautions, nous sommes tombées dans le piège, Rosemarie et moi, de l'angoisse de séparation. Alors qu'elle se préparait pour un séjour d'une semaine dans un camp, elle se mit à exprimer une anxiété démesurée à l'idée de se retrouver loin de moi. Elle avait, disait-elle, peur que quelque chose ne m'arrive pendant son absence. Ayant moi-même connu les douleurs d'une telle anxiété tout au long de mon enfance, j'étais anéantie de la voir souffrir ainsi. Eh oui ! La thérapie a ses ratés !

Mais au cours d'une conversation honnête, je décidai de ne pas nier les faits et de faire face à la situation avec le plus de courage possible. Il n'était pas question que j'y aille d'un « ben voyons, tu t'en fais pour rien ! ». J'ai expliqué à Rosemarie que je comprenais très bien ce qu'elle vivait. Que les circonstances nous proposaient un défi important et que nous allions devoir le relever. « Pour le bon déroulement de la suite de nos vies, lui ai-je dit, il faut que nous surmontions cette séparation. J'ai besoin que tu m'aides et je suis là pour faire de même pour toi. Je t'aime trop pour te permettre d'être dominée par ta peur. » Après avoir nommé les choses, après avoir validé les sentiments de ma fille au lieu de les nier, les choses rentrèrent tranquillement dans l'ordre.

Notre situation a dès le début été différente ; quand il n'y a pas de papa dans le décor, on doit parfois revoir le concept de la famille. Nous avons donc dû procéder à quelques adaptations ici et là. Et bien que notre relation soit plus étroite et plus exclusive que beaucoup d'autres rapports mère-fille que je connais, je me suis toujours efforcée de ne pas perdre de vue l'objectif ultime : voir Rosemarie se détacher de moi, quitter la maison et vivre sa propre vie avec confiance. Même si je sais pertinemment que, le jour venu, j'irai pleurer en cachette des bouillons de larmes. Les mères sont irrécupérables.

Hantises monoparentales

En tant que chef de famille monoparentale, certaines choses m'ont fait plus peur que d'autres. Mourir, par exemple, prenait avec la maternité un sens bien différent. Il y avait toujours dans mon esprit la présence de cette menace qu'est la maladie ou l'accident fatal. L'idée même de laisser ma fille orpheline m'était absolument insupportable. Mourir à la vie est une chose, mais mourir à son enfant encore tout petit en est une autre.

J'ai souvenir d'avoir entendu Julie Snyder dire que, même à l'agonie, elle ne pourrait se résoudre à demander qu'on abrège ses souffrances, et ce, afin que son fils, Thomas, son seul enfant à l'époque, puisse avoir une maman le plus longtemps possible. Je me rappelle m'être dit: voilà comment la maternité peut changer les perspectives. Même l'éventualité de la mort est perçue à travers le prisme de l'amour. Ce n'est plus souffrir qui nous fait peur dans la mort. C'est la pensée que celle-ci puisse causer tant de douleurs chez notre enfant. L'amour maternel est encore plus grand que la plus éprouvante des souffrances. Il est transcendant.

Dans un texte fort émouvant publié dans les journaux à l'occasion du décès de sa mère, le réputé pédiatre Jean-François Chicoine, enfant unique, rapportait que sa vieille maman, au moment de mourir, avait déclaré, dans un élan d'amour pour son fils, qu'on ne devrait pas permettre aux mères de mourir. C'est tout dire.

Mais le fantôme de l'indigence m'a aussi fait très peur. La peur de manquer d'argent, la peur de ne plus joindre les deux bouts, la peur de devoir priver ma fille de l'essentiel. Tant et aussi longtemps que je gagnais ma vie décemment, le problème ne se posait pas. Mais qu'allait-il m'arriver si je perdais mon emploi, comme cela arrive à beaucoup de chefs de famille monoparentale? On n'est jamais aussi loin qu'on le croit de la pauvreté.

La vérité, c'est qu'avant de connaître un certain confort, je n'ai jamais roulé sur l'or. Je peux dire sans exagérer que j'ai même quelques fois été pauvre. J'ai usé jusqu'à la corde une vieille Ford Tempo qui tombait en ruines parce que je n'avais pas les moyens de la remplacer ni de la faire réparer. J'ai traîné pendant des années un solde de carte de crédit, incapable d'assurer en totalité le coût de mes achats. Il faut bien le dire, ayant choisi de ne pas réclamer de pension alimentaire d'aucune sorte, mes revenus ne suffisaient pas toujours à couvrir mes dépenses qui, ma foi, étaient bien loin d'être folles, et j'ai parfois dû mettre sérieusement mon imagination à contribution.

C'est ainsi que je suis passée maître dans l'élaboration de menus variés à base de bœuf haché et que je suis devenue une spécialiste des pâtes. Je n'ai jamais été une bien grande cuisinière, mais j'ai appris à tirer mon épingle du jeu en faisant l'épicerie. Je n'ai pas honte de l'avouer : j'ai des centaines de fois fouillé le fond de mes poches ou de mes sacs à main à la recherche de pièces de vingt-cinq cents oubliées pouvant arrondir mes fins de mois. Et j'ai dû, plus souvent qu'à mon tour, embarrassée et humiliée, renoncer à certains articles au supermarché quand, une fois à la caisse, on me tendait une facture que je n'avais pas les moyens d'acquitter complètement. Sous le regard impatienté ou contrit de la caissière – c'est selon –, je retirais de mes achats les Fruit Loops ou les Lucky Charms, je renonçais au Nutella ou aux poudings Jell-O et je repartais chez moi la mort dans l'âme avec mes fruits et légumes, mon Hamburger Helper et mon poulet.

Dans ma voiture, un jour, j'ai dû refuser à ma fille une demande de Pizza pochette ou de Ficello, je ne sais plus trop, lui expliquant que « maman n'avait pas assez d'argent cette semaine ». « Pfft… ! » a-t-elle fait d'un air à la fois naïf et excédé, comme si j'étais une idiote à qui il faut tout expliquer, « tu n'as qu'à aller au guichet ! » Bien sûr. Pourquoi n'y avais-je pas pensé plus tôt ? Dépitée, j'ai alors poussé la cassette de Carmen Campagne dans le lecteur en marmonnant entre mes dents des insanités de mère au bord de la crise de nerfs.

Puis, graduellement, mes finances ont repris de la vigueur. Au prix de très longues heures de travail. On peut certainement me reprocher beaucoup de choses dans la vie, mais assurément pas d'avoir été paresseuse. N'eut été de mon infaillible réseau familial qui assurait la relève pendant mon absence, ainsi que de la présence de la jeune Sofia, la gardienne de Rosemarie, je me demande bien comment j'aurais pu y arriver.

Je rentrais à minuit, quand ce n'était pas plus tard, de mes tournages de l'émission *Salut Beauté* à Canal Vie. J'animais le midi à Rythme FM l'émission *Musique et confidences*. Je signais un billet hebdomadaire sur le réseau *Canoë*, une chronique mensuelle dans *Elle Québec* et un papier dans *Le Soleil* de la Vieille Capitale. J'animais de plus une émission de télé matinale d'une durée de deux heures, en direct, à Radio-Canada. Bref, je me surmenais. Mais avais-je vraiment le choix ? Sinon comment payer tous ces habits de neige, ces bottes de pluie, ces livres scolaires, ces cours de ballet, ces sorties de groupe organisées par l'école, ces camps de jour, ces traitements d'orthodontie et tout le reste ? La vie de cigale ne sied pas aux mamans seules, rongées par l'insécurité. Celle de la fourmi leur convient beaucoup mieux.

Toujours femme

« Refaire sa vie » – pour employer une expression que je déteste, puisqu'on ne refait pas sa vie mais on la poursuit – n'est pas toujours aisé pour une *cheffe* de famille monoparentale. Surtout quand elle a la garde complète de ses enfants. Beaucoup d'hommes ont peur de ces mamans qui doivent assurer seules l'éducation de leurs enfants. D'autres craignent qu'on leur demande de s'impliquer, financièrement ou d'une autre manière.

D'autres encore redoutent la perte de liberté. Comme si l'amour se vivait *à la carte*: un numéro trois pour deux – pas d'engagement, pas d'enfants – la vinaigrette à côté. C'est leur choix.

Certains hommes ont peur des responsabilités. Personne n'était mieux placé que moi pour le savoir. Je n'allais certainement pas consentir à côtoyer consciemment cette race de nouveau. La présence de ma fille n'était donc absolument pas négociable. Et s'il avait fallu qu'un de mes compagnons s'avise de me signifier que Rosemarie était un poids, il aurait pris le bord en un rien de temps. *Take it or leave it.* Mon enfant n'est pas un accessoire interchangeable. Elle n'est pas optionnelle.

Mais il y a un temps pour chaque chose. La vie de couple demande aussi beaucoup d'investissement et requiert de l'intimité pour s'épanouir. J'avais et j'ai encore des besoins auxquels la maternité ne peut répondre. C'est pourquoi j'ai toujours trouvé une façon de ménager du temps en amoureux. Par exemple, je ne me suis pas privée de vacances de couple quand l'occasion se présentait. Je peux encore une fois remercier ma mère pour sa grande disponibilité. Car, sachant ma fille entre ses mains, je pouvais partir tranquille et profiter sans inquiétude du bon temps que je m'offrais. Et je n'en ai jamais ressenti de culpabilité. D'autant plus que j'avais en quelque sorte la bénédiction de ma fille: « Il faut que tu aies un amoureux avec qui être heureuse, maman, m'a-t-elle dit à dix ans, parce qu'un jour je partirai vivre ma vie et je serai triste si je te vois toute seule. »

Je n'ai jamais laissé la monoparentalité me définir comme une pauvre petite femme fragile et sans défense. Je n'ai jamais été en mal d'un homme capable d'assumer à ma place mes responsabilités. J'ai toujours eu beaucoup trop d'honneur pour m'abaisser à ce genre d'arrangement. On ne m'achète pas. Mais la monoparentalité ne m'a non plus jamais interdit de rêver à une relation de couple satisfaisante, sécurisante et épanouissante. Je ne l'ai jamais vécue comme un handicap à la vie amoureuse. D'ailleurs, il y eut quelques essais… et des erreurs. Mais le fait d'avoir été seule pour élever Rosemarie n'explique en aucun cas ces échecs amoureux.

Malgré tout, je n'ai jamais cessé d'espérer, de désirer profondément rencontrer quelqu'un avec qui je pourrais partager ma vie. Quelqu'un avec qui je pourrais construire un avenir édifiant reposant sur des valeurs communes. Quelqu'un que je protégerais et qui me protégerait. Un homme qui, pour une fois, m'insufflerait de l'élan plutôt que de tenter de me retenir par le collet de chemise. Ce quelqu'un s'est finalement présenté dans ma vie. Il s'appelait Jean et je l'ai beaucoup aimé. Avec lui et ses deux jeunes enfants, Rosemarie et moi avons goûté à la vie de famille. J'avais cette fois-ci l'impression d'arriver à bon port. Le vent tournait enfin. Avec Jean, j'ai tout juste eu le temps de toucher à mon rêve amoureux. Il a été la preuve que ce rêve n'était pas une chimère, mais qu'il pouvait se réaliser.

Pour protéger leur ego, je choisirai de dire que la vie a mis sur mon chemin beaucoup d'hommes de « qualité moyenne ». Je dois dire que je n'ai pas toujours su les distinguer de ceux qui étaient de « qualité supérieure ». Mais les choses ont changé. En activant en moi le radar *anti-loser* dont toute femme est équipée, j'ai finalement rencontré l'homme que je viens d'épouser. Il m'a dit un jour la plus belle chose que puisse entendre une mère seule : « Ta fille est un *plus* dans notre relation. Elle n'est pas une charge ou un fardeau que je dois tolérer. Elle fait partie de toi. À mes yeux, ton amour pour elle te rend encore plus attirante. Ta maternité te définit en grande partie et intensifie ta féminité. Comment pourrais-je la répudier ? Elle me donne chaque jour des preuves de ta capacité d'amour. »

Doit-on toujours favoriser l'implication du parent manquant auprès de notre enfant ? Voilà une question que toute mère chef de famille monoparentale se pose. La réponse est non. Pas dans tous les cas. C'est à tout le moins ce qu'en dit François Dumesnil, réputé pédopsychologue, dans son livre *Questions de parents responsables*. L'essentiel de sa position tient à ceci : forcer un parent à prendre des responsabilités dont il ne veut pas ne fera que nuire à l'enfant. L'idéal demeure bien sûr la présence des deux parents. Mais ce qui importe, c'est que l'enfant se sente aimé, que ses besoins soient pris en considération et qu'ils soient comblés. Voilà qui a calmé mon sentiment de culpabilité. Encore lui !

Courage révélé

Je n'ai pas été une mère parfaite. Personne ne peut le prétendre. Mais j'ai fait de mon mieux. Ma fille aura certainement beaucoup de reproches à me faire lorsque, à son tour, elle prendra éventuellement conscience de ses lacunes et de ses manques, et qu'elle ira en discuter dans un bureau de psy. C'est la vie. Mais je crois avoir réussi à lui donner un coffre à outils suffisamment garni pour qu'elle puisse entrer dans sa vie adulte remplie de confiance en elle et armée d'un bon jugement.

Dans une carte de souhaits qu'elle me remettait à l'occasion d'une récente fête de Noël, Rosemarie m'écrivait : « Tu as toujours fait de ton mieux pour que mon environnement se rapproche le plus possible de la sécurité et de la sérénité. Merci. C'est tout ce que je peux te dire qui soit assez profond. Merci d'être une bonne mère, mon ange gardien ; non pas ma meilleure amie, mais ma meilleure conseillère. Merci de me permettre de m'épanouir grâce à la liberté que tu me donnes.

Tu sais toujours me guider dans la bonne direction tout en me laissant ma *pas-trop-grave-marge-d'erreur*. Je sais que je pourrai toujours m'appuyer sur toi et que tu me conseilleras au meilleur de tes connaissances en fonction de ma sécurité et de mon propre bonheur. Merci d'être compréhensive et… chialeuse. (Pas trop, quand même !) » En relisant cela, je me dis que, finalement, j'ai dû faire quelque chose de correct.

Quand, en rétrospective, je regarde le chemin parcouru, je me rends compte de la somme de courage qui m'a été nécessaire. Mais ce courage-là, je ne l'avais pas. Il est apparu petit à petit, au fur et à mesure que les obstacles se dressaient devant moi. Car personne ne naît courageux. Tout le monde préférerait fuir. Mais qu'on se le dise, le courage engendre le courage.

J'ai foncé dans la monoparentalité comme un plongeur s'élance dans la piscine en espérant qu'il y a de l'eau. C'est en faisant face aux défis un à un que j'ai pu affronter les suivants. « À chaque jour suffit sa peine », répétait ma grand-mère qui ne croyait pas si bien dire.

Je retire une grande fierté personnelle d'avoir su relever les défis de ma vie. Moi qui avais peur de tout, qui manquais d'assurance et d'estime personnelle, voilà que je peux me regarder dans le miroir avec dignité et orgueil. J'ai l'impression d'avoir surmonté l'Everest. Il ne sert à rien de fuir, car « ce que nous évitons de reconnaître en nous-même, nous le rencontrerons plus tard sous la forme du destin », a dit le réputé psychiatre suisse Carl Gustav Jung.

Finalement, je n'étais pas celle que je croyais être : une femme enfermée dans ses peurs. Je suis plutôt celle qui, tout en faisant dans son froc, est quand même montée dans le train de sa vie.

Et comme j'ai choisi de faire face à la musique, je n'en retiens finalement que la mélodie.

Départ précipité

Ils ont dit: « Tu es devenu fou à cause de celui que tu aimes. »
J'ai dit: « La saveur de la vie n'est que pour les fous. »
ROMAIN GARY

Alors que la vie venait tout juste de m'apporter un amoureux à la hauteur de mes attentes, je me remettais lentement, à la maison, d'une intervention chirurgicale importante. L'avenir s'annonçait mieux que jamais. Il n'y avait, me semblait-il alors, qu'un beau ciel bleu à l'horizon. Mais le drame, l'ultime, le plus redouté de tous, est survenu. Jean est mort subitement à quelques semaines seulement de célébrer ses cinquante ans. À deux minutes de la fin d'un match de squash, il s'est écroulé, terrassé par un infarctus massif qui ne lui a laissé aucune chance de survie.

Afin de trouver le courage de faire la traversée du désert que constitue le deuil, j'avais entrepris, au moment de sa mort, la rédaction d'un journal infiniment personnel dont voici l'essentiel du contenu.

Deux petites minutes

Printemps 1998 – J'ai entre les mains le rapport du médecin. Ce qu'on appelle en langage bureaucratique le bulletin de décès. Il y est écrit que tu es mort à quarante-neuf ans, le 19 février 1998, à 13 heures 16 minutes, d'un infarctus du myocarde. C'est ton ami Marc qui a su le premier. Il avait rendez-vous avec toi pour le lunch au club sportif. Il a vite compris, en arrivant là-bas, que ç'en était fait; de celui-là et de tous les autres lunchs à venir. Il est retourné à ton bureau avec un goût de mercure dans la bouche. À partir de là, la nouvelle de ta mort s'est répandue comme une brise poisseuse dans le milieu de la radio et de la publicité où tu évoluais depuis trente ans.

C'est à Jacques qu'a incombé la délicate tâche de m'annoncer la nouvelle. Ayant subi une hystérectomie trois semaines auparavant, je faisais la sieste tranquillement et sans remords, engourdie par les analgésiques et bercée par le murmure de la télévision. On a sonné. Je me souviens d'avoir entendu Rosemarie, qui t'aimait tant, ouvrir la porte.

Puis j'ai perçu des voix familières, des pas en direction de la chambre. À Jacques qui venait de se pointer dans la pièce obscure, j'ai demandé avec étonnement: « Non mais, que fais-tu là ? » Et je te jure mon amour que, même à ce moment, je ne flairais pas la catastrophe. Il y a des gens, comme ça, qui ne voient rien venir. Je suis de ceux-là. J'aurais parié ma chemise qu'il allait dire: « J'étais dans le coin, je suis simplement venu te dire bonjour. » Au lieu de quoi il s'est assis sur le lit, il m'a ramassé contre sa poitrine en me tenant très fort, un peu comme on maintient contre soi un chien dont on redoute qu'il s'agite. Tout se passait comme au ralenti. Il a parlé dans mes cheveux, la gorge bourrée de gravier et les dents serrées. Je sentais son souffle chaud et étranglé sur ma tête. « C'est Jean », a-t-il dit. Mon cœur s'est mis soudain à battre plus vite et si fort dans mes oreilles que je n'ai plus entendu vaguement que les mots « squash », « accident ». Puis le couperet est tombé: « Jean est mort. » Mort. Mort. Mort.

C'est alors que la terre s'est comme ouverte sous moi, que mon sang s'est changé en plomb, que la plaie sur mon ventre s'est mise à me brûler comme une marque au fer rouge. MORT. Mon cri fut si profond, si dense, si viscéral que je suis certaine qu'il a fait le tour de la Terre avant de s'échouer dans la cravate de Jacques. Les doigts crispés sur les revers de sa veste, je repoussais de toutes mes forces ce qu'on venait de m'apprendre. Pour aucun prix je ne voulais avoir entendu ce que j'avais entendu. Je te retenais à bout de bras au prix de ma propre vie, le cœur en cabale et le souffle coupé. Je te retenais vivant; vivant et vibrant comme tes caresses du matin même dans mes cheveux, comme les bruits de vaisselle, de cafetière, de douche et d'appels téléphoniques à tes enfants, bruits dont tu emplissais la maison tous les matins à peu de chose près de la même manière. Je te retenais, mais rien n'y fit. Je t'avais perdu. Et c'est ce que je me répétais tout en nouant le ceinturon de ma robe de chambre, l'air hagard et le ventre lancinant, en articulant en silence: «Je t'ai perdu.» Perdu. Perdu. Perdu.

Quelques jours plus tard, moi qui avais cru jusque-là que tu étais mort instantanément, j'ai su la vérité au cours d'une conversation téléphonique: tu t'es effondré en croisant les mains sur ta poitrine et tu as tenté sans succès de te relever. Après, j'ai perdu le fil. Ou plutôt, je n'ai plus vraiment écouté. On m'a sans doute raconté les tentatives de réanimation et le reste, tous les termes médicaux longs comme le bras qui ne veulent absolument rien dire et dont on n'a rien à foutre quand ils sont restés vains. L'image de toi essayant de te remettre sur tes jambes restait imprimée dans mon esprit. C'était et c'est toujours pour moi une image terriblement insoutenable qui fait encore trembler mes mains quand je t'écris.

Je n'accepte pas que tu aies eu peur, que tu aies eu mal sans pouvoir tourner les yeux vers moi. Que tu aies vacillé sans trouver mon appui. D'ailleurs, je n'ai jamais accepté l'idée que tu puisses devoir affronter les difficultés sans moi; qu'il s'agisse des dernières minutes de ta vie comme de toutes les déconvenues, les petites ou les grandes souffrances de tous les jours. J'aurais voulu qu'il ne t'arrive jamais rien – Jean, mon amour –, que la vie te soit douce et que, puisqu'il le faut bien un jour, tu t'éteignes dans ton sommeil, à quatre-vingt-quinze ans, comme ça, sans t'en rendre compte, rivé à mon flanc comme tu l'as été chaque nuit depuis un tout petit peu plus de deux ans.

Marc est venu aussi, qui pleurait doucement dans la cuisine. Lui, le cérébral, le roi des chiffres, le maître cartésien, voilà qu'il en prenait pour son rhume. Sa calculette d'économiste chevronné affichait maintenant zéro. Zéro. Zéro, zéro. Zéro dans la colonne des futurs soupers de gars en ta compagnie ; encore zéro dans la colonne des confidences à venir, de l'amitié à cultiver, du réconfort pour les jours difficiles ; toujours zéro au chapitre des planifications de voyages en voilier que vous ne cessiez de peaufiner, tout nus dans le *locker room* le plus macho de la planète.

« Est-ce qu'il m'a aimée ? Je veux dire... aimée vraiment ? » ai-je demandé à Marc, comme si je ne connaissais pas déjà la réponse. J'ai entendu des mots tout mouillés de larmes : « Comme un fou. Plus que tout. Tu ne sauras jamais combien. »

Lendemain de sinistre

Pour me permettre d'organiser mon désespoir sans avoir à me soucier de la collation d'après-midi ou du rembobinage d'un film de Disney, Denise, ton adjointe qui faisait aussi partie de l'escadron de la mort, faisait faire des dessins à Rosemarie qui pleurait : « Avec qui je vais jouer, maintenant ? » Car toi parti, elle savait d'instinct qu'elle devait déjà faire des adieux tristes et déchirants à ces merveilleux week-ends où la vie lui avait tissé, presque sur mesure, un frère et une sœur – tes deux petits – pour jouer au magasin, au poste de police ou au hockey sur table.

Il n'a fallu que les deux dernières minutes d'une partie de squash maudite pour que sa petite vie de même pas huit ans s'écroule comme dans un fracas de pièces Lego mal assemblées.

J'étais si secouée que chaque respiration devenait un projet d'envergure, chaque déglutition, une lutte contre la nausée. Et chaque pas, mon amour, chaque pas me conduisait inexorablement vers la réalité: je ne me blottirais jamais plus contre toi, tu ne te loverais jamais plus dans mon dos en ronronnant, je n'entendrais jamais plus tes inlassables « je t'aime » et tes messages éperdus d'amour dans la boîte vocale de mon bureau. Je ne lirais jamais plus l'extase sur ton beau visage à la lueur de nos multiples chandelles, je ne sentirais plus le poids émouvant de ton corps sur le mien, je ne recevrais plus de toi ces époustouflants bouquets de fleurs sans raison particulière. Je n'aurais jamais plus, jamais plus l'odeur de ta nuque à portée de nez. Un jalon à la fois, chacun de mes pas m'enfonçait dans cet enfer, celui d'avoir perdu l'une des plus grandes sources de joie et d'épanouissement de ma vie, celui de t'avoir perdu à tout jamais, toi qui, de toute ma vie, m'avais le mieux gratifiée du bonheur d'être aimée infiniment et sans mesure.

Quand ils ont finalement accepté que je te voie, j'attendais depuis trois heures sans broncher dans un bureau du club de sport avec Jacques et mon amie Ginette. Il était près de dix-neuf heures. Je suppose qu'ils devaient craindre ma réaction: une crise de nerfs, un évanouissement, va donc savoir. Dans un étroit couloir encombré de je-ne-sais-quoi, ils m'ont laissée me pencher sur toi le temps que je puisse caresser ton visage zébré de veines bleues, te dire « je t'aime » et passer mon pouce sur tes dents tachées de sang. Tu avais simplement l'air de dormir d'un sommeil de plomb, la bouche entrouverte, les paupières couchées sur tes beaux yeux comme des nappes tendues sur de l'herbe rase.

Je crois bien que tu étais dans une housse de plastique. Quand je suis repartie, j'ai entendu dans mon dos le bruit de la fermeture à glissière fendre la lourdeur de l'air. Mais je n'avais pas peur. J'étais avec toi. Qu'importe si c'était dans ce fourreau ou non – je ne saurais le dire –, mais je sais que j'étais avec toi. Il faut bien plus qu'un infarctus fatal pour délier deux âmes aussi profondément éprises l'une de l'autre.

Puis nous sommes rentrées, Ginette et moi, vers vingt heures. Luisant sous la fenêtre, ton bol de céréales à moitié vide du matin avait triste mine et ta petite missive amoureuse, datée du même jour, créait une tache blanche sur le bois roux de la table. « Je t'aime à tout jamais », avais-tu signé. Cette déclaration, aussi spontanée que solennelle, me semblait un augure, tel un sombre présage dicté par la connaissance inconsciente de ton propre destin. Y avait-il donc dans ton entourage un ange gardien autre que moi jouissant aussi du privilège de murmurer des secrets à ton oreille ?

Je me suis assise à ma place habituelle sur le canapé en restant dans l'obscurité. Je pleurais auprès de mon amie qui pleurait aussi. J'étais incrédule, anéantie et pourtant à mille lieues de l'affreuse douleur qui saurait bien se pointer une fois le choc initial passé. Où étais-tu, mon bel amour, alors que le manque de toi germait déjà en moi à une vitesse affolante ? Étais-tu, comme certains le disent, au-dessus de moi, à contempler la scène en silence ; ou bien disparu, loin de moi et des préoccupations humaines, dans des lieux connus de Dieu seul et de millions de trépassés comme toi ?

Ma mère est venue chercher Rosemarie pour la soustraire à cette atmosphère de désolation et de désespoir. Nous nous sommes couchées, Ginette et moi, dans la chambre des filles. Moi dans le lit de ma petite, et Ginette dans celui de la tienne. Au petit matin, je me suis réveillée dans le nôtre, couchée de ton côté sans souvenir de m'y être rendue. Tes cheveux avaient laissé sur la taie cette odeur sucrée que j'aimais tant. J'y déversais des rivières de larmes, enfonçant mon visage dans le creux de l'oreiller jusqu'à la suffocation, diluant ainsi les derniers effluves laissés par ton corps. J'étais perdue dans ce lit que nous occupions moins pour dormir que pour nous étreindre sans relâche, dans des élans chaque fois nouveaux, allant, une nuit après l'autre, d'émerveillements en émerveillements toujours plus éblouissants.

Récupération des débris

La première vraie journée de ma vie sans toi était sur le point de commencer. Eh bien ! Elle allait devoir aussi compter sans moi puisque, givrée par les analgésiques, les anxiolytiques et les somnifères, j'accusais un retard important sur la réalité. Je repassais sans fin le film des derniers jours et rejouais toujours les mêmes scènes : notre dernier souper familial au soir de la Saint-Valentin, notre dernière danse au salon sur les airs de *Time After Time* que chantait Tony Bennett, tes déclarations d'amour fou dans ma chambre d'hôpital, tes derniers gestes tendres et osés à la fois. Mais là s'arrêtait le cinéma ; car il était inconcevable que le film se poursuive sans que je ne meure moi-même de désespoir. Il était impossible que, assise au pied du lit durant des heures, je survive à cette attente obstinée et inutile, celle de te voir surgir de la douche, les yeux rieurs et le corps frais, invitant comme un hamac de toile souple à l'ombre des arbres.

Un employé du club de sport m'a remis tes objets personnels entassés dans un sac de nylon. C'est tout ce qui restait de toi dans ce *gym* du centre-ville que tu fréquentais assidûment depuis des années. Ton écharpe qui sentait toi à plein nez comme un rappel cruel et sans pitié. Ton manteau, tes gants, tes lunettes et tout un paquet de tubes d'onguent et de pansements provenant de ton casier, et dont tu te servais pour soigner ton psoriasis aux mains de façon presque obsessionnelle.

J'avais étalé tous ces trésors sur notre lit. En mettant tes lunettes sur mon nez, je tentais de voir la vie comme toi. En y mettant un peu de bonne volonté, j'imaginais que je devenais toi. Au tournant de chaque seconde, il s'en fallait de peu pour que tes yeux se dessinent au cœur du cercle de métal, remplaçant la forme et la couleur des miens. Car aujourd'hui, je peux bien te le dire, mon bel ange, il y a eu des moments voisins de l'hallucination, des brèches terrorisantes de folie pure. Oui, je peux bien te le dire à toi qui aimais tant mon souci pour l'élégance : il y eut des jours sans douche, sans bain, sans shampoing, sans brossage de dents.

Deux semaines et demie sans rien pouvoir avaler que quelques verres d'eau trois fois par jour pour accompagner les anxiolytiques que l'on m'avait prescrits. Des journées complètes de dérive, couchée de ton côté dans notre lit, les draps rabattus sur ma tête, à pleurer sans répit, sans espoir, sans que l'ombre de la moindre pointe de joie d'être en vie ne s'immisce dans mon cœur. Pour la première fois de ma vie, j'étais sans savoir où aller, sans esquive. J'avais les mains vides, le corps sec, l'esprit sans recours et le cœur sans espoir. Te survivre. Voilà, me disais-je, en quoi allait consister le reste de ma vie.

J'espère sincèrement que tu étais occupé à autre chose qu'au déroulement de tes funérailles lorsqu'elles ont eu lieu. Toi qui parlais de réjouissances dans tes dernières volontés – eh bien ! – ce serait pour une prochaine fois. Ne t'en déplaise, la cathédrale était pleine à craquer. Moi, aux premiers rangs à gauche, qui n'en finissais pas de laisser couler sur mes joues des rigoles brûlantes de mascara. Je n'avais aucune idée de l'endroit où tu étais. Il n'y avait ni cendres ni cercueil. À peine quelques fleurs blanches près de l'autel. Quelqu'un d'autre que moi s'était chargé de ces détails.

Nos enfants, séparés par l'allée centrale, rigolaient à qui mieux mieux en s'envoyant des signes de petits voyous. Ils l'ignoraient encore, mais c'était là la dernière image qu'ils garderaient les uns des autres, clôturant tristement deux années de vie de famille à temps partiel. Sonnant le glas d'une complicité scellée par les massages que je prodiguais à leurs six petits pieds chatouilleux, et celui d'une confiance gagnée à coups de grippes soignées au Tempra aux raisins.

Je regardais nos trois enfants tandis que le prêtre se préparait à l'Eucharistie. J'entendais leurs rires à l'heure du dodo, leurs chansons, leurs devinettes, leurs concours tapageurs de celui qui mange sa soupe le plus vite ou qui se rend le premier au bout du corridor. La tête appuyée sur l'épaule de mon père, j'écoutais mes souvenirs tomber à l'eau, un à un, comme autant de galets au plus profond d'un lac.

J'ai insisté pour que soit lu le joli poème que Rosemarie t'avait écrit quelques jours avant ta mort, afin qu'elle sache qu'elle occupait dans ton cœur une place suffisamment importante pour justifier qu'on déclame à voix haute, devant plus de mille personnes, ces mots tendres que tu lui avais inspirés.

Poème pour un vieux pas de cheveux
Tu as des yeux comme des médaillons de ciel d'été;
tes cheveux sont comme du glaçage à gâteau des anges.
Ton menton est comme une tirelire;
ta moustache est un petit mouton.
Tu es bougon comme un chien qui ne mord pas.
Tu es poilu comme un pompon.

Pour tout te dire, je n'avais pas la moindre idée de ce que nous faisions tous là, de ce que tous ces gens me susurraient à l'oreille en pleurant, en me serrant la main. On me disait: «Bon courage; sois forte.» Ils étaient tous là à pleurer devant ma mine déconfite, mes gestes automatiques, mon regard livide. Car ils savaient, eux. Ils savaient ce que me réservaient les prochains jours lorsque, enfin émergée des ondes de choc et des vapeurs de sédatifs, je devrais me rendre à l'évidence de ton infinie et douloureuse absence.

J'ai occupé les jours qui suivirent à retracer nos lettres d'amour. Denise, ta merveilleuse adjointe, a fait de même dans les tiroirs de tes classeurs. La chasse aux mots doux s'est avérée très fructueuse de son côté comme du mien. De mes envois, tu avais tout gardé. Jusqu'aux petits mots gribouillés en vitesse sur des blocs jaunes de feuillets autocollants. Si bien que je suis sortie de ton bureau avec une boîte remplie de télécopies, de lettres et de cartes de toutes sortes. À ma grande surprise, tu avais même conservé dans une chemise de carton de vieux éditoriaux que je signais chaque mois dans le magazine *Clin d'œil*, de même que d'anciennes photos de moi que tu avais dû me chiper pendant que j'avais le dos tourné. Je ne te connaissais pas ce petit côté fétichiste…

Tu connais mon sens de l'ordre. Tu ne t'étonneras donc pas que j'aie retrouvé dans des tiroirs de la cuisine et dans ceux de la salle de bain plusieurs de tes lettres enflammées. Les autres, bien à l'abri des indiscrets, s'empilaient à un rythme régulier dans mon tiroir à sous-vêtements ou au creux des pochettes de mes millions de sacs à main. Je n'ai rien perdu de ce qui vient de toi, mon bel ange, ni les rubans d'emballage cadeau, ni les écrins de bijoux, ni les cartes postales, ni les lettres d'amour. J'ai tout conservé comme de précieuses reliques qui me garderont d'en venir à croire que «nous deux» ne fut qu'une illusion.

Aujourd'hui ton frère est venu. Nous sommes longtemps restés assis dans la chambre devant la penderie. Il fallait s'y attendre, nous avons pleuré comme des enfants en regardant tous tes vestons, tes chemises et tes pantalons. Nous avions bien trop de peine pour dialoguer; alors nous avons monologué, chacun de son côté. Lui mêlant le récit bouleversant de la mort de ta mère à celui de ses amours, et moi répétant sans cesse comme un vieux disque rauque: « Je ne veux pas qu'il soit mort. » Nous étions à l'heure de la pitié pour soi-même et de la compassion mutuelle. C'est ainsi que nous discourions, oubliant le temps qui passait, enfouissant tous tes vêtements dans des enveloppes de plastique, ne gardant pour moi qu'une chemise de coton bleu, un jean beige et une veste marine: l'essentiel de ce que tu portais la toute première fois où je t'ai vu, ce jour de juillet 1992, alors que j'étais loin de me douter que la suite des événements, quoique bien plus tard, m'apporterait presque d'une seule traite le plus grand amour et le plus grand chagrin de ma vie.

Traitement choc

1. Prendre mon médicament.
2. Enfiler mes vêtements.
3. Brosser mes dents.
4. Faire déjeuner Rosemarie.
5. La conduire à l'école.

Voilà la liste qui m'a tenu lieu de garde-fou durant les premières semaines qui ont suivi ta mort. Sans elle, je n'aurais pas su où commencer. Après avoir amené Rose à l'école, je revenais m'écrouler dans notre lit, en proie à la stupeur la plus totale, aussi lourde qu'un hippopotame et ne pesant plus que 118 livres. Les jours s'écoulèrent ainsi longtemps avant que le premier réflexe de survie ne m'effleure, quand, devant le miroir de la salle de bain où je pouvais me voir nue tout entière, je m'inquiétai de découvrir une moribonde au lieu d'une femme.

16 mars 1998 – Je suis assise dans la salle d'examen à attendre le médecin qui a pratiqué mon hystérectomie le 26 janvier dernier. Son regard est celui de tous ceux qui ont appris ta mort et qui nous ont déjà vus ensemble : d'une tendresse sans nom. Il se souvient, lui, de ton empressement envers moi lors de mon hospitalisation, de ton inquiétude au matin de ma chirurgie. Il t'a vu veiller sur moi, multiplier les appels aux infirmières pour soulager le moindre de mes inconforts. Alors, il ne dit rien. À peine quelques mots roulés dans la pudeur comme un fruit dans du sucre glace, tandis que ses doigts, qui me fouillent à l'aveugle, me font pleurer de douleur et de pitié pour moi-même. « Tout est bien guéri », conclut-il. « Et alors, docteur, qu'est-ce qu'on peut bien en avoir à foutre ? »

Puisqu'il me faut changer d'adresse, je passe des jours à chercher un appartement. Je visite des logis tristes à mourir, des cuisines archaïques et des chambres grandes comme ma main. Ou alors j'arrive trop tard pour les appartements intéressants. Invariablement, je reviens à ma voiture en sanglotant, poussant le volume de la radio au maximum pour enterrer mes appels au secours, la tête appuyée au volant ou contre la vitre froide. Je redémarre, indifférente aux réactions des passants, et je continue ma recherche jusqu'au soir, tournant en rond dans les mêmes quartiers à l'affût de la moindre nouvelle affiche *À louer*. Où es-tu, mon bel amour, alors qu'il me faut prendre ce virage dans ma vie ? Dans ta vaste éternité où déménager ne veut plus rien dire, que fais-tu de moi et de tous ces renoncements que ta mort m'oblige à accepter ?

Par un jour de pluie et de trottoirs glissants, je finis par trouver un grand appartement impeccable. Après avoir écumé tous les quartiers des alentours, c'est finalement dans notre rue que je découvre ce que je cherchais. Le hasard fait parfois bien les choses. Marc insiste pour m'accompagner lors de l'inspection des lieux et assume le rôle délicat de négociateur. Il se charge même de payer les frais pourtant injustifiés que m'impose le locataire cupide qui me cède sa place. Mon compte en banque ne me permet pas de le faire.

Je vais donc déménager le 30 mai. J'ai peur. Quand j'appose ma signature sur les documents officiels, j'ai l'impression de marcher vers l'échafaud. Qu'il est difficile de me détacher de cette chambre, Jean, où tu m'as contenue du poids de ton corps et de ton amour, enroulant tes jambes autour des miennes comme du lierre vivace, me gardant contre ta poitrine brûlante d'un geste du bras sûr et cadenassé.

Dire que je me sens amputée depuis que je t'ai perdu a tout du truisme. Et pourtant, c'est bien la seule image qui soit de mise pour exprimer ce mal physique, cette douleur poignante, ces sanglots irrépressibles qui m'assaillent quand, durant la nuit, je pointe un pied ou déploie une main pour ne rencontrer qu'un oreiller inoccupé et le reste d'un lit froid comme la pierre.

Nous nous sommes tant de fois dit « je t'aime » dans cette chambre, au milieu de nos disputes comme au cœur de nos innombrables ébats, à l'heure de la tendresse ou à celle du désir violent, qu'il me semble que nos serments sont écrits à jamais sur les murs, à l'encre de nos larmes, telles des épitaphes sacrées et indélébiles.

Quarantaine éprouvante

21 mars 1998 – Aujourd'hui, j'ai quarante ans. Je t'aime. Je t'aime. Je n'arrête pas de t'aimer. Je le dis, je le crie à tue-tête dans l'épaisseur des vêtements de ma penderie, dans la pile de tes pulls de laine que j'irai porter à la Maison du Père. Je le hurle dans ma voiture, le visage transfiguré par la détresse, le corps fondu par le manque de toi. Je l'aboie en pleine nuit, pieds nus sur le trottoir gelé, sanglée dans l'angoisse où me précipite ton départ et la terrifiante dissolution de mon futur. Est-ce que c'est cela, devenir folle ?

J'ai maintenant quatre décennies d'accumulées au compteur. Le message est passé à tout le monde : je ne veux rien de plus qu'une journée ordinaire. Je n'ai ni le cœur à la fête ni l'appétit pour un gâteau. Avec mes vingt-cinq livres évaporées en larmes, en anxiété et en insomnie, j'ai encore moins l'énergie qu'il faut pour souffler convenablement quarante bougies.

Mais Rosemarie a tenu à m'offrir un cadeau. Elle s'est d'ailleurs surpassée dans le choix de l'agencement des couleurs pour la confection d'un bracelet de brindilles de laine qu'elle a collé sur un dessin. Entre deux arbres Prismacolor, il y a un gros cœur rouge sur lequel on peut lire : *Maman, pour te soulagé* (sic), *je te donne mon bracelet et mon dessin.* Puis, avec Julie, sa gardienne, elle a bricolé. Elle a recouvert un tout petit vase de papier de soie lilas. Une pure merveille remplie de fleurs à tige de cure-pipes qui orne joliment l'urne de tes cendres, tout au-dessus de notre armoire. Tu ne pourras pas dire qu'on te néglige.

Les copines ont appelé tour à tour. La mort déguise souvent les meilleures intentions en paroles maladroites : « La vie commence à quarante ans ! » Non, non ; ma vie à moi bascule à quarante ans. D'ailleurs, la vie ne commence ni à quarante, ni à vingt, ni à cinquante ans. La vie – la grande vie, comme tu le disais si bien – commence simplement lorsqu'on aime comme je t'ai aimé. Que puis-je vous dire d'autre, mes amies, vous qui êtes si inquiètes de moi ? Que le meilleur me tourne aujourd'hui le dos et qu'il ne faudrait surtout pas vous méprendre sur les apparences : il m'est infiniment plus facile de porter mon âge que de porter mon destin.

Quarante ans. Je pleure devant le miroir. Le moins que l'on puisse dire aujourd'hui, c'est que tu brilles par ton absence. Je suis devenue une toute petite chose pâle, tordue et voûtée. On dirait une branche de pommier au lendemain d'une tempête de verglas. Je me sens vieille et vide, toute flétrie à l'intérieur comme à l'extérieur. J'ai froid. On dirait que mon estomac a été traversé par un boulet de canon.

« Qu'aimerais-tu pour ton anniversaire ? » me demande ma mère. Je veux Jean, maman. Je veux Jean de tout mon cœur ; je veux Jean de retour à la maison. Je le veux dans mon lit à me faire l'amour sans retenue ou à me caresser le dos tendrement. Je le veux à sa place au bout de la table à l'heure du dîner, à manger toute sa portion et à piquer dans le plat des autres du bout de sa fourchette. Je le veux dans la baignoire fumante que nous partagions tous les soirs. Je le veux au téléphone l'entendre me dire sa hâte d'arriver. Je veux entendre son grand rire, comme en *Dolby Surround*, dans toute la maison. Je le veux à pester contre les fusibles qui n'en ont toujours fait qu'à leur tête. Je le veux tel qu'il était en ce froid dimanche de janvier au lac aux Castors : incroyablement vivant, amoureux, heureux, plus beau que le monde entier ; le nez rougi, les yeux laser, les dents luisantes du sourire d'un homme adoré qui ne va pas mourir.

Je me sens comme une enfant gâtée à qui on refuse obstinément un présent en tentant de lui faire entendre raison :

«Tu es en santé, tu as une merveilleuse petite fille, un travail que tu aimes, des amis…» J'ai beau vociférer, fustiger, trépigner, frapper du poing mon oreiller. Rien n'y fait. On ne m'offre pas ce présent tant désiré. Il faudra que je me contente du passé.

Alors je repense à ce jour de mes trente-huit ans que tu avais souligné en m'offrant le concert d'un quatuor à cordes installé dans mon bureau. Au téléphone, je me confondais en remerciements de toutes sortes, mais ta belle voix grave l'emportait sur la mienne, me jurant sur tous les tons que si ton compte en banque l'avait permis, tu m'aurais offert le monde.

La vérité, c'est que tu me l'as bel et bien offert, le monde. Et plusieurs plutôt qu'un. Ce qui n'est pas si fréquent. Tu m'as d'abord offert ton monde de rêves, de désillusions, de désirs, de peurs, de *mâlitude*, d'échecs, de limites et d'envergure, de force, de courage et d'intégrité. Tu m'as offert le monde sécurisant de tes bras refermés sur moi ; le monde attendrissant de tes souvenirs d'enfance, le monde auquel tu aspirais. Complètement affolé par les conséquences de ta récente séparation, tu m'as offert un monde désorganisé à refaire avec toi : celui d'une famille à temps partiel, d'une maison grouillante de trois enfants agités, réunis deux week-ends sur trois et un mercredi par semaine. Ce monde-là venait avec tes larmes de père déchiré quand, le dimanche soir, debout au milieu du salon, après le départ de tes petits, tu sanglotais parmi les modèles réduits de Ferrari et les poupées qui font pipi.

En me laissant entrer dans le monde de tes attentes amoureuses, tu m'as offert d'habiter tout le vaste monde de ma féminité, le monde d'aimer sans autre but, le monde de la joie profonde d'être accueillie, souhaitée, désirée et nécessaire.

Comment dire non à un amour qui vous arrive en plein désert ?

Retour en piste

Ma mère me dit que je suis sur la voie de la guérison. J'ai effectivement retrouvé le réflexe de me coiffer et de me maquiller un peu. Voilà sur quoi repose son diagnostic. Outre ce petit retour à la coquetterie, je m'impose chaque matin la discipline de faire mon lit, de déjeuner tout en lisant mon journal et de faire quelques pas sur le trottoir, question de me remettre de ma chirurgie.

Tous les après-midi, je lis les ouvrages sur le deuil que des amis m'ont fait parvenir. Il y est écrit que je dois trouver un sens à ta mort pour redonner un sens à ma vie. Je SAIS qu'il y a un sens à ta mort, à ta foutue mort ! Un sens absolu, un sens divin qui ne peut revêtir de signification que lorsque l'on contemple la vie différemment et que l'on accepte de n'être qu'un tout petit grain de je-ne-sais-quoi entre les mains de Dieu qui doit bien savoir ce qu'il fait.

Parfois, je pose mon livre sur mes genoux. Prise d'écœurement, de panique ou d'étourdissements. Emmitouflée dans ton pull polar bleu, je flatte ma poitrine pour consoler mon amour éventré. L'âme et le corps en agonie, je demande grâce et pardon à la fois. Je ne sais plus si je dois remercier le ciel ou le maudire, ballottée sans arrêt entre l'ineffable bonheur de t'avoir aimé et le martyr de t'avoir perdu. On me dit d'être patiente, que je suis déjà en voie d'être une autre. Je m'en inquiète. Car comment pourras-tu me reconnaître, toi, quand tu réapparaîtras… si jamais tu réapparais ?

Je sais bien, va, que tu ne réapparaîtras jamais. C'est toi-même qui me le dis par ton rasoir qui n'a pas bougé depuis le 19 février, ta chaise que tu n'as plus occupée. C'est toi qui me le laisses finement entendre par le sac d'Oreo encore plein et la bouteille de Bordeaux à moitié vide dans le frigo. Tu me dis : « Vis ! » de toute l'ampleur de ton absence, de toute la fulgurance de ta mort. « Vis ! Vis ! Vis ! » Alors je m'y remets doucement. Les yeux plissés et gonflés de larmes dans le grand soleil printanier, les mains posées sur la plaie rouge de mon ventre, je regarde par la fenêtre. Il y a déjà des jonquilles.

23 mars 1998 – Le retour au travail est difficile. Chacun essaie de me faire oublier ma douleur en faisant semblant qu'elle n'existe pas. Au cours des réunions de direction, mes crises de larmes subites prennent tout le monde par surprise. Chacun voudrait m'aider et disparaître à la fois. Ils savent que ma peine pourrait bien être la leur. Qu'il suffit d'un chauffard ivre, d'un arrêt cardiaque, d'un crash d'avion ou d'un diagnostic de cancer pour que le soir, en rentrant, leur vie devienne un cauchemar, et leur quiétude, la pire des angoisses.

Sans toi, j'ai l'impression de faire semblant de vivre. Sans toi pour y donner écho chaque soir, mon travail me semble futile et vain. Pourtant, je le sens, c'est bien là ce qui me sauve. Car les exigences de la routine arrivent à me détourner un peu de mon angoisse et de mon sentiment de vacuité. À commencer par mon passage sur l'autoroute Ville-Marie engorgée qui, chaque matin, me replonge inévitablement dans la vie. Comme tu dois le voir, ta mort n'a rien changé à mon usage abusif du klaxon. En revanche, elle fait de moi une automobiliste moins téméraire et plus prudente. Car de nous deux, il ne reste que moi pour veiller sur Rosemarie.

Visionnages, études de projets, conférences téléphoniques, je reprends mes fonctions entre les accès de désespoir et les sanglots irrépressibles que je cache à mes collègues derrière ma porte close. Mais, à ma grande surprise, je réfléchis aussi, je rédige des documents, je me bats pour mes idées, je tiens tête à mon patron – qui, dans les circonstances, s'en réjouit – et j'amorce des négociations serrées avec les producteurs. J'espère que tu es fier de mon courage, mon beau chéri, parce que dis-toi bien que, chaque minute, je résiste à l'envie de tout foutre en l'air.

Je rencontre tous les jours des gens que tu as connus, avec qui tu as travaillé. Je les regarde lire sur le creux de mes joues et sur la courbe décharnée de mon échine les ravages des dernières semaines. Nous parlons de toi. Nous disons « fut, était, avait, aimait ». Chacun a un souvenir de toi à me raconter. Curieusement, on parle de toi à l'imparfait, Jean, mon plus-que-parfait, et au passé simple, alors que ta mort complique si admirablement le présent de tous ceux qui restent et qui t'aiment toujours. Je pleure à l'intérieur. C'est le prix que j'ai à payer pour me rendre sans trop de mal jusqu'à dix-sept heures quand, libérée du regard d'autrui, je peux enfin laisser couler mes larmes dans ma voiture, en route vers ce chez-moi qui ne l'est déjà presque plus, parce que tu ne m'y attends plus.

27 mars 1998 – Rosemarie a huit ans. Nous célébrons son anniversaire dans ce tout petit café-atelier où chaque enfant décore une pièce de céramique. Le choix est vaste : chiens, chats, moutons, vases de toutes sortes n'attendent que le coup de glaçure magique qui les transformera en œuvre d'art. Tes enfants manquent à la fête, mais les autres amis sont là.

Je suis dans un état d'angoisse qui dépasse l'entendement, prête à chaque seconde à crier ton nom et à me rouler par terre comme une écorchée vive. Pourtant, j'arrive à distribuer le goûter, à chanter *Joyeux anniversaire* avec les autres tandis que la nausée m'étreint et que mon cœur fait l'imbécile en passant quelques tours. À la vue de mes mains qui tremblent, maman roule discrètement ses beaux yeux bleus dans l'eau. J'aurais tant voulu me souvenir de ce jour de fête comme d'un jour heureux.

Je décide de passer la nuit chez mes parents. Au volant de ma voiture, je suis un véritable danger pour moi-même et pour les autres, mais rien n'y paraît. Personne ne se doute de l'état de panique dans lequel je m'enfonce de plus en plus depuis la nuit précédente. Je ne suis plus rien de ce que tu as connu, mon pauvre Jean. Je suis debout devant la crevasse que ta mort a creusée, en perte d'équilibre, plus folle de chagrin que tous les fous de la Terre rassemblés.

Il est dix-neuf heures. Seule dans ma petite voiture remplie de photos de toi, je fais le tour des églises aux alentours à toute allure pour trouver du secours. Je cherche une main, un ancrage, un mouillage tranquille à l'abri de ma tempête. Je sonne aux portes des presbytères en pleurant sous la pluie. Mais les prêtres sont ailleurs et les lumières restent éteintes.

Alors je rentre. J'avale un cachet en comptant jusqu'à mille, le temps nécessaire pour joindre au téléphone un cousin psychiatre. Quelqu'un entend enfin ma douleur. Quelqu'un m'aide à pleurer. Il n'en faut pas plus pour que mes monstres se calment un peu et que je me sente accompagnée.

Il est décidé que je verrai le docteur au cours des prochains jours.

Souvenirs habités

30 mars 1998 – Aujourd'hui, tu as cinquante ans. Je reste là, plantée devant la boîte de merisier qui contient tes cendres, à ne trop savoir quoi dire. Quand je la soulève pour la porter à mon cœur, le petit reste de ce qui fut toi s'amoncelle contre une paroi dans un bruit de gravillon qu'on passe au tamis. Aujourd'hui, tu as cinquante ans. Je n'ai pas entendu ta voix, je n'ai pas vu ton beau visage depuis quarante jours. Je pleure, la joue collée sur le bois laqué, une photo de toi entre les doigts. Je pleure tout de toi qu'il ne me sera plus donné d'admirer, de caresser.

Bon anniversaire, mon adoré. Puisque tu n'es plus qu'une âme de l'autre côté du miroir sans tain, que pourrais-je t'offrir pour souligner l'événement sinon les débordements de la mienne et de mon amour incommensurable ? Je t'envoie de toutes mes forces les prières de mon enfance que je connais par cœur, ainsi que toutes celles que je glane chaque jour au hasard des lectures spirituelles vers lesquelles l'énigme incroyable de ta mort m'a menée jusqu'ici. Et je t'aime toujours.

On dirait que la maison a été vandalisée. J'ai commencé à décrocher des murs les tableaux, les affiches et les assiettes anciennes. Mais j'ai conservé les photos que nous avions fait encadrer : nos enfants jouant les culturistes, ton fils et moi à la pêche, Rosemarie à son anniversaire. Il y a même une photo de toi à trois ans assis au fond d'une chaloupe. N'eut été de la vétusté du papier témoignant des années 1950, on te prendrait pour ton fils. Mêmes yeux, même sourire. Il n'y a que les mains qui ne soient pas semblables.

La grande salle à dîner s'emplit peu à peu de boîtes de carton. J'y ai enfoui des livres et quelques petits objets décoratifs. Pour l'instant, j'ai peine à faire plus. Chaque boîte emplie et refermée est un jalon de plus vers une autre demeure, loin d'où nous avons vécu. Ce ne sont pas des objets sans âme que j'emballe dans du papier journal, mais des petits morceaux de notre vie commune, des compagnons et des témoins de notre quotidien.

D'ailleurs, cette tâche me prend un temps fou. Je m'attarde aux détails, je prends le temps de caresser de la paume les ouvrages que tu as lus, ceux que tu as consultés. Je me remémore la petite histoire de chacun des bibelots que tu avais rapportés de voyage bien avant que je n'entre dans ta vie. J'assemble le casse-tête de ton existence en partant des couleurs, de tes goûts et de tes préférences.

Je retiens tout ce qui parle de toi, du plus petit couvercle de cafetière marocaine au magnifique *Florilège des amours* de Ronsard. Je me surprends à m'attacher à ce qui tient de la plus banale banalité. Comme le jeu de Scrabble, tiens, que nous emportions souvent. Ou ces cocottes de terre cuite que tu utilisais, il y a longtemps, pour cuisiner des plats fins aux belles filles que tu avais attirées à ta table afin de mieux les baiser ensuite. Tu es dans tout ce que je touche. Dans l'air que je respire, dans l'eau que je bois, dans la plus furtive de mes pensées. Et pourtant tu me manques infiniment.

J'ai tout aimé de toi. Les gestes machinaux que tu as faits toute ta vie, comme celui de passer ta main sur ta tête, de recaler ta casquette à tout moment, ou de prendre des notes partout, toujours, sur tous les petits bouts de papier tombant sous ta main. J'ai tout aimé de toi. Tes colères à la Zeus, tes amours passées, ton enfance, tes voyages, tes enfants, ta ferveur pour la voile qui tenait plus de la religion que de la passion.

Comment balayer du revers de la main tout ce qui t'a façonné jusqu'ici et mené jusqu'à moi, tel que tu m'es apparu avec ton grand rire théâtral et ton cœur au bord des larmes ? « Avoue que je suis formidable ! » me disais-tu parfois à la blague. Oui, mon amour, tu es formidable. Formidable et déchirant d'absence cependant qu'éclatant de présence invisible et de bienveillance. Formidable. Formidablement collé à moi comme un tatouage d'ancre à jas – c'est le nom de ces ancres typiquement « cornues » comme on en voyait sur les bras de Popeye – avec ton nom inscrit dessous en lettres romaines bleu faïence.

30 mai 1998 – Il est huit heures. Les déménageurs viennent tout juste de garer leur camion devant la maison. Le vide des pièces de notre chez-soi renvoie un écho désolant. J'ai froid. Pourtant, dehors, c'est la canicule. Sur le trottoir, des fillettes dansent à la corde dans des corsages de coton fleuris. Le voisin promène son chien, quelqu'un tond sa pelouse. La vie continue. Qui l'aurait cru ?

Je les regarde, ces déménageurs, géants et habiles, transporter les chaises, les tables et les canapés, protéger les tableaux, soulever les boîtes. Je leur donne des directives tout en boutonnant mon cardigan. Puis, je la vois passer. Plus bleue que le ciel, plus lourde de souvenirs que le poids du camion lui-même : la caisse de plastique Rubbermaid qui contient tout ce que je garderai de toi toute ma vie : ta veste polar tout élimée, tes bottes de marche, ton chapeau Borsalino, mon bouquet de la Saint-Valentin et toutes nos correspondances.

La lumière s'éteint. L'angoisse m'étreint. Je ne trouve rien de mieux à faire que de sortir de mon sac à main ton nœud Hugo Boss tout fleuri comme un champ de Monet. Celui que tu portais le jour de ta mort. Emprisonné dans un petit Ziploc à sandwiches, il répand encore ton odeur sucrée quand on ouvre le sac et qu'on y plonge le nez. Je prends une longue inspiration pour me donner le courage de verrouiller une dernière fois la porte derrière moi. « Vous êtes certaine de n'avoir rien oublié, madame ? » s'enquiert le chauffeur. « Impossible d'oublier », lui dis-je, pleine de sous-entendus.

Pour tout dire, je ne sais pas de quoi demain sera fait. Je ravale mes larmes, je mets mes lunettes de soleil et je marche tranquillement vers la suite de ma vie, main dans la main avec ma fille. Il faut bien que je te laisse aller maintenant, si je veux te survivre. Je t'ai déjà survécu 101 jours, avoue que c'est déjà un miracle.

« Est-ce qu'on pourrait aller manger un cornet trempé dans le chocolat, ce soir ? » me demande Rosemarie en minaudant dans sa robe de lin. « Quelle bonne idée ! » lui répondis-je. « Et puis après, on pourrait aller au parc ? » « Oui, mon trésor. » « Et demain ? » demande-t-elle encore. « Demain est un autre jour, mon amour. »

Pari risqué

La mort est intrinsèquement liée à la vie. Depuis la nuit des temps, les humains font face à la perte de ceux qu'ils aiment. Et pourtant, personne ne s'y fait. La mort, qu'il s'agisse de la perspective de la nôtre ou encore de celle d'un proche, a toujours l'effet d'une bombe. On ne s'y habitue pas. Quelque part en nous, une fibre refuse de reconnaître notre finitude. D'un leurre à l'autre, de divertissements en diversions, on en arrive – étonnamment bien, d'ailleurs – à occulter cette certitude absolue : celle que nous allons tous mourir un jour. Et celle que, surtout, nous allons tous tôt ou tard pleurer le départ de quelqu'un qui nous est cher. Si bien que lorsque cela se produit, nous avons envie de hurler : « Qu'est-ce que c'est que cette arnaque ? Personne ne m'avait prévenu ! »

Quand Jean est décédé, c'est un peu comme si le plancher s'était retiré de sous mes pieds. Comme si sa mort avait été une chose improbable. Même s'il avait subi une importante chirurgie cardiaque dix-huit mois plus tôt, l'éventualité de son décès ne m'avait jamais traversé l'esprit. Comment pouvais-je être aussi ridiculement naïve ? En termes clairs, pour moi, cet homme-là n'était pas mortel. Sa mort – comme celle de tous ceux que j'aimais d'ailleurs – ne faisait pas partie des possibilités. La mort, pour moi, ce n'était qu'une rumeur ne concernant que les autres. Bien sûr, notre tête SAIT qu'elle est une menace constante et qu'elle peut à tout moment « venir comme un voleur », mais notre cœur, lui, croit qu'il sera possible d'y échapper, ou qu'il a tout le temps devant lui pour s'y préparer. Erreur.

L'ampleur du deuil à faire, devant le départ de ceux que nous chérissons, est proportionnelle à l'investissement de soi dans la relation. C'est à croire que les dés sont pipés. La vérité, c'est que, dès l'instant où nous entrons dans la vie, nous sommes piégés à notre insu dans une sorte d'impasse qui n'est rien d'autre que la condition humaine.

Heureusement, il existe aujourd'hui des organismes capables de nous aider à traverser le désert. La Maison Monbourquette, dont je suis la porte-parole depuis cinq ans, et qui se spécialise dans le suivi du deuil, offre un soutien inestimable à ceux qui, comme j'ai dû le faire, affrontent le départ d'un être aimé. Grâce à ses bénévoles, les endeuillés peuvent enfin trouver secours, réconfort et compassion.

Il existe bien évidemment une façon d'échapper à la souffrance de la perte. Beaucoup de gens la choisissent, d'ailleurs ; les handicapés du cœur sont plus nombreux qu'on ne pourrait le croire. Cette solution pour se protéger des affres de l'amour et de l'attachement est celle de ne pas aimer. Mais une vie sans amour, chacun le sait, ce n'est pas une vie. Parce que l'amour, justement, est le fondement de la vie.

À vrai dire, aimer, c'est prendre un risque. C'est un peu comme si la joie de l'amour et la douleur de sa perte passaient par la même porte tournante. Comme si, en fermant son cœur à la peine, on la fermait aussi automatiquement à la joie. Mais le prix à payer pour se protéger contre les grands chagrins de l'amour est d'être privé de ses délicieuses ivresses. À tout bien considérer, je préfère de loin la souffrance de la perte à celle de ne pas aimer.

Quand je repense à ces trois années de deuil infernales que j'ai traversées, mon cœur se remplit de commisération pour moi-même. Rien dans ma vie ne m'a fait frôler d'aussi près la folie. Moi qui, dans l'adversité, avais toujours réussi à garder le cap, voilà que je n'étais qu'un petit radeau à la dérive dans l'œil du cyclone, incapable de discerner le jour de la nuit, le nord du sud. C'est le fanal de ma fille, Rosemarie, qui m'a préservée de la noyade. Il brillait au loin de tous ses feux, hardi et vaillant, patient et inextinguible, et il m'a tranquillement guidée vers le rivage. Au moment où, pour la première fois de ma vie, je perdais tous mes repères, mon amour pour elle et le sien pour moi constituèrent, sans même que j'en aie pleinement conscience, mon seul refuge et le gardien des derniers fragments de ma vitalité pulvérisée.

C'est toujours l'amour qui guérit de l'amour.

Quelqu'un à l'affût

There is a crack, a crack in everything. That's how the light gets in.

LEONARD COHEN

Quand il n'y a plus rien à espérer, plus rien à attendre, quand le puits semble sec et que les perspectives nous paraissent complètement nulles, il arrive que l'inconcevable se produise. Qu'au détour du pire, au plus creux de l'abysse, au plus noir de la nuit, surgisse d'on ne sait où une grâce inattendue qui nous arrache d'un seul coup aux griffes du désespoir.

Je n'ai jamais trouvé de mots, en un peu plus de onze ans, assez forts pour décrire l'extrême détresse dans laquelle je me trouvais en cet après-midi du printemps 1998, quand ma vie a soudainement basculé. Recroquevillée sur le canapé du salon, maigre à faire peur, à bout de nerfs comme de larmes, je fus saisie soudainement et sans avertissement d'une violente sensation vibratoire. J'eus l'impression de ressentir un choc électrique fulgurant de la tête aux pieds. Cette sensation ne ressemblait en rien à quoi que ce soit que j'aie pu éprouver auparavant. Il m'était impossible de bouger, comme si mes muscles, mes nerfs, mon corps tout entier étaient en proie à une complète paralysie.

Pendant ces secondes ou ces minutes pétrifiantes – je ne saurais dire combien de temps cela a duré –, j'avais le sentiment que se déversait sur ma tête une invisible coulée de miel chaud et lumineux. Je n'avais pas peur. Je n'avais pas mal. Je me sentais tout simplement « saisie » au sens propre du terme. Comme si le temps s'était soudain suspendu, comme lorsqu'on appuie sur la touche *pause* du lecteur DVD. Quelque chose d'éminemment sérieux, dont j'ignorais encore le sens et même la nature, était en train de se produire. Une chose sur laquelle je n'avais pas le moindre pouvoir. Une expérience qui transcendait mon humanité, mes sensations physiques, mes pensées, mes sentiments, mais qui atteignait aussi tout cela à la fois. Quelque chose « me rentrait dedans » par je ne sais où avec une force qu'il m'est encore aujourd'hui impossible de dépeindre.

Quand l'étreinte s'est finalement relâchée, je me suis mise à pleurer comme une enfant sans pouvoir me contenir. Je n'étais pas effrayée, pas plus que souffrante. Mais j'étais secouée de sanglots profonds qui trouvaient leur source dans une émotion plus que submergeante, dans la parfaite pureté de la vérité qui s'imposait à moi : Dieu existe. Contre toute attente, je constatais que je venais de faire l'expérience de sa présence en cet après-midi de désespoir.

À ce moment précis, j'ai SU qu'on ne meurt pas. Dès lors, j'ai SU que la vie se poursuit après la mort. Que l'on revoit ceux que l'on aime. Je ne l'ai pas *pensé*, je ne l'ai pas *présumé*, je ne l'ai pas *cru* ni *espéré*, je l'ai SU.

Et je le SAIS toujours. Chacune de mes cellules le sait et bouillonne au diapason de cette conscience. Au phare qu'est ma fille dans le noir est venue s'ajouter l'éclatante lumière de Dieu, comme un soleil qui illumine tout. Qui baigne tout, même les recoins les plus obscurs de ma vie.

Ailleurs retrouvé

Il est important que je précise ici que cette révélation n'a pas agi sur mon deuil comme la baguette du magicien. La foi en Dieu ne nous préserve pas des souffrances liées à notre humanité. Mon sentiment de perte demeurait tout aussi vif. Au quotidien, le manque de Jean se faisait toujours aussi cruellement sentir. Mais la certitude que notre âme survit à notre existence terrestre a atténué une bonne part de ma peine.

Je pourrais comparer cela à ce que l'on peut éprouver lorsque quelqu'un que l'on aime s'exile. Tant et aussi longtemps qu'on ne sait pas comment les choses se passent pour lui, son absence est encore plus difficile à vivre. Mais le jour où nous avons l'assurance que sa terre d'accueil le rend heureux et qu'il n'y est pas seul au monde, qu'il s'y est fait des amis et qu'il s'y sent chez lui, l'ennui devient plus supportable. La vue de sa chambre vide, les photos de lui, les souvenirs continuent de nous faire pleurer : c'est le manque. Mais le fait de le savoir content et en sécurité, là où il est, calme notre angoisse de séparation : c'est l'amour.

Car, en rétrospective, je constate que le plus difficile à supporter – et ce avec quoi je ne savais d'aucune manière composer dans la mort de Jean –, c'était précisément ce flou, ce néant, ce trou noir, ce rien où je craignais tant qu'il soit allé. Le plus intolérable de mon deuil était là : dans cette désespérance, cette inanité de l'existence humaine, cette vacuité et ce manque de sens dans lesquels j'étais forcément maintenue avant que je ne prenne conscience de l'existence de Dieu. Je comprends aujourd'hui que ce qui rendait la mort de Jean insoutenable à mes yeux était précisément ce qui, du même souffle, nourrissait mon angoisse de vivre.

Je peux dire, d'une façon qui peut sembler naïve, qu'à partir du moment où j'ai su que, là où il se trouvait, Jean était aimé et guidé, dès que j'ai compris qu'il s'agissait d'un au revoir et non d'un adieu, j'ai pu tranquillement amorcer ma remontée des profondeurs du chagrin. Du coup, j'ai cessé de faire ces rêves glauques et traumatisants qui m'emmenaient chaque nuit dans une descente sans fin jusqu'au centre de la Terre, tantôt dans un ascenseur grillagé, tantôt via d'infinis escaliers en colimaçon.

Cela ne signifie pas que j'aie abandonné tout questionnement et que je n'oppose pas mon intelligence au concept de Dieu; et, surtout, à ce que les hommes en ont fait. Cela ne veut pas dire non plus que le doute ne s'immisce jamais dans mes certitudes. Une foi qui n'interroge jamais me semble être de la servilité. Mais le fait est que je n'arrive jamais à douter tout à fait. Chez les sceptiques, le doute brouille la foi. Chez moi, la foi encombre le doute. Car je porte en permanence, depuis cette découverte imprévue et improbable, tout au fond de mon cœur, une braise brûlante. Parfois le tourbillon de la vie m'en distrait ou me rend moins perméable à sa chaleur. Mais pour tout dire, je crois que cela n'a pas beaucoup d'importance. Parce que, tout compte fait, comme l'affirme si bien le philosophe français Gustave Thibon: « La foi consiste à ne jamais renier dans les ténèbres ce qu'on a entrevu dans la lumière. »

Je sais bien que mon histoire peut paraître étrange, mais je jure que c'est la vérité et que tout s'est passé comme je viens de le décrire. La grâce de Dieu m'a touchée en cet après-midi de printemps et ne m'a jamais quittée depuis. J'étais brisée et Dieu est entré. *There is a crack. A crack in everything. That's how the light gets in.* Il y a une fissure dans tout. C'est par là qu'entre la lumière.

Héritage inexploité

Cette révélation, cette foi tardive, c'est tout de même un comble quand on sait que j'ai été éduquée dans une famille catholique pratiquante. Question de situer mon héritage spirituel, mon père de quatre-vingt-un ans, un fervent pratiquant, n'a jamais jusqu'à ce jour manqué de faire sa prière à genoux au pied de son lit tous les soirs. Chose qu'adolescente j'observais avec condescendance en pensant, un sourire à la fois moqueur et attendri au coin des lèvres : « Tu peux toujours rêver avec tes simagrées, mon vieux. »

Chaque dimanche matin de mon enfance, mes parents nous emmenaient – ma sœur et moi – à la messe. Tout le monde se mettait sur son trente-six. Ma mère s'aspergeait de *Diorissimo* et nous partions pour notre église Saint-Gilles – modèle de laideur, s'il en est un – sur le parvis de laquelle nous rencontrions nos voisins. C'était l'époque assommante de ce que l'on a appelé la *messe à gogo* destinée à attirer les jeunes. Des chants pénibles, bon enfant et interminables auxquels tout le monde participait… sauf les jeunes, qui s'emmerdaient ferme.

Je garde des messes de mon enfance un souvenir impérissable aux odeurs d'encens, ponctué du son de la clochette à l'heure de la communion. Pour être franche, cet exercice de piété était pour nous le moment *plate* du week-end auquel on ne comprenait pour ainsi dire rien, et auquel nous n'avons réussi à nous soustraire que tard dans l'adolescence, malgré les remontrances et les menaces de nos parents.

Je n'ai aucune réminiscence de ma première communion sinon la peur panique de croquer l'hostie ou d'oublier ma place. De mon look de communiante, j'ai gardé mon voile entreposé soigneusement par ma mère dans du papier bleu. Je l'ai porté de nouveau à l'occasion de mon premier mariage en 1981 – à moins que ce ne soit en 1980 ? – avant de divorcer trois ans plus tard. J'ai bien dû conserver dans une malle quelconque ma petite robe provenant de chez madame Lalonger de la rue Saint-Hubert – de l'organdi laiteux sur un joli jupon jaune soleil – mais je ne peux rien affirmer.

Je n'ai pas de souvenir non plus de ma confirmation. Sans doute parce que je n'avais aucune idée de ce qui se confirmait et que l'on avait affirmé à ma place sans jamais solliciter mon avis. J'ai de vagues réminiscences de sandwiches pas de croûtes et de gâteaux élaborés à la vanille coiffés d'une hostie géante – le tout acheté à *La Romanella*, tout à côté de la pharmacie Toupin –, mais je ne saurais dire qui était ma marraine de confirmation. À preuve que l'habit ne fait pas le moine. On dit souvent que mettre un sourire sur son visage entraîne la bonne humeur. Le principe ne colle pas avec la foi. Ce n'est pas parce qu'on respecte les règles d'une religion et qu'on s'adonne à ses rites que l'on devient croyant pour autant.

La vérité, c'est que je n'étais pas une enfant croyante. Je n'étais pas athée non plus. J'étais docile. Ce qui n'est pas la même chose. Pour ne pas déplaire, par peur qu'on ne m'aime plus, je faisais ce que l'on attendait de moi. Je suis de cette génération de petites filles qu'on n'a pas encouragées à penser par elles-mêmes. Il y avait les « choses qui se font » et les « choses qui ne se font pas ». Malheur à celui ou à celle qui osait remettre en question l'ordre établi. Chacun avait avantage à marcher dans le rang pour éviter l'opprobre à sa famille. « Ah, mes bonjours ! Vous ne ferez pas comme les p'tits Boivin, pis cesser de venir à messe ! Tant que vous allez vivre sous notre toit, vous allez faire ce qu'on vous dit. »

Dévotion complaisante

Remettre en question l'existence de Dieu, émettre ne serait-ce qu'un pauvre petit doute, aurait été plus que mal vu. La foi, au temps de mon enfance, était bien plus une affaire d'obéissance que de conviction. Ne pas penser, surtout, mais obéir. Voilà qui était la règle.

Le catholicisme relevait de l'appartenance culturelle, d'une tradition. La foi avait une saveur de jugement dernier. Une odeur d'enfer. Il y avait une violence inouïe dans le bourrage de crâne dont certains enfants, principalement, étaient victimes. Aujourd'hui, on condamne la violence au cinéma et à la télévision, mais cette menace-là des flammes de l'enfer était tout aussi violente. Elle privait les enfants d'un refuge intérieur.

La crainte de Dieu et de sa colère. Voilà ce qui caractérisait un bon catholique. « Où est Dieu ? » « Dieu est partout », répondions-nous en chœur, ce qui générait en nous la peur de le voir surgir de sous le lit ou du fond du placard le poing brandi. L'amour de Dieu, la tendresse de Dieu, la douceur de Dieu, personne n'en parlait. On nous disait : « Dieu est miséricordieux. » Miséri... quoi ? Autant dire du chinois pour des enfants.

Comme tous les jeunes, je récitais en temps et lieu des prières apprises par cœur. Pure flagornerie. Comme on dit, je tentais de mettre les chances de mon bord ! Je disais : « Mon Dieu, faites que je ne rate pas mon examen de math. » Malgré toute ma ferveur, je dois admettre qu'à ce chapitre je n'ai jamais été exaucée. Rien de bien surprenant quand on a lu de la poésie tout le semestre au lieu d'étudier sa matière ! À ma grande honte, et au désespoir de mon père, ma moyenne a toujours oscillé entre 29 % et 36 %. D'ailleurs, quand ma fille est rentrée un jour à la maison avec un bulletin de 92 % en mathématiques, je me suis exclamée en riant : « Tiens ! Les mêmes chiffres que ta mère, mais à l'envers ! » « Pour l'amour du ciel, m'a répondu Rosemarie devant la désinvolture de mes propos, au moins, ne t'en vante pas ! »

Je priais. Mais je priais pour des sottises comme bien des jeunes de mon âge. « Mon Dieu, je vous en supplie, faites que Stéphane se décide à m'embrasser. Amen. » Voilà qui, à mon grand étonnement, m'avait été accordé. Demandez et vous recevrez. Tiens donc... Le lendemain, cachés derrière le gros bosquet d'hortensias, Stéphane et moi avions échangé un baiser mi-chaste, mi-sexy, la bouche à peine entrouverte, dans la douceur du soleil couchant de juillet, nous laissant tout chose et flagada.

Les prières, c'était un peu l'équivalent de passer une commande. Une sorte de service au volant. J'espérais seulement qu'on allait me servir le bon combo. Un petit chausson avec ça ? Je n'étais pas dans l'expérience de la présence de Dieu. Je ne savais même pas qu'elle pouvait exister. Rien encore ni personne ne m'avait signalé que prier, c'est parler à Dieu comme à quelqu'un, sans peur et sans retenue, même quand on n'y croit pas.

La religion, lorsque j'étais une enfant, était une affaire d'obéissance, soit. Mais c'était d'abord et avant tout, pour moi, une affaire de famille. En effet, les deux frères de mon père, les jumeaux Henri et Lucien, étaient prêtres. Combien de fois les ai-je vus se retirer au salon, après le souper, pour réciter leur bréviaire, les pages marquées par des images saintes. On disait que chaque famille de bons Canadiens français devait compter parmi les siens son prêtre ou sa religieuse. Chez les Bertrand, il y avait de quoi s'enorgueillir puisqu'on comptait aussi deux adorables vieilles tantes religieuses, féministes avant l'heure. L'une était pharmacienne et l'autre comptable pour leur congrégation.

Pour tout dire, les exemples de dévotion ne manquaient pas chez nous. J'ai vu souvent ma grand-mère paternelle, Fabiola, demander ici et là des faveurs à Sainte-Thérèse-de-l'Enfant-Jésus, sa mystique préférée. En cas de refus, elle n'hésitait pas à retourner l'image de la sainte contre le mur pour la mettre *en pénitence*. « Tiens ; ça vous apprendra ! » Ma grand-mère était l'une des rares dévotes contestataires que j'aie connues. Ses saints, elle les défiait. Ce qui ne l'a pas empêchée, dans son dernier soupir, de dire tout bas : « Mon Dieu, je vous aime. » Comme dans les films.

Et puis il y avait aussi mon grand-père paternel, Raoul, qui habitait avec nous. Chaque matin, dès que je l'entendais s'éveiller, j'accourais dans sa chambre afin qu'il me raconte une histoire. Pendant qu'il récitait d'abord son chapelet, je m'asseyais à ses pieds bien sagement et j'attendais qu'il m'invente un récit de loups et de forêts, mon thème de prédilection. À la suite de quoi nous allions partager ensemble à la cuisine un petit déjeuner copieux composé de toasts et de beurre d'érable, de Frosted Flakes et de pamplemousses roses.

Raoul est mort le 27 septembre 1963. J'avais cinq ans. Je venais tout juste d'entrer en première année. Pour éviter de me faire de la peine, sans doute, et pour ne pas troubler mes débuts en classe, personne ne m'en a jamais formellement ou explicitement informée. C'est ce que j'ai déduit dans ma petite tête d'enfant quand il a disparu définitivement de ma vie, que je voyais souvent ma mère pleurer en faisant la vaisselle et qu'on m'a donné sa chambre. La belle chambre bleue avec l'immense fenêtre donnant sur la rue.

Ce grand-papa gâteau était mon meilleur ami et il me manque encore aujourd'hui. Dans les jours difficiles, je me laisserais bien pousser par lui jusqu'au ciel, comme avant dans la balançoire rouge pompier de la cour. Ou encore je monterais volontiers à bord du petit traîneau de bois dans lequel il m'installait dès qu'un flocon de neige touchait le sol. Je donnerais beaucoup pour pouvoir, encore une seule fois, me faire hypnotiser par le bruit des patins de métal dans la neige en suçant ma mitaine. Je voudrais encore, ne serait-ce que l'espace d'une toute petite minute, me sentir sécurisée par le souffle régulier de mon Raoul bien au chaud dans son parka.

Équipement manquant

Ce sont les sœurs des Saints-Noms-de-Jésus-et-de-Marie qui m'ont enseigné au secondaire. Plus tard, j'ai fait mon baccalauréat en études françaises à l'Université de Montréal. J'ai eu la chance de bénéficier d'une excellente éducation. J'apprécie ma veine. On n'a pas lésiné sur la culture. J'ai lu Sartre, Kafka, Camus; mais aussi Gide, Giono, Claudel, Bernanos et Péguy. Sans jamais y rencontrer Dieu. Non pas parce qu'il n'y était pas, mais parce que moi-même je n'étais pas au rendez-vous. Je manquais d'équipement. Comme lorsque vous êtes en Europe et que vous n'avez pas l'adaptateur électrique qui vous permettrait d'utiliser votre rasoir ou votre sèche-cheveux. Il y a bel et bien de l'électricité, mais vous ne pouvez vous brancher. Vous n'êtes pas sur le même voltage, le contact ne se fait pas. Dieu existe, mais vous n'êtes pas au courant.

Le principe est pourtant simple : pour rencontrer tout autre que soi, il faut d'abord être présent à soi-même. Ce qui ne coulait pas de source pour moi dont la mère, grande adepte du contrôle de soi, croyait bien faire en répétant aussi souvent qu'on peut l'imaginer, quand elle me voyait submergée par une émotion : « Écoute-toi pas, ma petite fille. »

Le monde des émotions, à cette époque, était un univers dangereux capable de nous précipiter dans le laisser-aller, le désordre, l'incurie et les pires emportements. C'était le monde des « exaltés », comme se plaisait à le dire ma mère avec une expression dédaigneuse, truffée de sens sibyllins, l'air de quelqu'un qui en sait plus qu'il n'en dit. Le monde des artistes, des rock stars et des drogués. « On sait quand ça commence, mais on ne sait pas quand ni comment ça peut finir, ces affaires-là. » Comme s'il y avait au fond de soi une bibitte en attente de nous détruire dès que l'on baisse la garde. Comme si, en laissant monter une émotion, on laissait aussi monter un venin terrible. La rigoureuse maîtrise de soi et le refoulement constituaient donc les seules armes pour lutter contre l'ennemi numéro un. Et hop ! On envoyait tout sous le tapis. Ni vu ni connu.

Si bien que, la première fois que je me suis assise chez un psy, le mien, mon tapis était pas mal raboteux ! À une question du type : « Que ressens-tu ? », j'ai répondu : « Je pense que… » Et mon thérapeute de répliquer : « Je ne veux pas savoir ce que tu penses. Mais ce que tu RESSENS ? » Autrement dit, montre-moi ce qu'il y a sous ton tapis et je te dirai qui tu es. Non, mais de quoi tu parles, vieux *chnock* ?

Pourtant, aujourd'hui je constate que c'est lui qui, justement, avait raison. C'est toujours sous le tapis que *ça* se passe, que c'est le plus intéressant. Parce que la pensée est à la tête ce que les sentiments sont au cœur. Et que le cœur est la seule aune, le seul outil de mesure qui vaille pour évaluer la qualité de notre vie.

Ce n'est donc précisément qu'en m'écoutant, en étant attentive à la voix de mon cœur, que je peux entendre Dieu. Contrairement à ce que l'on a longtemps enseigné, la tendresse pour soi-même n'est pas une faiblesse. Elle pave la voie pour que Dieu se rende jusqu'à notre cœur. Et je crois fermement que toutes les violences que l'on s'inflige à soi-même, en son nom, lui font offense. Elles ne font, au final, que durcir notre cœur. J'aime croire en un Dieu qui souhaite que je ne me méprise pas. Un Dieu qui, bien au contraire, m'encourage à croire en moi-même, à me prodiguer du bien et surtout à me pardonner.

Cela ne veut pas dire qu'il faille céder à ses faiblesses et s'adonner à la complaisance sous prétexte que l'on s'aime soi-même. Qu'on ne se méprenne pas. Il ne faut surtout pas confondre estime de soi et culte du moi. Tolérance et laxisme. Il faut s'aimer soi-même comme on aime un enfant. Avec juste ce qu'il faut de discipline et d'indulgence.

En tout cas, ce qui marche pour moi, c'est le droit à l'erreur que je m'accorde. Et la conviction que je peux faire mieux, que mon potentiel est grand. Que je suis dotée, comme tous et chacun, du germe de Dieu qu'il m'appartient de faire grandir.

Bienheureuse faille

Curieusement, ce n'est pas quand tout marche rondement qu'on fait la rencontre initiale de Dieu. C'est quand il n'y a plus rien à espérer. Quand nous touchons en nous-même ce qu'il y a de plus petit et de plus vulnérable. Ce n'est pas dans la fuite qu'on rencontre Dieu. C'est quand, humblement, on reconnaît notre misère et que tombent les masques. « Dans le domaine de l'esprit, c'est en faisant faillite qu'on fait fortune. » Ce n'est pas de moi, mais du romancier français Christian Bobin.

Lorsque l'on tait son vacarme intérieur, quand on dépouille son cœur du superflu et qu'on se résigne enfin à admettre sa propre soif de sens et d'amour, Dieu se fait entendre au-dessus de la mêlée. Il est reconnaissable en ce qu'il nous met infailliblement en contact avec ce qu'il y a de meilleur en nous et le met en marche dans le monde. C'est sa marque. Que nous identifiions cette présence comme étant Dieu, Être suprême ou Force supérieure n'a pas d'importance. Ce n'est qu'un nom. Que vous n'y voyiez qu'un contact intime avec le plus profond de votre être n'y change rien. C'est du pareil au même.

Ma rencontre avec Dieu a tout changé. Ma vision de la vie et de la mort, pour commencer; ce qui n'est pas une mince affaire. Le sens a pris ma vie. Ma vie a pris du sens. J'aimerais pouvoir dire que je suis devenue meilleure, mais je n'ai pas cette prétention. La foi n'est pas un ticket pour la sainteté, hélas ! Mon vilain caractère n'a de cesse de me le rappeler. Ma rencontre avec Dieu m'a cependant donné l'envie de tendre vers le meilleur. D'en faire l'effort conscient et honnête. À ce chapitre, je dois admettre que mes échecs quotidiens se chargent de me rappeler mon humanité. Mais je ne désespère pas. Pour moi, marcher dans la voie de Dieu, ce n'est pas viser la perfection. D'ailleurs, chacun le sait, il n'y a rien comme de cibler l'idéal pour se sentir constamment bon à rien. Mieux vaut convoiter le progrès.

Marcher dans la voie de Dieu n'est, tout compte fait, rien d'autre que de devenir encore plus perméable à la souffrance humaine et d'agir conséquemment. C'est chercher à aider, à soulager. Par l'amour, transformer le mal en bien aussi souvent que l'occasion nous en est donnée. Si aujourd'hui, de toutes les pensées mesquines qui traversent mon esprit – et Dieu sait à quel point elles sont nombreuses – et de toutes les paroles blessantes dont ma bouche est capable, je ne réussis à en réprimer qu'une seule au nom de l'amour, je suis sur la bonne voie. J'entrave l'hégémonie de l'insensibilité et de l'indifférence qui cherche à s'étendre chez tout humain. Mine de rien, je change le monde. « Il n'importe pas qu'un être soit croyant ou non », a dit le dalaï-lama, « l'important, c'est qu'il soit bon. » Méchant programme !

Évidemment, quand on s'approche de la lumière, le risque est grand de voir ses propres défauts. C'est un peu comme la télé haute définition. Une grande avancée de la technologie et un sacré outrage à l'orgueil pour ceux et celles qui en sont les acteurs. Braquez-vous en plein visage un puissant projecteur, il y a fort à parier que vous verrez des rides et des imperfections dont vous ignoriez jusque-là l'existence. Car, lorsque la lumière s'allume, tout ce que la pénombre réussissait à camoufler se fait voir. Avec la lumière de Dieu, s'il est vrai que le chemin s'éclaire enfin, il est aussi vrai qu'il faudra se résoudre à l'emprunter sans se leurrer. Car ce chemin-là est bordé de miroirs impitoyables qui vous prouvent tous les jours que vous n'êtes pas celui ou celle que vous croyiez être. Vous voilà forcé de composer avec vos ombres maintenant éclairées.

Et ce n'est pas de la tarte.

Mise en marche

Pour ma part, une fois que j'ai *su*, j'ai cessé de faire montre de procrastination. Je ressentais la nécessité d'agir. Il me devenait insupportable de m'enliser dans la passivité, de me détourner de la souffrance humaine. Il me semblait que chaque indigent, chaque sans-abri me tendant son gobelet de styromousse dans la rue m'appelait par mon nom. On ne peut évidemment pas tout faire, mais ce n'est pas une raison pour ne rien foutre. Mère Teresa n'a-t-elle pas dit: « Si tu ne peux nourrir cent personnes, nourris-en au moins une. » Alors j'ai choisi mes causes. J'ai acheté des bottes à un clochard, emmené un autre manger un bol de soupe chez Tim Hortons, offert une tuque, des mitaines en hiver. Et en pleine canicule, j'ai rafraîchi des hommes épuisés par l'errance avec des Mr. Freeze et des canettes de cola. J'ai essayé, et j'essaie toujours, de rendre quelques-unes des innombrables grâces qui m'ont été accordées. Et la culpabilité me ronge encore tout autant lorsque, faute du nécessaire dans les poches, je ne fais pas tomber une pièce dans les paumes gercées qui implorent les passants en silence.

Peu de temps après ce que j'appelle « ma révélation », j'ai donc commencé à faire du bénévolat auprès des enfants malades de l'hôpital Sainte-Justine. Je l'ai fait aussi longtemps que mon horaire me l'a permis. J'éprouvais une urgence de donner, d'être utile. De faire une différence pour quelqu'un dans ma vie de tous les jours. Chaque lundi, durant des mois, je passais mes après-midi, de 14 h à 17 h, auprès de petits enfants malades. Je les berçais, je jouais avec eux ou je leur donnais leur repas selon les besoins du moment. Moi qui croyais naïvement avoir affaire à de mignons petits poupons enrhumés, j'ai dû faire face à une bien dure réalité.

Nous étions plusieurs bénévoles à nous occuper de nourrissons lourdement handicapés et parfois même abandonnés par leurs parents. Des enfants laissés-pour-compte en attente d'un foyer d'accueil. Des enfants souffrants qui, malgré tout, se mettaient à sourire en apercevant nos visages dans l'embrasure de la porte. Croyez-moi, il n'y a rien de plus bouleversant que le sourire d'un bambin qui souffre.

Un jour, pendant que je donnais à manger à une petite fille, une infirmière entra dans la chambre et me demanda d'aller plutôt m'occuper d'une autre enfant de quatre ans. Son père, qui l'avait veillée toute la nuit, n'avait pas fermé l'œil, pas plus qu'il n'avait déjeuné ni dîné. Il n'avait même pas trouvé le temps de se doucher depuis la veille. On me dit qu'il s'agissait d'un cas lourd et que la petite était très souffrante et agitée.

Je n'oublierai jamais le moment où je suis entrée dans cette chambre et que j'ai vu cette enfant complètement difforme en proie à de violents spasmes. Du creux de son petit corps tordu, elle hurlait d'inconfort et de douleur. J'ai eu peur. J'ai été saisie. Je ne suis pas fière de le dire, mais j'ai ressenti une violente répulsion. Démunie et incompétente, je me sentais inapte à aider cette enfant. Pour dire la vérité, j'avais envie de m'enfuir, de détourner le regard. J'ai alors demandé à Marie de m'aider. En prenant l'enfant pour la bercer, je lui ai demandé de m'insuffler ce qu'il fallait pour aider cette petite fille.

La fillette s'est endormie dans mes bras. J'ai senti son corps minuscule et invalide se détendre et s'abandonner presque instantanément. Est-ce l'intervention de la Vierge ? Le hasard ? Bien mal pris qui tenterait de le dire. Mais moi, je sais que, toute seule, je n'y serais pas arrivée. Et que c'est à ma foi que je dois d'avoir finalement composé avec la situation.

Le bien est toujours plus satisfaisant que le mal, principalement parce qu'il est plus difficile.

Accointances spirituelles

Il est vrai que je voue une dévotion toute particulière à Marie, qui ne m'a jamais laissée tomber et qui s'est manifestée, contre toute attente, à certaines occasions alors que je croyais tout perdu. Je lui parle comme à une amie, comme à une femme, mais aussi comme à une mère. Je me plais à croire que, dans sa maestria et sa finesse purement féminines, elle sait argumenter bien mieux que moi en ma faveur auprès de Dieu, qui peut difficilement lui dire non. C'est une stratège.

Depuis que Dieu s'est introduit en moi par les cassures de mon cœur, je suis partie à sa recherche. J'ai parlé avec des prêtres, des vrais. Pas de ceux qui sont enfermés dans leurs dogmes, mais ceux qui cherchent Dieu de toutes leurs forces et qui mettent du Dieu dans le monde. J'ai lu tout ce que j'ai pu trouver sur les manifestations de Dieu dans toutes les religions. J'ai lu le *Testament* de l'abbé Pierre. Je me suis intéressée à la survivance, aux expériences aux frontières de la mort – les *Near-Death Experiences*. À la suggestion d'un prêtre carme, j'ai lu saint Paul et le livre de Job. J'ai lu tous les ouvrages d'Elizabeth Kübler-Ross sur le *mourir* et les soins palliatifs. J'ai voulu savoir. J'avais une telle soif de spirituel, un tel besoin d'éternel. Et naturellement, le goût de la prière m'est venu.

J'ai retrouvé par hasard dans un tiroir de ma mère le chapelet de mon grand-père Raoul. Mais je ne savais pas comment le dire. Mon oncle Henri, qui est prêtre, m'a écrit sur un papier les textes et l'ordre des prières à réciter. C'est ainsi que le chapelet est entré dans ma vie. Quelques fois je m'endors à mi-chemin, envahie par l'apaisement. Ce qui est déjà, pour une fille anxieuse comme moi, une vraie bénédiction. Je récite mon chapelet animée, chaque jour, d'intentions différentes. Je prie pour mes amies, ma famille, pour les malades que j'aime et ceux qui s'apprêtent à mourir. Mes prières sont-elles entendues ? Je le crois. En tout cas, je ne perds rien à les reprendre. Le monde actuel peut-il vraiment se passer d'espérance ?

Un homme juif que je fréquentais, me voyant en train de réciter mon chapelet, me demanda en catimini de prier pour lui : « Tu ne dirais pas une petite dizaine pour moi ? » « Mais tu es Juif ! ai-je répondu. Es-tu certain de le vouloir vraiment ? » « Si, si, confirma-t-il. On n'est jamais trop prudent ! » Je prie pour demander, pour rester en contact et garder ma foi vive. Mais je prie aussi beaucoup pour dire merci. Il y a tant à apprécier dans nos vies sur cette partie du globe qu'il me semble que cela vaut bien un brin de prière.

Bernanos a écrit : « On ne comprend rien à la civilisation moderne si l'on n'admet pas tout d'abord qu'elle est la conspiration universelle contre toute espèce de vie intérieure. » Dans une société qui refuse de regarder en face la mortalité des êtres, dans un monde qui préconise le paraître plutôt que l'être, dans un monde superficiel, de plus en plus étourdissant, avouer sa foi en Dieu n'est pas un geste à la mode. Croire n'est pas glamour. Mais sincèrement, je ne pourrais pas m'en foutre moins.

Devant toutes les horreurs planétaires qui défilent devant nos yeux et sur nos écrans de télévision, croire en Dieu peut sembler naïf. Mais la vie a un sens. La mort aussi, qui elle-même fait partie de la vie. Croire, c'est avoir la conviction profonde que tout a un sens, au-delà même de ce qui semble ne pas en avoir. Devant toutes ces violences, croire en Dieu, c'est aussi refuser de désespérer de l'homme. C'est croire que chacun est muni d'un dispositif lui permettant de changer le monde pour le mieux.

Si vous cherchez Dieu et que vous ne le voyez pas, c'est peut-être tout simplement qu'il est souvent là où on ne l'attend pas. Il faut regarder mieux. Portez votre regard sur une simple fourmi ou sur les alvéoles d'une ruche, observez la délicatesse d'un pistil ou la perfection d'un flocon de neige pareil à aucun autre. Pensez aux milliards d'humains sur Terre dotés d'un ADN unique. C'est Dieu que vous voyez. Les grands textes saints de toutes les religions apportent certes des réponses ou, à tout le moins, des pistes de réflexion. Mais pour citer Christian Bobin, « […] ils donnent moins de lumière que les premiers flocons de neige ». Il y a dans le vent le souffle de Dieu. Dans le soleil, la lumière de Dieu et dans tous les bons sentiments, l'amour de Dieu.

Quoi qu'il en soit, pour moi, l'important, ce n'est pas tant de le trouver ; c'est de le chercher. Ce qu'Albert Schweitzer, médecin, musicien, philosophe et théologien, avait compris : « La seule possibilité de donner un sens à son existence, c'est d'élever sa relation naturelle avec le monde à la hauteur d'une relation spirituelle. »

Tout homme a dans sa vie un Dieu à l'affût.

Respect bien ordonné

Personne ne peut vous traiter comme un tapis
sans votre consentement.
ELEANOR ROOSEVELT

Je ne ferai pas par le menu détail le récit de mon parcours amoureux. Disons pour résumer qu'il n'a rien à envier aux intrigues de séries télévisées. Les chassés-croisés amoureux de *Dallas, Dynastie* ou de *Beautés désespérées* – bah ! –, de la petite bière ! En effet, j'ai connu plus d'hommes que j'aurais bien voulu en fréquenter. Mais il ne faut surtout pas croire que j'en retire de la fierté. Bien au contraire. Puisque, de tous ceux qui sont passés dans ma vie, très peu peuvent être dépeints comme des choix judicieux.

En rétrospective, j'avoue que mon itinéraire amoureux m'inspire plutôt de la gêne. N'eut été des leçons précieuses que je tire de ces liaisons, je pourrais aller jusqu'à dire que j'en éprouve de la honte. Aux autres la gloriole des multiples amours. Le chaos affectif qu'a été la plus grande partie de ma vie n'a rien d'admirable. Il n'y a rien à s'enorgueillir de s'être gourée si souvent, d'avoir sauté dans la gueule du loup fois après fois comme une idiote.

Certains pourraient être tentés de me qualifier de tombeuse. Ils n'auraient pas tout à fait tort dans la mesure où il est vrai que, dans presque toutes mes relations, je suis souvent tombée de haut. Je n'étais pas une poulette avec tous les hommes à ses pieds. Qu'on se détrompe. En dépit des apparences, j'étais plutôt le dindon de la farce. Le moins que l'on puisse dire, c'est que je n'ai pas souvent eu l'art de choisir mes partenaires. Beaucoup d'entre eux, je dois l'avouer, n'étaient que des faibles déguisés en gentlemans, des hommes petits et étriqués cachés sous des masques de noblesse et de grandeur. Je le dis sans craindre aucunement de heurter leur sensibilité; chacun sait que les nuls, quand on les décrit, croient toujours qu'on parle de quelqu'un d'autre.

Look recherché

Pourtant, si on expose les choses le plus simplement du monde, rien ne me destinait à connaître une feuille de route disons... aussi alambiquée. La vérité, c'est que j'aspirais à être la femme d'un seul homme. J'étais depuis l'enfance une romantique idéaliste indécrottable. Je rêvais à l'amour-toujours, à la passion impérissable. J'étais *Miss Fusion*. Comme la plupart des femmes, je me sentais faite pour un prince charmant. Pas pour les vilains crapauds qui finissent toujours par polluer votre mare et qui se croient tout permis. D'ailleurs, j'ai cru longtemps que, comme on le disait si joliment au Moyen Âge, je ferais tapisserie toute ma vie. Bref, qu'aucun homme ne s'intéresserait jamais à moi.

Il faut dire qu'adolescente je ne ressemblais en rien aux icônes de beauté régnantes. La mode était aux jolies blondes pulpeuses au style très américain. C'était l'époque où le fameux *poster* de Farah Fawcett s'étalait de toute sa splendeur affriolante sur le mur de la chambre des garçons de mon âge. Comment rivaliser avec ces bombes dégoulinantes de sensualité quand on a conscience d'être trop grande et incontestablement trop maigre? Quand on bourre son soutien-gorge 28 AA de mouchoirs de papier, faute de pouvoir y placer de vrais seins?

À l'âge où toutes les filles de ma classe découvraient leur sex-appeal et leur effet sur les garçons, je restais bien confortablement à la maison, cloîtrée dans les complexes qui sapaient dans l'œuf ma confiance en moi. Pas de doute, je n'avais aucun avantage. J'étais une *mochetée* certifiée par le sceau des quolibets qu'on m'attribuait tous les jours. J'étais tout sauf une femme en devenir : une asperge, une échalote, une girafe, un paquet d'os. Autant de mots cruels qui me font encore mal quand je me les remémore avec mon cœur d'enfant.

Côté look, les renforcements positifs ne pleuvaient pas dans ma famille non plus. Mon père, d'ordinaire si prude et réservé quant aux choses érotiques, perdait totalement ses moyens lorsqu'il voyait à l'écran Sophia Loren, cette actrice italienne voluptueuse aux formes généreuses. Pour lui, elle était « la quintessence de la féminité », ce qui faisait tiquer légèrement ma mère de jalousie.

Même scénario chez mon amie dont le père vouait un véritable culte à une autre actrice italienne, Gina Lollobrigida, dont le nom était à lui seul annonciateur des deux obus qui lui tenaient lieu de seins. Il y avait en ces femmes une charge érotique bouleversante. Une façon suave de bouger, de parler et d'attirer les regards, d'assumer leurs plongeants décolletés, une manière d'habiter leur féminité qui commandait à la fois le désir sauvage et la vénération. Bref, elles étaient tout ce que je n'étais pas.

S'il me restait de minces espoirs de présenter malgré tout un attrait pour les jeunes hommes de mon âge, ils ne subsistèrent pas longtemps. Mes désillusions connurent leur point culminant quand, par un après-midi d'été maussade, ma voisine me dévoila la collection de *Playboy* de son père. Cachée bien à l'abri des regards, la pile impressionnante de magazines donnait à voir des nymphettes dénudées aux courbes impétueuses. Ce qui acheva de me convaincre de ce que je savais déjà : je n'étais littéralement pas de taille.

Jusqu'à l'âge de dix-huit ans, je passais mes vendredis soir, après le souper, seule dans ma chambre à travailler mon image en cachette. J'épluchais des tonnes de magazines de mode afin de trouver mon style. Mon choix s'arrêtait toujours sur des looks extrêmement classiques que j'essayais de reproduire. Je fouillais dans les placards de ma mère où je trouvais abondance de robes de couturiers, que je pouvais transformer à ma guise avec des épingles, des broches et une multitude d'accessoires. Puis je m'enfermais dans les toilettes où je m'appliquais à peaufiner des maquillages concis et sophistiqués qui, ma foi, étaient très réussis. En prenant exemple sur les coiffures qu'arboraient les grands mannequins des pages de *Vogue* ou de *Harper's Bazaar*, je remontais mes cheveux en chignon ou je les bouclais lâchement. C'était selon les courants du moment.

« *All dressed up and nowhere to go* », disent les Anglais. Toute pomponnée et nulle part où aller. Quand l'ensemble me renvoyait dans le miroir une image satisfaisante, je pouvais enfin goûter au contentement de me sentir séduisante. Même si j'avais la nette impression de n'être qu'un imposteur. « Non mais, pour qui se prend-elle, celle-là ? Quelle prétentieuse ! » Pendant les quelques secondes que durait l'appréciation de mon reflet, je me réconciliais avec le corps qui m'avait été donné par la vie. Peut-être après tout était-il possible d'en tirer quelque chose. Sans en avoir l'air, je jetais les bases de ce qui allait devenir mon style personnel auquel je suis restée fidèle jusqu'à ce jour.

Lorsque sonnait vingt-et-une heures, je courais laver mon visage et défaire mes cheveux, puis je rangeais à toute vitesse les preuves de ma séance d'artifice. Pendant que mes copines se faisaient draguer en buvant de la sangria à la Casa Pedro de la rue Crescent, j'enfilais une affreuse robe de nuit de *flanellette* et j'allais regarder à la télé du salon un *Columbo* en grignotant des chips BBQ ou de la réglisse aux raisins.

À ce moment précis, ils pouvaient bien tous aller au diable ceux qui préféraient les jolies ensorceleuses en minijupe. Car, sans que personne au monde ne puisse même l'imaginer, dans l'intimité de sa chambre à Laval, le vilain petit canard maladroit pouvait se métamorphoser en une jeune femme au style élégant et assuré. C'était mon arme secrète pour supporter les regards moqueurs et méprisants qui me rappelaient sans cesse ma différence. Ce que mon manque de confiance en moi m'obligerait à garder caché longtemps encore. Car il faut bien plus pour croire en soi…

Vulnérabilité affective

Quand la conviction de sa propre valeur fait défaut, quand on a soif d'amour, de validation et de reconnaissance de la même manière qu'on peut avoir soif d'eau fraîche au milieu du désert, on devient une proie facile. Le piège de la dépendance affective vous attend au tournant dès que le premier beau parleur qui s'intéresse à vous vous appelle « chérie ».

Oui, les chanteurs de pomme savent repérer leurs victimes. Ils les choisissent innocentes, inquiètes, en mal d'attention et complexées autant que possible. Ils savent allier le discours mielleux aux fausses attentions pour mieux vous dévorer ensuite. C'est un jeu. Tandis que vous vous languissez de ce que vous croyez être de l'amour, que vous n'arrivez pas à croire à votre chance d'être enfin digne du regard d'un garçon, lui s'amuse à vos dépens. Une petite souris entre les pattes d'un gros minet.

Mais vous n'avez pas les yeux bien en face des trous. Vous n'avez pas encore vingt ans. L'inexpérience vous empêche de saisir que, en dépit des apparences, vous êtes deux dans le bateau de l'insécurité. Car, qu'on se le dise : « Tout flatteur vit aux dépens de celui qui l'écoute. » C'est son problème. La dépendance peut avoir plusieurs visages. Les bourreaux des cœurs ne sont toujours, toujours, que des peureux déguisés en Zorro.

Pour que je m'intéresse à un homme, il suffisait d'abord qu'il s'intéresse à moi. La beauté, l'élégance et la prestance n'avaient pas beaucoup d'importance dans mes choix. D'ailleurs, l'avais-je, le choix? C'est en tout cas la seule conclusion à laquelle je peux arriver en regardant les photos de cette époque. N'ayant pas de moi-même la meilleure des opinions quant à mon apparence, je ne pouvais quand même pas pousser mes expectatives jusqu'à espérer être repérée par un beau garçon.

Hors de tout doute, pas un seul de mes prétendants, avant l'âge de vingt ans, n'aurait eu la moindre chance de remporter le titre de Monsieur Univers ni même d'attirer un seul regard concupiscent. Et c'est dire les choses poliment. Si encore ils s'étaient avérés époustouflants d'intelligence ou d'envergure. Mais non, hélas! Quand ma mère se décida un jour à me demander ce que je pouvais bien trouver de séduisant à l'un d'entre eux, je répondis: «Son intelligence.» Et ma mère de répliquer: «Comme il cache bien son jeu!»

Quand, plus tard, j'ai pris plus d'assurance et que j'ai enfin osé sortir de ma chambre tous mes looks élégants, les hommes se sont mis à me voir d'un autre œil. Les garçons qui faisaient envie aux autres filles ne m'étaient soudainement plus interdits. Mais je n'étais pas sortie du bois pour autant. Il faut être sacrément sûre de soi pour accepter les invitations des beaux gars dont on suppose qu'ils sont extrêmement sélectifs. Après tout, sous les vêtements et les maquillages raffinés, n'étais-je pas encore et toujours le vilain petit canard grotesque et ridicule?

Le manque de confiance en soi provoque à lui seul beaucoup de dégâts. Quand il se double de la conviction inconsciente de ne pas valoir grand-chose, il peut être dévastateur.

Je me suis donc engagée dans des types de relations qui sont devenues, avec le temps, un *pattern* récurrent. Les hommes changeaient, certes. Ils étaient blonds, puis bruns, grands, petits. Mais plus ça changeait, plus c'était pareil. La dynamique demeurait la même.

Plutôt que de m'aguerrir et de me rendre plus prudente, chaque mauvaise expérience amoureuse me laissait au bout du compte encore plus remplie d'espoir. « Le prochain sera le bon », me disais-je, ayant foi dans la loi des statistiques. « Je ne peux quand même pas tirer le mauvais numéro fois après fois ! » Je me jetais alors dans les bras d'un nouvel homme, tout encline à croire à ses belles promesses. Je fonçais, tout radar éteint, animée du plus naïf espoir d'amour éternel. Sourde aux mises en garde de ma famille et de mes amies qui flairaient la mauvaise affaire, je persistais même quand tout hurlait SAUVE QUI PEUT ! C'est à croire que je n'avais rien à protéger.

Mollesse révélatrice

Je reconnais que la vie amoureuse est un creuset d'apprentissage et de croissance personnelle exceptionnel. Mais il faut savoir qu'une femme n'est pas une école. Elle n'est pas tenue d'enseigner à un homme les rudiments des affaires sentimentales. Sauf, bien sûr, si elle est sa mère. La manière de se comporter avec une femme, ça s'apprend ! Tout comme s'apprennent les bonnes manières à table, ou l'importance de dire « merci » et « s'il vous plaît ». Il me semble que ça va de soi. Au risque de choquer, je dois dire que le mieux, avec les hommes, est toujours d'attendre qu'ils se soient fait les dents sur une autre que vous avant de partager leur vie. En tout cas, c'est une des leçons que je tire de mes nombreux déboires.

J'ai laissé entrer dans ma vie des hommes absolument immatures qui, dans bien des cas, avaient du mal à se tenir debout par eux-mêmes. Comment alors compter sur eux en cas de besoin ? Des hommes qui ne pouvaient d'aucune manière répondre à mes besoins relationnels, coincés eux-mêmes dans leurs propres lacunes et leurs blocages respectifs. Des hommes qui, sans le savoir, n'ont eu de cesse de renforcer ma conviction d'être sans valeur en me laissant tomber continuellement plutôt qu'en m'épaulant.

Je ne compte plus les fois où, malade comme un chien, blessée dans un accident d'automobile et même à l'occasion d'une fausse couche aux petites heures de la nuit, je me suis rendue toute seule aux urgences. « Quelqu'un vous accompagne ? » demandait le médecin. « Non, je suis toute seule », répondais-je avec aplomb, bien que honteuse et humiliée. Avec l'envie d'ajouter : « Que voulez-vous ! Monsieur dort. Monsieur est au hockey. Monsieur est au golf. Ou monsieur a un GROS *meeting.* » Somme toute, monsieur avait mieux à faire. Et le médecin de penser : « Bref, monsieur est un *trou de cul.* »

Au lendemain de l'intervention chirurgicale qui a suivi ma fausse couche, je suis sortie de l'anesthésie dans la plus complète solitude. Pas une seule infirmière n'est arrivée à faire cesser mes sanglots diluviens. C'était des larmes de chagrin mais aussi des pleurs d'abandon. J'étais vide en dedans. Et c'était vide dehors. Et moi qui m'entêtais à poursuivre des relations pourries par peur de la solitude. Quelle ironie !

Après cet événement où ce compagnon de vie m'a démontré sa pleine mesure, j'aurais dû partir. Rompre. Me tenir debout. Comprendre que je détenais là la preuve qu'il n'y avait pas en lui matière à bâtir un couple solide. Pas avec moi, à tout le moins. « Désolée, mon vieux, mais je mérite mieux que ça ! » Voilà ce que j'aurais dû dire. Mais non. Je suis restée. JE SUIS

RESTÉE ! Eh oui ! Il me coûte infiniment de le dire et je suis encore estomaquée rien que de l'écrire. J'ai permis qu'on me traite comme un tapis.

D'ailleurs, j'ai toujours été très impressionnée par le soutien indéfectible dont bénéficient certaines femmes de la part de leur conjoint. Jusqu'à tout récemment, il s'agissait d'égards auxquels je croyais ne pas avoir droit. Que je n'estimais pas être en mesure de réclamer. C'était pour les autres. Les « je suis là pour toi » dont on peut avoir tant besoin, à l'occasion, au cours d'une vie, n'ont pas résonné souvent dans mes oreilles.

Aujourd'hui, je comprends que ce ne sont pas tant ces partenaires qui sont à blâmer pour les affres et les frustrations de ma vie amoureuse, mais plutôt moi-même pour m'être investie dans ces relations malgré les signes qui auraient dû m'en dissuader. Je suis tout aussi coupable de n'avoir pas pris la poudre d'escampette en temps et lieu, comme il se devait.

Mais je manquais de courage. La peur de la solitude, la dépendance affective de même que la conviction que, si je rompais, je risquais qu'aucun homme ne s'intéresse de nouveau à moi me conseillaient de rester. Envers et contre tout. Le spectre de la *vieille fille* s'agitait dans mon esprit. Alors je m'accrochais désespérément à ces hommes en croyant, inconsciemment, comme beaucoup de femmes l'ont cru avant moi et le feront encore après moi, que « je pouvais les changer ». La belle affaire ! On n'a jamais tiré d'eau d'une roche ni transformé des pommes en oranges. Vous pouvez me croire, j'ai essayé.

Bénéfiques compromis

Rien n'est parfait. Les hommes, les femmes, pas plus que les relations. Espérer des rapports amoureux qui ne nécessitent aucun aménagement, aucun compromis ni aucune négociation est complètement utopique. D'ailleurs, j'ai toujours pensé que les relations de couple qui ne sont jamais ponctuées de discorde ne sont que des leurres. La confrontation est essentielle dans une relation saine. Elle témoigne de la vitalité des partenaires à exprimer leurs différences et leur autonomie de pensée. À mon avis, il n'y a rien de mal à se crêper le chignon de temps à autre. À claquer des portes à l'occasion pour manifester sa frustration et son mécontentement. Je sais que la colère a mauvaise presse, mais je persiste à croire qu'elle est, en certaines circonstances, une réaction saine. Tant et aussi longtemps, bien entendu, que les moyens utilisés pour l'exprimer respectent l'autre. Quand il n'y a jamais de conflits ni de disputes, il y a anguille sous roche…

Je connais une femme qui, à la grande surprise de tous et même de ses propres enfants, a quitté son mari après plus de vingt ans d'un mariage où il n'y avait jamais eu la moindre dispute à rapporter. Une union, selon les dires de chacun, tout à fait harmonieuse. Mais en réalité, elle en avait ras-le-bol. Personne ne contestera ses raisons. Mais je crois sincèrement que, au risque de déplaire à son mari, cette femme aurait mieux fait d'exprimer ses insatisfactions et de verbaliser clairement ses exigences. Le dénouement aurait peut-être été différent.

Car il faut savoir être juste. Si vous attendez d'un partenaire qu'il lise vos états d'âme dans le pli des rideaux, si vous espérez qu'il devine pourquoi vous lui faites la gueule depuis trois jours ou que vous le fuyez comme la peste depuis des mois, il y a peu de chances que ça se produise. De leur propre aveu, les hommes sont simples et détestent tout ce qui n'est pas clair. Si vous voulez qu'ils connaissent vos sentiments et vos émotions, communiquez-les clairement. Si vous gardez le silence alors que vous bouillez de rage intérieurement, ils penseront que tout va bien. « Qui ne dit mot consent », se dit l'homme qui n'est pas un devin.

La vérité, c'est que les relations sans prises de bec s'établissent toujours aux dépens de quelqu'un. Comme on dit, quelqu'un prend son trou au lieu de prendre sa place. Il achète l'apparence de paix au prix de son identité, de sa liberté et de ses propres besoins. Pour se faire respecter, il faut exister. Donc déranger.

Alors, comment déterminer où se trace la limite entre l'acceptable et l'inacceptable ? Voilà ce qui a constitué un véritable défi pour moi. Jusqu'où pouvons-nous pardonner, passer l'éponge, comprendre sans mettre en péril notre dignité ? Sans compromettre notre propre identité ? Comment départager les maladresses des blessures infligées consciemment ? Comment pratiquer une certaine tolérance sans faire une folle de soi ? Comment accommoder l'autre sans se renier soi-même ? La réponse que j'ai trouvée est, entre autres, dans la gravité des offenses et de leur répétition. À trop mettre d'eau dans son vin, on finit par ne plus goûter que l'eau.

Cela me rappelle cette conversation que j'ai eue, il y a quelques années, avec la mère d'une collègue de travail. Nous étions à admirer sa magnifique collection de bijoux, et ses nombreuses bagues, tout particulièrement, avaient attiré mon attention.

– D'où viennent ces splendeurs ? ai-je demandé.

– C'est mon mari qui me les a offertes, a répondu la dame, fièrement.

– Et à quelles occasions ?

– Eh bien, voyons voir…, dit-elle en prenant une grande inspiration. Il m'a fait cadeau de l'émeraude quand il a rompu avec Cécile. Le rubis, c'était après Georgette, le saphir après Thérèse et le péridot après Rita. Il voulait se faire pardonner.

– Et le gros diamant ? dis-je en pointant une autre magnifique bague dans son écrin.

– Celle-là est spéciale, me dit la femme sur un ton de confidence. Il me l'a offerte après que je l'ai surpris dans notre lit avec deux jeunes filles. Il l'a payée une fortune !

On s'en doutera, ce couple est maintenant divorcé. « Ce n'est pas trop tôt ! » vous entends-je penser. Mais il ne faut pas courir aux conclusions trop vite. Bien sûr, madame aurait bien encore accepté quelques bagues en râlant pour la forme, mais c'est monsieur qui s'est lassé. Il a fini par la quitter. Oui, oui ! Monsieur ! Je suppose qu'il trouvait qu'elle lui coûtait trop cher de bijoux... Comme quoi la réalité dépasse parfois la fiction.

Comment savoir que « trop, c'est trop » et que la récréation est finie ? Qu'il est temps de mettre un terme à tout ça et de foutre le camp ? D'abord et surtout en écoutant la petite voix intérieure qui vous tient réveillée, la nuit, tandis que dort votre chéri. Cette locution intérieure qui vous avertit que votre vie est en porte-à-faux. Que votre façon de vivre, vos actions, vos choix ne sont pas conformes à votre nature profonde et véritable. C'est une petite voix très sage dont la fonction précise est de vous alerter quand vous quittez le chemin de VOTRE vérité. Un peu comme le bruit que font nos pneus sur les rainures placées en bordure des autoroutes pour nous préserver de l'endormissement. Il s'agit d'une sorte de *wake-up call.* Cette petite voix vous chuchote avec bienveillance que vous êtes en train de devenir votre propre traître. Et si vous l'ignorez, si vous vous retournez sans l'écouter en la balayant du revers de la main, elle finira par hurler. Elle ne cédera pas. C'est la voix de votre instinct de survie.

Respect avant tout

Malheureusement, certains discours religieux et ésotériques nous invitent sans bémol à aimer tous et chacun de manière inconditionnelle. Ce sont des écoles de pensée qui prêtent le flan à des interprétations erronées et abusives et qui tendent à nous priver de l'exercice de notre jugement, sans lequel il nous est impossible de nous protéger. S'il est vrai, comme le dit le dicton, « qu'on ne peut juger quelqu'un avant d'avoir marché un mille dans ses souliers », on peut en revanche juger que celui-ci ne nous convient pas et que nos chances de bonheur à ses côtés sont quasi inexistantes. S'il est bon d'éprouver de la compassion pour les malheurs d'une personne et la rudesse de son parcours, rien ne vous oblige à en faire les frais !

J'adore mon mari. J'aime sa gentillesse, son honnêteté, sa douceur et ses milliers d'autres qualités. Et je l'aime avec ses défauts. Mais si du jour au lendemain il se mettait à me rouer de coups, à m'avilir et à m'humilier, je ne l'aimerais plus. Rien n'est plus sûr. Je vous le garantis. L'engagement pris envers moi-même de toujours préserver ma dignité prime incontestablement sur celui de « rester pour le meilleur et pour le pire ».

En ce sens, il est déraisonnable d'appliquer le concept d'amour inconditionnel à la relation conjugale ou amoureuse. Il est vrai que l'amour n'est pas une récompense tel un biscuit qu'on donne à un chien pour avoir donné la patte sur commande. Il n'y a pas de « je t'aime si... » qui vaille. Mais il est tout aussi vrai que l'amour est un privilège – et non un droit – qui se nourrit d'amour, sans quoi il meurt de sa belle mort.

Quoi qu'en disent le grand rabin, le dalaï-lama, le pape, Bouddha et tous les autres chefs religieux du monde, je soutiens que l'amour inconditionnel, lorsqu'il est pratiqué avec excès et aveuglement, est un amour dangereux. Un amour irresponsable. C'est l'amour de celui ou de celle qui refuse de faire l'effort d'une réflexion, d'user de son intelligence. Un amour assujetti recouvert du drapeau de la grandeur d'âme et de la mansuétude. Être heureux, faire des choix avisés, cela suppose que l'on puisse se prendre en main et assumer la responsabilité de sa vie. Il n'y a rien de mal à choisir son bonheur. Je dirais même qu'il s'agit non seulement d'une responsabilité, mais aussi d'un devoir.

Mais notre culture judéo-chrétienne complique les choses. En faisant, depuis toujours, la promotion démesurée de l'oubli et du don de soi, elle jette sur les femmes, principalement, le grand voile sombre de la culpabilité. Il ne faut pas tout prendre au pied de la lettre. Car ces enseignements ne sont qu'une façon moralement malhonnête de contrôler les gens. Je sais de quoi je parle, j'ai moi-même poussé le concept de l'oubli de soi jusqu'à l'extrême limite. Ce qui m'a laissée vide et exténuée.

Par exemple, pendant de longs mois, j'ai fait vivre un homme qui avait, pour la énième fois, malheureusement perdu son emploi. Je crois que, dans la vie de couple, il est naturel de se soutenir mutuellement lorsque c'est nécessaire. Sinon, à quoi bon être deux ? Moi qui en avais déjà plein les bras avec mes obligations de chef de famille monoparentale pour lesquelles je ne recevais de soutien financier de quiconque, j'ai donc assumé sans rouspéter une grande partie des responsabilités pécuniaires de cet homme, au prix même de mes propres économies. Mes largesses ont cessé le jour où je me suis rendu compte que cet homme refusait systématiquement tous les emplois qu'on lui proposait sous prétexte qu'ils « n'étaient pas à sa hauteur » ! Je peux être d'une générosité sans limites. Mais je ne suis pas une imbécile.

Alors que l'amour est censé être un échange perpétuel mutuellement nourrissant, j'en ai souvent épuisé mes réserves.

Quand on aime à crédit trop longtemps, il ne faut pas s'étonner de faire banqueroute tôt ou tard ! Il en va de la santé de vos amours comme de celle de vos finances. Il faut un minimum de dépôts dans le compte pour assumer les dépenses ! C'est avec l'amour qu'on vous donne que vous pouvez aimer à votre tour, et avec celui que vous leur donnez que les autres peuvent vous aimer. C'est le principe des vases communicants.

On l'oublie trop souvent : la noblesse de l'amour humain inclut aussi celui qu'on éprouve pour soi-même. Il faut d'abord s'aimer soi-même pour être en mesure d'aimer l'autre. « Aime ton prochain COMME TOI-MÊME. » Je suis toujours ahurie de constater que l'on peut, avec une facilité déconcertante, agir à l'encontre de nos ambitions amoureuses.

Alors qu'elle rêve encore, à plus de quarante ans, d'avoir un partenaire solide et des enfants, une amie, brillante et très riche architecte, s'entête à collectionner les séduisants *losers* qui ne peuvent rien lui offrir d'autre que leur incroyable beauté. Elle s'entiche d'adolescents attardés habitant encore chez leurs parents à près de quarante-cinq ans et qui, manifestement, n'ont que faire d'éventuelles responsabilités conjugales ou familiales. Ce n'est pas tout d'identifier nos besoins et de nommer nos objectifs personnels. Encore faut-il avoir le courage de faire les gestes qui pourront nous y donner accès, ainsi que de s'abstenir de faire ceux qui, à coup sûr, nous en éloigneront.

Moi, par exemple, je me rends compte que, la thérapie aidant, j'ai depuis longtemps pu nommer mes besoins. Je savais les dire, les répéter, les vociférer jusqu'à l'écœurement. D'ailleurs, je peux admettre sans ciller qu'à ce chapitre j'étais une compagne plutôt casse-pieds. Mes ex-amoureux ne peuvent certainement pas me reprocher d'avoir manqué de transparence ou de m'être tue au lieu de communiquer clairement mes insatisfactions. Le problème, c'est que l'action ne suivait malheureusement pas le verbe.

À quoi me sert de claironner mes besoins si je choisis d'emblée des hommes qui n'en ont rien à cirer ou qui me prouvent jour après jour qu'ils sont incapables d'en tenir compte. Quand bien même je me posterais pendant mille lunes devant un sac de sable en attendant qu'il produise de l'eau à boire, je resterais avec ma soif. Si votre rêve est de faire du ski dans la poudreuse et que vous achetez un billet d'avion pour Cuba, n'allez pas vous étonner d'être déçue ni crier à la malchance. Vous n'aurez que vous-même à blâmer.

Trompeuses apparences

À ma propre décharge et à la défense de nombreux hommes et femmes qui se sont fait attraper dans le filet de prédateurs et prédatrices sans scrupules malgré de fermes résolutions de ne plus s'y faire prendre, je dois dire que les apparences peuvent parfois être cruellement trompeuses. En effet, il est difficile de s'imaginer, par exemple, que des gens au parcours professionnel plus qu'impressionnant et à l'allure complètement inoffensive peuvent se révéler d'aussi lamentables amoureux. La médiocrité et la fourberie n'annoncent pas toujours franchement leurs couleurs. Il est bon de savoir que les grands hommes, de fait, peuvent être petits. Et que les douces moitiés, comme on appelle souvent les femmes, peuvent s'avérer pas mal plus malicieuses qu'elles n'y paraissent.

Une femme, que je connais très intimement et qui est par ailleurs très sensée, m'a raconté avoir été complètement séduite par un professionnel à la réputation irréprochable. Un homme littéralement vénéré par sa clientèle. Un homme dont l'expertise, la renommée et la compétence sont unanimement reconnues. Un homme au visage d'ange dont il est impossible de penser qu'il puisse s'avérer être aussi diabolique.

Or, il se trouve que cet homme est un monstre. Un monstre rongé par une peur des femmes qui le fait constamment les contrôler et les maintenir à distance par des comportements et des paroles pernicieuses aussi misogynes qu'on puisse l'imaginer. Un genre de Dr. Jekyll et Mr. Hyde : compatissant et attentif le jour dans son cabinet, ce praticien se transforme le soir venu en un redoutable manipulateur, un menteur impénitent, un despote cruel et sans pitié, porté par l'étendue et la perversité de son narcissisme. « Dieu peut maintenant aller se coucher, je suis debout ! » se plaisait-il à dire, au réveil, en se levant. C'est tout dire.

Il s'agit d'un homme intelligent dont l'un des grands plaisirs dans la vie consiste à « oublier » constamment des rendez-vous amoureux, laissant sa compagne poireauter au restaurant, ou déconfite et furieuse à la maison devant un rôti desséché à force d'attendre au four. C'est un homme qui est passé maître dans l'art de briser la confiance en soi d'une femme, de la faire douter de son jugement et de son discernement. Un homme pour qui la pire menace n'est rien d'autre qu'une femme capable de penser par elle-même et de le confronter. Vous êtes sa chose. À défaut de quoi vous devenez l'ennemi numéro un. Et bien qu'il soit impliqué professionnellement dans des missions humanitaires d'envergure qui lui valent l'admiration de tous, il méprise de toutes ses forces les bons sentiments. Allez donc y comprendre quelque chose.

Des hommes et des femmes comme lui, il y en a des milliers dans le monde en attente d'une proie pour assouvir leur besoin de se sentir exister. Les psychopathes existent ailleurs que dans les films. J'en ai connu. Comme quoi on peut être un homme de loi remarquable, un intellectuel érudit, un professionnel idolâtré, un homme d'affaires prospère et respecté ou une mégastar de la télé ou de la scène, en même temps que l'incarnation de la médiocrité relationnelle. Le QI (quotient intellectuel), hélas, ne va pas toujours de pair avec le QE (quotient émotionnel). Heureusement qu'il n'en va pas toujours ainsi.

Dans la vie, certains jouent au Scrabble, d'autres aux quilles ou au Monopoly. Je voudrais bien pouvoir faire un constat différent, mais je suis forcée de conclure que, dehors, c'est une jungle. Il ne faut jamais perdre de vue que certaines personnes sont munies d'un détecteur de vulnérabilité hautement efficace parce qu'il a été utilisé des centaines de fois. Ainsi équipées, elles pratiquent comme loisir la destruction systématique des autres dont elles tirent beaucoup de satisfaction.

Chantal Renaud, l'épouse de Bernard Landry, était un jour en entrevue à l'émission *Entrée des artistes* avec Marie-Claude Lavallée. C'est une femme à la fois forte et fragile qui a connu ses descentes aux enfers. À la question : « Vous avez rencontré beaucoup d'hommes dans votre vie. Qu'est-ce qui, à votre avis, les attirait chez vous ? » Madame Renaud, avec un aplomb rempli de sensibilité et d'authenticité qui m'a rivée à mon téléviseur, a répondu par une phrase que je n'oublierai jamais. « Je pense que c'était ma lumière…, a-t-elle dit avant d'ajouter, à la fois légèrement morose et lucide, avec pour but de l'éteindre. »

La réussite, la beauté, la gloire, le statut enviable et l'argent sont toujours attirants. Mais ils ne sont en rien garants de la qualité d'une personne. Je dirais même que, sous des allures d'atouts, ces particularités méritent parfois qu'on s'en méfie. Car quelqu'un qui, toute sa vie, ne s'est employé qu'à grossir ses avoirs, à solidifier ses entreprises ou sa pratique, à courir après les trophées ou à peaufiner sa culture a forcément négligé certains aspects affectifs de son existence. Je l'ai appris à mes dépens. « À quoi te sert de conquérir le monde si tu perds celui ou celle que tu aimes ? »

Intelligence du cœur

Quoi qu'il en soit, à un certain moment de ma vie, j'ai dû me rendre enfin compte que quelque chose clochait dans ma *recette* amoureuse. Quand j'ai compris, avec stupéfaction, que j'étais le seul dénominateur commun à toutes mes relations de couple, un déclic s'est produit. La cloche du changement s'est fait entendre. Il ne me servait à rien de chercher un coupable ailleurs que dans ma propre cour.

Après réflexion, ma première erreur était évidente : j'étais prête à « donner le bon Dieu sans confession » à tout homme qui, d'allure correcte, me tenait le discours que je mourais d'entendre. Cela n'avait aucun sens. Au principe de loi qui veut qu'un homme soit innocent jusqu'à preuve du contraire, j'ai apporté un bémol en apparence anodin mais néanmoins capital : devant un homme par qui elle est séduite, une femme risque gros jusqu'à preuve du contraire. Voilà qui change la donne.

Il ne s'agit pas d'être méfiante, mais attentive et prudente. Il ne s'agit pas non plus d'établir comme prémisse que tous les hommes sont des salauds. La majorité des hommes sont formidables et dignes de confiance. Mais il faut partir du principe que, tôt ou tard, tous les hommes finissent, sans même s'en rendre compte, par montrer de quoi ils sont vraiment faits. S'ils sont dignes de votre confiance, vous le saurez. Sinon, vous le saurez aussi. Si vous êtes suffisamment patiente en vous retenant de lui donner votre cœur, le temps sera votre meilleur allié.

Quand je confie mes REER à un conseiller financier, mes cheveux à un nouveau coiffeur, mes vêtements griffés à une nouvelle couturière, je prends d'abord soin de mener ma petite enquête. Quand je laisse ma montre chez l'horloger pour une réparation, que je donne de l'argent à un organisme caritatif, que je prête ma voiture ou ma maison, je prends les précautions et les références d'usage. Le contraire serait bien hasardeux. Quelqu'un pourrait-il m'expliquer pourquoi il devrait en être autrement quand il s'agit de donner mon cœur, le seul que j'ai, mon bien le plus précieux?

Certains objecteront que «le cœur a ses raisons que la raison ne connaît pas» et qu'«on ne peut empêcher un cœur d'aimer». Foutaise que tout cela. À ceux-là qui ne jurent que par le grand tourbillon de la passion qui les empêche de voir clairement, je répondrai qu'il est possible de rendre le cœur intelligent. Et que, oui, on peut choisir qui on aime. Et l'aimer passionnément.

Petit à petit, j'ai fait de nouveau confiance à mon instinct, à mon intuition. Ce qui m'a permis de moins perdre mon temps. Un homme qui parle comme un *loser*, qui sent le *loser*, qui a une réputation de *loser*, un parcours de *loser* et qui vous fait vous sentir vous-même *loser*, EST un *loser*. Point final. Il ne mérite pas le bénéfice du doute. Il n'y a pas lieu d'aller vérifier plus avant.

C'est fou comme on peut économiser un temps précieux à comprendre des notions aussi simples que: les actes sont plus éloquents que les mots. Si vous mettez sans tarder un beau parleur à l'épreuve dès le début des fréquentations, bien avant de lui accorder votre cœur et vos fesses, vous saurez tout de suite à quoi vous en tenir. Faites le test. Prétextez une panne d'essence à minuit sur l'autoroute et sortez-le de son sommeil en lui téléphonant pour qu'il vienne vous tirer de là. S'il vous refile les coordonnées du service de dépannage 24 heures, vous pouvez égarer son numéro sans regret. Vous n'avez rien perdu. S'il se pointe en moins de temps qu'il ne faut pour dire « je t'aime » avec un bidon de carburant dans une main et un café chaud dans l'autre, c'est bon signe.

Mon père a toujours affirmé qu'un homme qui ne se donne pas la peine de faire de petits gestes d'amour sous prétexte que ce ne sont que des vétilles ne sera jamais en mesure de faire les plus importants. Je suis obligée de dire que mon expérience des hommes lui donne raison. Ceux qui m'ont laissée rentrer les sacs d'épicerie en continuant de regarder le hockey tout en croquant des chips au vinaigre et des arachides sont ceux qui m'ont laissée conduire toute seule jusqu'à l'urgence en pleine nuit. Ceux qui, dans leurs pantoufles et bien au chaud devant la fenêtre du salon, m'ont regardée m'enliser dans le banc de neige avec mon auto sont les mêmes qui m'ont abandonnée à moi-même par 103 degrés de fièvre pour sortir avec les *boys*. C'est comme ça. Quand un homme n'est pas un *plus* dans votre vie, il est forcément un *moins*. Qu'on se le tienne pour dit.

En quête d'un partenaire, certaines femmes dressent la liste des caractéristiques qu'elles recherchent chez un homme de la même manière qu'elles font leur liste d'épicerie. Je crois que, si elles se contentaient d'inscrire simplement les grandes lignes de leurs priorités et les qualités qu'elles jugent indispensables, elles ouvriraient davantage leurs horizons. Elles laisseraient de la place aux surprises et aux découvertes. *Mr. Right*, comme le nomment les Américaines, peut être bien différent de celui que vous imaginez. Avouez que ce serait vraiment dommage de passer à côté sous prétexte qu'il ne mesure pas un mètre quatre-vingt-dix, qu'il n'a pas les yeux bleus et que ses collets retroussent. Il est infiniment plus facile de convaincre un homme de changer de chemise que d'adoucir son cœur.

De toute manière, la maturité aidant, il serait futile et bien mal venu de fonder l'essentiel de notre jugement sur l'apparence d'un homme. Comme le disait si bien Laure Conan: «Aimer une personne pour son apparence, c'est comme aimer un livre pour sa reliure.» Nous n'avons plus quatorze ans, après tout. Et la vue de Hugh Jackman – bien qu'il soit un délice notoire et incontesté pour les yeux, capable d'un seul sourire de relancer en flèche mon niveau d'œstrogènes – ne devrait plus nous empêcher de dormir. Quand même! Nous avons vu neiger.

La beauté d'un homme, sa prestance et son pouvoir de séduction, bien qu'incroyablement appréciables et attirants, ne sont pas ce qui vous tient au chaud quand vous êtes malade ou chagrinée. C'est plutôt sa bienveillance, son affection et sa loyauté qui vous préserveront du sentiment de solitude et d'abandon, et qui vous feront connaître la joie et la gratitude de vous sentir aimée vraiment.

Chat échaudé...

Avec le temps, j'ai appris à reconnaître les signes de danger. Mes carences affectives, mes manques et mon parcours personnel m'ont toujours rendue vulnérable à certains types d'hommes qui, historiquement, ne m'ont apporté que des déceptions. Maintenant que je mesure l'étendue de la souffrance que j'ai connue à leur côté, leur charme n'opère plus. Cause toujours, mon lapin. Je vois leur jeu comme on perçoit les ficelles des marionnettes. On ne me la fait plus.

Je sais pertinemment qu'il est ardu de rompre une relation insatisfaisante lorsqu'on souffre, comme j'en ai souffert, de dépendance affective. Mais je sais aussi qu'on n'en meurt pas. Et qu'il y a des satisfactions incomparables à avoir le courage de choisir son propre bonheur. L'arme magique, celle qui vous empêche de retourner encore et encore auprès de l'objet de votre dépendance, consiste en une liste exhaustive de toutes les raisons qui vous ont incitée à le quitter. En cas de rechute, on la ressort vite du tiroir de la table de nuit et on la lit deux ou trois fois. Je vous jure que ça refroidit sa femme !

Il n'est pas nécessaire d'avoir complètement reconstruit notre estime de soi pour exiger que nos besoins soient respectés. Quand j'ai connu l'homme qui est devenu mon mari, j'en étais arrivée à croire que mes exigences relationnelles et affectives étaient exorbitantes. Que j'étais une capricieuse de la pire espèce. Beaucoup des hommes de ma vie, pas tous heureusement, m'avaient donné l'impression que je demandais la lune alors que mes besoins sont, tout compte fait, absolument normaux. Mais que peut-on en dire, sinon qu'un minimum, c'est toujours trop demandé quand on a envie de ne rien donner du tout. Quand on veut tuer son chien, on dit qu'il a la rage…

J'ai donc pris mon courage à deux mains pour exprimer mes exigences de façon claire et inflexible, bien qu'entrecoupée des sanglots de ma gêne et de mon embarras. Je me suis forcée à me respecter moi-même, au risque de perdre cet homme ou de le voir se moquer de mes demandes. J'ai résisté à ma peur panique de l'abandon. J'ai refusé de laisser ma dépendance affective prendre les commandes de ma vie. Et j'ai compris que les hommes ne sont pas tous pareils. Que cette race d'hommes capables d'engagement, bons, aimants, généreux et dignes de confiance n'est pas aussi en perdition qu'on le prétend. « Où sont passés les vrais hommes ? » se demandent bien des femmes. Commencez par vous respecter vous-mêmes et vous les verrez accourir nombreux comme des papillons dans la lumière.

Pour ce faire, pas nécessaire d'adopter les préceptes de l'actrice Sandrine Bonnaire qui, dans un entretien qu'elle avait accordé à *ELLE France* en 1991, affirmait : « Plus on est chiant, plus on se fait respecter. » Il est vrai qu'il n'est jamais, jamais profitable d'être « fine, fine, fine ». Mais il existe, entre ces deux extrêmes, un juste milieu qui sied à tout être humain en toutes circonstances.

Je me suis maintes fois mal aimée. Maintes fois bafouée. Je n'avais pas besoin d'un homme pour me laisser tomber ; je savais très bien le faire moi-même. Il est vrai que j'ai fait preuve d'une tolérance telle qu'on peut parler de bonasserie sans craindre d'exagérer. Mais aucun homme n'a jamais réussi à m'enrouler complètement autour de son petit doigt. Aucun d'entre eux n'a obtenu de moi que je fasse ce que je ne voulais pas faire. Je suis beaucoup plus rétive qu'on ne pourrait le croire. Personne n'a vraiment de prise sur moi ; je suis comme une savonnette qui, alors qu'on croit l'avoir bien agrippée, vous glisse entre les doigts. Ça n'a rien à voir avec la dérobade. Je m'appartiens. C'est tout.

Chose étonnante, dans tout ce chaos, j'ai su préserver une certaine candeur. Je n'ai jamais vécu d'aventure d'un soir. Je n'ai jamais retiré mes petites culottes sans l'avoir décidé de plein gré et sans avoir éprouvé un minimum de sentiment amoureux, aussi rétrograde cela puisse-t-il paraître. Cependant, en rétrospective, je crois que, si j'avais parfois attendu un peu plus longtemps avant de balancer mes Fruit Of The Loom, ça m'aurait donné l'occasion de m'apercevoir que je m'apprêtais à m'ébattre en fait avec un *twit* qui me ferait la vie dure et que je finirais, de toute façon, par larguer.

Mais bon. On ne refait pas sa vie.

Maux de l'âme

Et puis, qui de nos jours a la parfaite certitude
de ne pas être névrosé ?
CARL GUSTAV JUNG

On croit souvent à tort que ceux qui entament une rupture amoureuse ont la part plus facile. Qu'il est plus aisé de s'en remettre lorsqu'on en a pris soi-même la décision. Au cinéma, ceux qui s'en vont le font toujours dans une certaine allégresse. Nous les voyons prendre le chemin de leur nouvelle liberté d'un pas léger et altier, tout empreints de soulagement. Derrière le générique qui déroule, nous les suivons des yeux jusqu'à ce qu'ils deviennent tout petits sur l'écran, soutenus par une musique qui nous laisse imaginer que leur avenir ne pourra qu'être meilleur. Tout est bien qui finit bien.

Il est vrai que certaines ruptures nous tireraient presque un puissant alléluia tant elles nous libèrent d'un poids terrible. Les femmes, par exemple – plus couramment que les hommes –, lorsqu'elles n'aiment vraiment plus, en viennent à ne plus supporter la présence de l'autre. La seule vue de sa brosse à dents, de ses chaussettes ou de son ballon de football leur soulève le cœur. Là où le mépris s'est installé, il est inutile d'essayer de faire pousser de la tendresse. Une seule minute de plus en compagnie de l'autre est une minute de trop.

Étrange phénomène que celui-là. Une femme peut faire montre d'une patience infinie jusqu'à ce qu'une déception précise et particulière fasse déborder le vase et qu'un coup fatal soit porté à l'ensemble des sentiments éprouvés jusque-là. C'est mon cas. Je peux comprendre et tolérer bien plus et bien plus longtemps que je ne le devrais. Mais quand j'en ai assez, quand mes limites sont atteintes, je deviens intraitable et sans pitié. Si bien que l'autre, ahuri, ayant à tort tenu ma patience pour acquise, se demande quelle mouche m'a piquée. Il se met au lit le soir avec une femme qu'il croit débonnaire et conciliante – bien que la sachant pertinemment insatisfaite – pour se réveiller au matin avec un iceberg devant qui plaider sa cause est inutile. Comme le dirait ma mère: « Ça vient de s'éteindre ! » Ne dit-on pas que la nuit porte conseil ?

Dans ce type de rupture, nous devenons soudainement allergiques à tout ce que nous avons tant aimé chez celui que nous quittons: son odeur, ses mains, la couleur de ses yeux, sa façon de parler ou de gesticuler, tout ce dont nous nous étions tant éprises nous répugne tout à coup comme une chenille luisante et visqueuse. On tombe hors de l'amour de la même manière qu'on est tombées dedans. Avec fracas. Nous passons de la passion dévorante au dégoût amer dès que, dans notre cœur, le bouton *admiration* s'est désactivé. « Dire que j'ai gâché des années de ma vie, que j'ai voulu mourir, que j'ai eu mon plus grand amour, pour une femme qui ne me plaisait pas, qui n'était pas mon genre », fera dire Marcel Proust à Swan dans *À la recherche du temps perdu*. Malheur à celui qui abuse de l'élasticité de ma tolérance.

Bien sûr, certaines personnes rompent simplement pour fuir. Pour éviter de faire face à elles-mêmes. Elles ne supportent pas le défi que leur impose la vie de couple ni les aménagements qui sont immanquablement nécessaires à son bon fonctionnement. D'autres rompent dès que la passion n'est plus au rendez-vous, n'ayant pas saisi, comme me l'a si bien exprimé un jour mon psychiatre, que c'est précisément quand la passion fout le camp que commence l'amour. Ceux-là fuient comme des enfants qui, quand le jeu se corse, reprennent leurs billes et rentrent à la maison en disant: « Je ne joue plus. » C'est l'issue des orgueilleux qui craignent de perdre.

Scissions éprouvantes

Mais il y a d'autres ruptures. Des ruptures qui, bien qu'entamées par vous-même, vous précipitent dans des chagrins d'amour amers et abyssaux. Des ruptures qui, au bout d'une mûre réflexion, ne nous paraissent être que la seule solution possible après avoir essayé toutes les autres. Après d'innombrables disputes et ultimatums, à la suite de sérieuses mises en garde, après de longues nuits de dialogue et de larmes, après qu'on a mis tout son cœur dans la balance, il arrive qu'un amour soit irrécupérable ou qu'il ne puisse franchir une étape cruciale. C'est l'impasse. Suivie de la désillusion. Ne reste plus qu'à partir et à faire son deuil. Advienne que pourra.

Ces ruptures-là ne vous rendent pas automatiquement votre liberté. Elles ne vous donnent pas envie de sortir avec les copines pour célébrer votre nouveau célibat. Elles vous gardent longtemps triste et souffrante au creux de votre canapé, en pantoufles devant la télé, en retrait de votre vie sociale. Elles vous sapent votre envie de passer chez le coiffeur, d'aller au cinéma, de vous acheter des chaussures neuves… Ce qui n'est pas peu dire ! Ces ruptures-là ne semblent pas vous promettre des horizons plus heureux mais vous replient plutôt sur vous-même comme une tortue qui rentre dans sa carapace.

Alors qu'en rompant vous aviez cru vous réapproprier votre calme et votre sérénité, vous voilà privée de votre sommeil et envahie par l'anxiété. Vous vous empiffrez de Häagen-Dazs et vous sortez en pantalon de jogging avec une repousse bien en vue dans votre chevelure négligée. Pour peu, on vous croirait sortie tout droit de la sécheuse. Au diable l'orgueil et votre dignité ! Vous avez de toute façon épuisé tout ce qui vous en restait dans les dernières discussions qui n'ont abouti à rien. Vous avez beau savoir avec une profonde certitude que vous venez de prendre la meilleure décision, vous avez quand même la très désagréable impression d'être en peine d'amour. Et même si, en rompant, vous avez pris les commandes de votre vie – ce dont vous êtes très fière –, vous ne pouvez vous empêcher de vous sentir comme une *loser* de l'hippodrome Blue Bonnets. Vous avez la sensation humiliante d'avoir tout misé sur le mauvais cheval qui, pourtant, semblait si prometteur.

Vous traversez un deuil étrange. Le deuil de ce qui aurait pu être et qui ne sera pas. Vous êtes partie, il est vrai, de votre propre chef. Mais vous avez espéré jusqu'à la toute dernière minute que l'autre se réveille, qu'il se ravise, qu'il comprenne enfin qu'en vous laissant sortir de sa vie il était en train de faire la pire bêtise. Mais non. « Peut-on au moins espérer rester amis ? » demande plutôt l'autre, une larme tremblante au coin de l'œil. « *Fuck you* », pensez-vous en ramassant vos derniers effets personnels. Vous étiez tombée en amour. Voilà que vous tombez en morceaux.

Bien sûr, il rappellera pendant quelques jours. Ils rappellent toujours. Moins pour vous démontrer qu'il a enfin compris que pour voir si, à tout hasard, vous ne seriez pas revenue à de meilleurs sentiments. Si vous ne seriez pas, par chance, de nouveau encline à fléchir. Devant votre impassibilité, il vous fait des scènes au téléphone, vous injurie et vous supplie tour à tour de revenir, vous jure que vous êtes la femme de sa vie, tente de vous amadouer. Rien que vous n'ayez pas déjà entendu. Vous connaissez sa technique. À vrai dire, vous flanchez presque ; il semble si sincère. Mais vous ressortez de votre table de nuit la fameuse liste des raisons qui vous ont fait le quitter et vous trouvez la force de résister à ses stratagèmes. Tant mieux.

Tant mieux, parce que moins de trois semaines plus tard, *grosso modo*, toujours triste et accablée, vous rencontrez une amie qui vous lance : « Dis donc, tu savais que ton Jules a une nouvelle flamme ? Il paraît qu'il est fou d'elle ! » On vous frapperait en plein visage avec un bâton de baseball que vous ne verriez pas davantage d'étoiles. C'est alors que vous comprenez, que tout devient clair : vous n'étiez, finalement, qu'une pièce interchangeable dans le jeu de sa vie. Que vous ou une autre, au fond, pour lui, c'est pareil. Pourquoi changer quand il est beaucoup plus simple de changer de partenaire ?

Tout ça pour ça. Vous devriez en rire. Mais vos blessures d'enfance, qui se ravivent en un éclair comme des feux ardents, vous en empêchent. Elles opèrent la plus parfaite distorsion de la réalité. Au lieu de : « Il n'était pas digne de ton amour », vous les entendez vous dire, cruelles : « Tu n'es pas digne d'être aimée. » Je connais très, très, très bien la chanson. Je l'ai chantée et déchantée plus d'une fois.

Éloquentes cicatrices

Saviez-vous qu'une porcelaine fêlée ne produit plus jamais le même bruit qu'avant ? Tout au long de notre vie, nos blessures laissent sur notre corps des stigmates qui nous les rappellent aisément. Je n'ai qu'à jeter un coup d'œil sur mon genou droit pour me souvenir de ma mémorable chute à bicyclette à l'âge de dix ans qui m'a privée de marcher normalement pendant des semaines. Je peux refaire le chemin entier de ma vie en parcourant des yeux la cicatrice à mon index gauche, celle à ma joue droite, l'autre sur mon ventre, ou encore celle sur mon nez que je dois à un coup de pelle accidentel reçu à l'âge de quatre ans. Mes douleurs cervicales m'empêchent d'oublier mes accidents d'automobile, et les lombaires, quant à elles, ma fouille spectaculaire et hautement humiliante devant la pâtisserie il y a près de cinq ans.

D'autre part, le choc et la détresse profonde et prolongée que m'a causés la mort de mon conjoint, il y a onze ans, m'ont laissé des séquelles cardiaques réelles et connues sous le nom de *syndrome du cœur brisé*. Il n'y a pas qu'au figuré que peut se briser notre cœur de trop de chagrin. Mon corps est fêlé. Et même s'il se remet des assauts de la vie et qu'il s'adapte de façon remarquable, telle une porcelaine, il ne fera jamais plus le même bruit qu'avant. Il en est ainsi pour chacun de nous, à moins d'avoir grandi dans l'ouate sous une cloche de verre.

Il en va de même pour l'esprit. Les heurts répétitifs et trop nombreux, les grandes peines, les trop grands stress nous fragilisent souvent au-delà de ce qu'on pourrait croire. On entend parfois que « ce qui ne nous tue pas nous rend plus forts », alors que ce n'est pas toujours vrai. Les grandes épreuves, lorsqu'elles sont trop fréquentes et trop accablantes, lézardent inévitablement nos fondements au point de transformer un chêne en brindille friable.

L'impact des aléas de la vie sur notre santé mentale est, pour tout dire, à l'image d'un verre d'eau qui se remplit petit à petit. Chaque goutte nous rapproche à coup sûr d'un débordement. Il n'est pas rare de voir des gens qui, ayant bravé avec un courage exemplaire les pires adversités durant leur vie, n'arrivent même plus à supporter les petits stress du quotidien. Bien sûr, ils ne se reconnaissent pas dans ce profil vulnérable. « Ce n'est pas moi ! J'ai pourtant toujours été capable de tout encaisser », disent-ils, irrités et incrédules devant leur propre fragilité. La vérité, c'est que leur résistance nerveuse a atteint sa limite. Le verre déborde. Appelez ça comme vous voudrez.

Malheureusement, la résistance n'est pas un puits sans fond. Quand le réservoir de carburant est à sec, toute la volonté du monde ne vous fera pas avancer. Il va falloir refaire le plein sous peine de rester éternellement sur la voie d'évitement.

Il y a quelques années, après avoir moi-même mis fin à une relation amoureuse profondément insatisfaisante, une relation qui avait monopolisé mes énergies, mes sentiments et mes espoirs pendant un peu plus d'un an et demi, je me suis retrouvée extrêmement fragilisée. J'avais besoin de temps pour prendre soin de moi afin de reconstruire ma vitalité, qui était passablement atteinte. J'avais besoin de ce dont j'ai toujours eu besoin, c'est-à-dire de calme et de sérénité, d'un environnement clément au sein duquel me relever de la tempête. J'avais l'impression de descendre du Zipper de La Ronde alors que j'avais cru m'embarquer pour une promenade passionnante, douce et apaisante dans les jardins de l'amour. Mes réserves d'endurance étaient épuisées.

Or, au même moment, je me trouvais au centre d'une situation professionnelle pour le moins difficile. À mon grand contentement, un contrat très important venait s'ajouter à ma charge de travail pourtant déjà grande. Mais cette nouvelle assignation accaparait mon temps de manière à rendre impossible toute vie sociale. En outre, il s'avérait que cet engagement, bien que très lucratif, ne m'apportait que de la frustration. Plutôt que d'y trouver le plaisir de travailler que j'avais espéré, j'éprouvai rapidement un malaise grandissant. Bien des choses et bien des gens ne correspondaient en rien à ce que j'avais cru qu'ils seraient. C'était désastreux. Voilà que j'étais prise au piège dans des conditions et un climat qui m'étaient absolument insupportables, où la névrose donnait le ton. Une situation qui, au nom de mon professionnalisme et de ma parole donnée, me faisait transgresser mes limites personnelles.

Devant une telle catastrophe, le bon sens commandait évidemment que je résilie mon contrat. Mais les choses sont rarement aussi simples. Je décidai malgré tout de poursuivre mon engagement. D'abord pour des raisons financières; en tant que mère d'une famille monoparentale, je ne pouvais pas me payer le luxe de laisser passer un tel revenu. Et ensuite parce que je croyais pouvoir arriver à un détachement qui puisse me permettre de prendre une saine distance par rapport à la situation. Erreur.

Plutôt que de s'améliorer, la situation s'est nettement dégradée au point de solliciter chez moi des forces et une patience que je n'avais même plus. Comme on dit, je roulais dans le rouge. Exténuée, je rentrais chaque soir plus mal en point que la veille. J'ai honte de le dire, mais je n'avais souvent même pas l'énergie de concocter un repas qui vaille. Ce fut l'année où j'ai certainement fait à moi seule grimper les titres en Bourse des rôtisseries St-Hubert. Quand vous connaissez les préposés aux commandes téléphoniques par leur prénom, que vous accumulez régulièrement plus de points bonis que vous ne pouvez en utiliser, c'est que ça ne tourne pas rond.

Surchauffe nerveuse

À bout de nerfs, impuissante à changer la situation autant qu'à m'en soustraire, je commençai sans le savoir la lente et pernicieuse descente aux enfers de la dépression. Une fois rentrée, vidée de toute forme d'énergie, je m'affalais sur le canapé du salon. Je disjonctais plus que je ne m'endormais. Je n'avais plus de vie, plus d'exutoire, plus de plaisirs. Mes perspectives se résumaient à des obligations, mes leitmotivs à des « il faut ». Dès le matin, je comptais les heures qui me séparaient du moment où je pourrais enfin me réfugier en moi-même pour tenter de reconstituer mon équilibre perdu.

Pourtant, une fois au lit pour la nuit, après la révision du vocabulaire d'espagnol de ma fille ou la correction de la dictée, après les nécessaires tâches domestiques qui sont à tous notre lot quotidien, il m'était impossible de trouver le sommeil. Car comment dormir, comment vous abandonner quand votre cerveau surchauffe dans votre boîte crânienne et que la machine à penser s'agite follement tel un hamster en cage courant frénétiquement dans sa roulette ? Quand finalement, après des heures de ruminations incessantes et d'anxiété étouffante, quand donc j'arrivais à m'endormir, c'était pour bondir une heure plus tard au son de la sonnerie du réveille-matin.

À cinq heures, je me jetais littéralement en bas du lit, tétanisée. Je m'engouffrais dans la douche où, m'agrippant au rideau pour ne pas finir dans le drain, je tentais de fabriquer de toutes pièces un peu d'énergie pour affronter mon horaire de fou et le poids de ma journée.

Par ailleurs, ma vie sociale foutait le camp. Au lieu de sortir le vendredi soir comme à mon habitude manger une pizza avec des copines ou voir un film, je me cloîtrais chez moi à regarder *La Fureur* avec ma fille et, ensuite, seule devant la télé, à voir les reprises de *Décore ta vie* ou de *What not to wear* la nuit durant.

Petit à petit, j'ai cessé de voir mes amis, d'accepter des invitations et même de rendre mes appels. Je n'avais plus rien à donner. J'étais vide et tarie. Tout m'envahissait, m'étouffait, me demandait trop. En d'autres temps, j'avais été un continent; puis une presqu'île. Je n'étais plus désormais qu'une toute petite île. J'étais volontairement coupée du monde au beau milieu de nulle part. La vie se passait ailleurs, partout ailleurs que dans la mienne. J'entendais s'élever sa rumeur comme on entend ses voisins vivre de l'autre côté du mur. Mais ce n'était pas mon affaire. Ça ne regardait que les autres.

Personne au monde ne saura jamais ce qu'il m'en a coûté de respecter ce contrat. De me rendre jusqu'à son échéance. Sous des allures fonctionnelles, je me désagrégeais lentement mais sûrement. Je perdais pied. À marcher ainsi à l'encontre de moi-même – à contre-courant, si je puis dire –, je me faisais un tort titanesque qui s'ajoutait à tous les autres que je m'étais causés moi-même au cours de ma vie, de même qu'à tous ceux que le destin m'avait infligés. En m'imposant cette violence, je faisais littéralement déborder le verre de la résistance, je posais les dernières pierres d'un édifice qui, en déséquilibre depuis belle lurette déjà, était condamné à s'effondrer tôt ou tard.

« Quand le pan d'une falaise s'écroule soudain dans la mer, tout le monde sait bien que ce n'est pas une fêlure spontanée et immédiate qui a provoqué cette chute. Il y a déjà très longtemps que les fissures et les craquements souterrains avaient commencé leur invisible travail de sape », rappelle le journaliste et écrivain français Philippe Labro dans son livre *Tomber sept fois, se relever huit*.

Effondrement en règle

Finalement, la bombe a explosé. Un matin de décembre, pendant les vacances, sous le scintillement des lumières de l'arbre de Noël, un jour gris au ciel menaçant, je pris conscience que j'étais la proie de quelque chose de très dévastateur. À quatre pattes en pyjama dans le couloir de mon appartement et mal démaquillée de la veille, je pleurais à gros bouillons en nettoyant un simple dégât laissé par mon chat. L'annonce de l'imminence de la fin du monde ne m'aurait pas fait paniquer davantage. Je me suis tout à coup sentie envahie d'une marée d'anxiété telle qu'il me semblait que je perdais instantanément toute maîtrise de ma vie.

Je me souviens très bien qu'à ce moment précis j'avais une conscience aiguë du son de la télévision et de celui du lave-vaisselle qui me parvenaient en sourdine, et auxquels j'essayais tant bien que mal de m'accrocher comme on tente de rester accroché à la réalité. J'éprouvais l'affolante impression d'être en train de me dissoudre ou d'être avalée en moi-même.

Quand, finalement, j'ai trouvé la force de me relever pour rincer mon linge au lavabo, je me suis regardée dans le miroir. En plongeant mes yeux dans mes yeux, j'ai constaté avec effroi qu'il n'y avait plus personne. Pas de doute, c'était bien moi. Mais une moi désertée d'elle-même, envolée Dieu sait où, incapable de tenir en soi une minute de plus.

Il était évident que j'avais besoin d'aide. Je composai donc en vitesse le numéro d'un psychothérapeute que j'avais déjà consulté. « Je pense que je fais une dépression, lui dis-je, j'ai besoin d'aide. » À quoi le vieux monsieur répondit, de la manière la plus irresponsable qu'on puisse imaginer pour les circonstances : « Tu t'en fais pour rien, ma belle fille. La dépression, ce n'est pas ton genre. »

Mais rien ne pouvait m'enlever la conviction profonde d'être réellement en train de couler à pic. J'ai donc joint un médecin que j'ai l'habitude de consulter, un homme pour qui j'ai non seulement de l'estime, mais une grande admiration en raison du bon sens, de l'intelligence et de l'humanité avec lesquels il mène sa pratique. « Il faut que je voie un psychiatre rapidement, dis-je. Rien ne va plus. Je pète ma coche. Je saute les plombs. » Trente minutes plus tard, j'obtenais de lui le numéro d'un psychiatre qui, devant l'urgence de mon cas, m'a reçue au cours des jours qui suivirent.

Ce n'est qu'après deux heures d'un interrogatoire serré que le psychiatre a finalement posé son diagnostic : trouble d'anxiété généralisée. Ce qui est une des formes multiples que peut prendre la dépression. Il a donc été convenu que je commencerais à prendre des médicaments sur-le-champ et que, parallèlement, je consulterais une psychologue, tout en maintenant un suivi hebdomadaire avec le médecin psychiatre, que je pouvais joindre en tout temps en cas de besoin.

Je sais que les antidépresseurs ont mauvaise presse. Certains prétendent même qu'ils ne sont en aucun cas nécessaires. On a tout dit à leur propos : qu'ils sont une arnaque issue d'une certaine mafia pharmaceutique, qu'on surestime leur pouvoir, qu'ils n'apportent rien d'autre qu'un effet placebo, et quoi d'autre encore. Malheureusement, ils sont encore perçus comme une béquille à la disposition des paresseux et des faibles, qui sont incapables de se botter le derrière pour avancer au même rythme que les autres.

Pour l'amour du ciel ! Reproche-t-on à un diabétique de ne pas fabriquer d'insuline ? Bien sûr que non. Pourquoi reprocherait-on à un dépressif de ne pas sécréter de sérotonine ? La dépression est une maladie. Un dérèglement chimique qui peut se soigner et se guérir.

Dans le cadre d'une émission de télévision portant sur les maladies mentales et dont j'oublie le titre – un documentaire que j'ai pu voir bien longtemps avant d'en souffrir moi-même –, une psychiatre expliquait comme suit la nécessité des antidépresseurs : « Quand quelqu'un se noie, vous n'entreprenez pas de lui apprendre le crawl ou la brasse. Vous lui lancez une bouée. Ce n'est qu'après qu'il a été sauvé que vous lui apprenez à nager, afin d'éviter qu'il ne risque de nouveau la noyade. » Les antidépresseurs ne sont rien d'autre que cette bouée qui vous empêche de vous noyer. Et la thérapie, toujours essentielle, le cours de natation qui vous apprendra à garder la tête hors de l'eau ainsi qu'à reconnaître les courants dangereux dans lesquels vous ne devriez jamais vous aventurer.

La vérité, c'est que personne au monde, s'il a l'option de faire autrement, ne prendra ce genre de médicament avec plaisir. Je n'ai jamais entendu aucun dépressif s'exclamer : « Chouette ! Des antidépresseurs ! » Personne n'apprécie constater qu'il ne peut se sortir sans aide d'une impasse aussi douloureuse que la dépression. Tout le monde rêve secrètement d'être Superman.

En fait, il faut reconnaître que les antidépresseurs sont parfois nécessaires. Tant mieux s'ils ne le sont pas toujours et qu'un changement d'hygiène de vie peut venir à bout d'un état dépressif. Mais il est prouvé qu'une dépression grave non traitée peut causer des dommages collatéraux qu'on peut prendre jusqu'à dix ans à réparer. Mine de rien, petit à petit, tout dégringole : ce que vous avez mis tant d'années et d'efforts à bâtir se dissout comme du sucre dans le café. Vous perdez votre emploi, parfois votre conjoint, puis même vos enfants. Vous perdez votre maison, vos avoirs, vos amis. La dépression est une mangeuse d'hommes. Ce n'est pas moi qui l'ai dit. C'est mon psychiatre, en répondant à toutes les questions que je ne me gêne pas de lui poser dans son cabinet.

Certaines personnes estiment que le Québec est surmédicamenté. Peut-être bien. Mais à mon humble avis, je crois qu'il est surtout mal médicamenté. À défaut de prendre LE bon médicament, certaines personnes prendront des quantités incroyables de toutes sortes de pilules dans le but d'atténuer leur mal-être. Certaines se tourneront même vers l'alcool ou les drogues dans l'espoir de *geler* ce qui les brûle. Ce qui, malheureusement, peut les entraîner dans la spirale terrible des dépendances, sans par ailleurs régler leur problème.

Un mal invisible

En ce qui me concerne, ma dépression m'imposait une douleur si grande que j'avais l'impression de souffrir autant que les grands brûlés, à la différence près que, chez les grands brûlés justement, on provoque un coma pour leur épargner le martyre qui leur est infligé. Chaque petite tâche quotidienne exigeait de moi le maximum d'efforts. Mon corps me lâchait. Mon énergie fuyait par toutes les ouvertures disponibles comme la chaleur d'une maison s'échappe par toutes les fenêtres qui ne ferment pas hermétiquement.

C'était une douleur terrifiante. J'avais l'impression très nette d'être enfermée dans mon corps sans pouvoir en sortir, la sensation que tout refuge intérieur avait disparu et que l'ennemi était en dedans de moi. Comme une longue chute du haut d'un gratte-ciel. Une chute sans fin qu'il était impossible de freiner. Ça brûlait en moi et je ne pouvais rien faire. Regardez bien le tableau de Munch appelé *Le Cri*. C'est de cette douleur-là que je souffrais.

Mais la douleur de la dépression est une douleur ingrate, invisible. Avec raison, tout le monde ouvre la porte aux handicapés, aide les estropiés, vient au secours des invalides. Leur vulnérabilité, qu'elle soit permanente ou temporaire, est bien visible. Mais moi, maquillée, coiffée, habillée, en apparence inchangée, je ne laissais rien voir de ma détresse. Comme tous les dépressifs, j'étais en flagrant délit de fausse représentation, empêchant mes proches de mesurer l'ampleur de mon mal-être, les faisant prononcer les mots qu'il ne faut surtout pas dire aux dépressifs: « Ben voyons ! T'en as vu d'autres. Secoue-toi un peu ! »

« Ne jamais dire à un déprimé: "Prends sur toi" puisqu'il ne peut plus rien prendre sur lui-même. Mais lui dire: "Prends sur les autres." Ne pas lui dire: "Tiens bon" mais lui dire: "Je vais t'aider." » Voilà en tout cas ce qu'en dit Philippe Labro dans son livre *Tomber sept fois, se relever huit.*

Il est important que la personne dépressive sache que quelqu'un veille au grain. Qu'elle compte pour vous et que vous allez l'assister dans ses démarches. Prenez un rendez-vous chez un médecin ou un psychiatre pour elle. Amenez-la à reconnaître les symptômes dont elle souffre. Parce que seule, elle n'en aura peut-être ni la force ni la clairvoyance. Car c'est précisément de ce qui est brisé en elle dont elle aurait besoin pour se prendre en charge. C'est l'image de la dépanneuse qui doit être dépannée.

Après une rupture amoureuse mal guérie, au cœur d'un contexte professionnel intenable, la dépression me heurtait de plein fouet. Je payais le prix. Voilà, somme toute, ce qui m'arrivait. Le prix de n'avoir pas écouté ma petite voix qui, dans sa grande sagesse, me murmurait à l'oreille depuis des mois et des mois, et même des années, qu'à vivre de cette manière je fonçais droit dans un mur. Voilà que, pour finalement être entendue, elle n'avait d'autre option que celle de se mettre à crier, à tonitruer, à me faire une scène inoubliable: « On arrête tout ! »

Le corps est d'une intelligence surprenante. Alors que vous croyez en être le maître, il peut s'arrêter net, sans vous demander votre avis. Comme un cheval qui, en dépit de tous les coups d'éperons que vous pouvez lui assener, refuse d'avancer. Pour votre plus grand bien, ce corps qui vous a si bien servi jusqu'ici peut décider de cesser de vous suivre dans votre parcours périlleux. « Continue sans moi si tu le peux, idiote ! » vous envoie-t-il comme message quand, au petit matin, même sortir du lit relève de l'héroïsme.

Cloîtrée dans cette carcasse inutile, il ne vous reste plus qu'à faire, à l'envers, le chemin qui vous a amenée jusque-là. Vous n'avez pas d'autre option que de céder à ce chantage éhonté que vous font vos intestins, vos glandes surrénales, votre cerveau, vos muscles et tout le reste, et de vous arrêter enfin pour détricoter le chaos, maille après maille. On a beau faire l'éloge de la fuite, vient un temps où on ne peut plus courir assez vite.

J'ai passé des heures allongée sur mon lit complètement prostrée, retenue à mon matelas comme par une bande velcro. Paralysée par l'angoisse, pétrifiée par des poussées d'anxiété insoutenables. Des jours à attendre que mes comprimés dénouent enfin le nœud de barbelés étranglant mon plexus solaire. « Avez-vous des pensées suicidaires ? » me demandait le psychiatre. « Non », répondais-je invariablement. « Ce n'est pas mourir que je veux. C'est vivre. » Mais toute cette souffrance, justement, ce n'est pas vivre. « Je vous en supplie, me lamentais-je, RENDEZ-MOI MA VIE ! »

Aucun dépressif ne s'enlève la vie parce qu'il veut mourir. Ce qu'il veut, c'est que cette douleur, ce feu qui le consume s'éteigne enfin. Et au pied du mur, il ne voit pas d'autre issue. Si vous posez votre main sur une braise brûlante, votre réflexe sera de la retirer au plus vite. C'est pareil. Les dépressifs qui se suicident le font, pour reprendre une réplique de Marcel Pagnol dans *La femme du boulanger*, « en état de légitime défense ». Aussi antinomique que cela puisse paraître, ils le font pour sauver leur peau, détruire ce qui est sur le point de les tuer.

Les journées passaient lentement mais sûrement, laissant aux cachets le temps de faire leur effet. Je regagnais au compte-gouttes ce que j'avais perdu dans la catastrophe. L'appétit me revenait peu à peu, le sommeil se faisait moins attendre, les douleurs physiques s'estompaient, l'anxiété me laissait du répit. Chaque matin, je m'asseyais devant mon ordinateur dans le petit bureau de mon appartement donnant sur le jardin. J'écrivais, je lisais, je glanais çà et là l'information qui m'était nécessaire pour m'adresser à mes auditeurs avec pertinence. Et je ne manquais jamais de poser le regard sur ce magnifique érable rouge dans la cour du voisin. Pendant tout le temps qu'a duré ma lente et laborieuse remontée des profondeurs, c'est lui, cet arbre majestueux, qui m'a tenu lieu de témoin silencieux et d'ami.

Tout au long de ce printemps de convalescence, il me semblait que mes forces et mon énergie repoussaient au même rythme que ses feuilles. Que la vitalité retrouvait le chemin de mes veines comme la sève celui de ses branches. Nous étions tous deux des compagnons de guerre ayant affronté les pires rudesses de l'hiver, unis pour l'éternité par l'expérience commune du déclin, de la dormance et de la renaissance.

Quand, après neuf ans, j'ai quitté cet appartement pour m'établir avec l'amoureux qui est devenu mon mari, dans la pénombre de la nuit, en douce et sans en souffler mot à quiconque, j'ai franchi la clôture qui me séparait de cet érable. Envahie d'une émotion qui peut paraître incompréhensible, j'ai enlacé le tronc robuste et rugueux comme on étreint un ami dont on doit se séparer. J'ai fait mes adieux, comme il se doit, en pleurant un bon coup.

J'ai bénéficié d'une chance inouïe. Je ne saurai jamais assez remercier mon psychiatre qui, dans sa grande compétence et son professionnalisme exemplaire, m'a tenue par la main pour empêcher que je ne coule. Et je ne saurai jamais dire assez de bien du soutien exceptionnel que m'a apporté ma psychologue lors de mes visites hebdomadaires. Tout cela mis ensemble, j'ai pu reprendre dans un délai raisonnable le cours de ma vie avec élan. En quelques semaines, j'étais à nouveau moi-même.

Omerta injustifiée

Malheureusement, beaucoup de gens se privent des soins en psychiatrie alors qu'ils en auraient cruellement besoin. Victimes d'une société qui entretient des préjugés hostiles et tenaces face à cette profession, et surtout face à ce qu'ils s'imaginent être sa clientèle, ils supportent dans le silence et l'isolement une maladie qui pourrit leur vie et, par ricochet, celle de leurs proches. Ils se privent d'un service de pointe capable de leur rendre leur plaisir de vivre.

Non, les psychiatres ne sont pas là que pour ceux qu'on appelle « les fous ». Je crois qu'il est grand temps que nous brisions la perception erronée que les gens ont à leur propos. Un psychiatre est un médecin spécialiste comme un autre. Et son expertise est éminemment utile pour diagnostiquer et traiter les maladies mentales pour lesquelles il existe maintenant une infinité de ressources pharmaceutiques. Si vous avez mal aux dents, irez-vous chez le gynécologue ? À chacun sa spécialité.

Comment se fait-il que, dans d'autres départements de nos vies, nous cherchions à tout prix à faire affaire avec le meilleur spécialiste : il nous faut le meilleur maçon, la meilleure jardinière, le meilleur peintre ou le meilleur plombier ? Et que, lorsqu'il s'agit de notre santé mentale, la gardienne de l'ensemble de la qualité de notre vie, nous nous laissions prescrire en deux minutes un antidépresseur sur le coin du bureau dans une clinique sans rendez-vous par un médecin qui, bien que de bonne foi, traitera aussi dans la même heure un ongle incarné, une laryngite ou une luxation de la cheville ?

Au Québec, l'accès aux psychiatres est problématique. Tout le monde n'a pas la même chance que celle dont j'ai pu bénéficier. Chacun ne jouit pas des mêmes contacts. La liste d'attente de beaucoup de cliniques de psychiatrie frôle les trois mois. Ce qui vous laisse le temps de vous jeter du haut du pont mille fois d'ici là. C'est une aberration.

Je suis toujours estomaquée de constater le nombre croissant de personnes atteintes de maladie mentale. Sur dix de mes copines, au moins sept sont sous traitement d'antidépresseurs. Depuis des mois et même des années, elles avalent quotidiennement une dose de Luvox, d'Effexor XR ou de Prozac, sans quoi leur vie n'est que tristesse ou désordre. C'est un fait. Parmi mes connaissances, même lointaines, celles qui n'ont jamais eu besoin de mettre les pieds dans un bureau de psychologue font figure de minorité. Va pour ceux et celles qui ont le courage de parler ouvertement de leur condition. Mais je suis persuadée qu'il y en a tout autant qui gardent secrète cette information par peur d'être jugés, de perdre leur emploi, d'être quittés par leur conjoint, abandonnés par leurs amis, méprisés par leur réseau social.

Il y a, à mon goût, encore beaucoup trop de ce silence. De cette omerta qui contribue à rendre la maladie mentale si difficile à supporter. Ce silence enferme les déprimés dans la honte, aggravant ainsi la perte d'estime de soi, qui est l'un des plus importants symptômes de la dépression.

Mais comment pourrait-il en être autrement? La vie moderne a des exigences bien supérieures à notre capacité naturelle d'adaptation. Ce sont des exigences qui entraînent avec elles nos propres attentes, les rendant irréalistes. Sans compter celles de nos supérieurs et de nos proches, qui commandent souvent que nous fassions fi de nos limites.

Des organismes comme La Fondation des maladies mentales font pourtant des merveilles en informant la population de même qu'en aidant les proches des malades à composer avec la situation. Leur travail est colossal. Mais il faut plus encore pour faire changer les choses. Il faut en parler.

Force est de reconnaître que les médias font aussi de plus en plus leur part en diffusant des interviews avec des personnalités publiques ayant connu les affres de la dépression. Ces entrevues ont un impact incroyable auprès des gens qui, se reconnaissant dans ces témoignages, trouvent enfin les mots pour nommer leur état et le courage de se soigner.

Il y a un peu plus de deux ans, j'ai moi-même accordé à un grand réseau de télé une entrevue portant sur mes épisodes dépressifs. Et je l'ai fait avec le plus de transparence possible. À la suite de la diffusion de l'émission, j'ai reçu pas moins de 600 courriels de femmes et d'hommes qui se reconnaissaient dans mes propos. Des femmes surtout, qui souffraient de dépression depuis des années et qui hésitaient à se soigner. Des hommes qui ont finalement compris ce qu'était la dépression, chez qui un déclic venait de se produire: «Vous m'avez aidé à aider ma femme», m'a écrit l'un d'eux. «J'ai relevé la tête», a confié un autre. «Vous avez atténué mon sentiment de déshonneur lié à ma dépression», ajouta-t-il. «Vous n'êtes pas fous, pas faibles, pas lâches, pas paresseux, pas *juste fatigués*», ai-je répondu à certains par voie de courrier électronique. «Vous êtes malade. Et ça se guérit. Courez chercher de l'aide.»

Un jour, alors que je traînais dans une allée de la pharmacie de mon quartier à la recherche d'une pâte dentifrice, une femme s'est approchée de moi discrètement. Tenant à la main une ordonnance de médecin, elle m'a confié m'avoir entendue en entrevue parler de la maladie mentale. Elle disait souffrir de symptômes de dépression depuis des années sans jamais avoir trouvé le courage d'appeler au secours.

À la suite de cette émission, et après de longs mois, elle s'est finalement décidée à consulter. Diagnostic: dépression profonde. Mais ce n'est que ce jour-là, après tout ce temps, qu'elle s'est enfin résignée à faire exécuter son ordonnance. «Je tournais autour du comptoir du pharmacien depuis une heure sans me décider, torturée par la honte, croyant encore que je pouvais sans doute m'en sortir sans aide, jusqu'à ce que je vous aperçoive ici...», m'a dit la dame, au bord des larmes. «C'est sûrement un signe!»

Puis je l'ai accompagnée jusqu'au comptoir des ordonnances où nous avons continué d'échanger quelques mots et des confidences surprenantes pour deux personnes qui ne se connaissaient ni d'Ève ni d'Adam. Mais c'est ainsi. La dépression, comme toutes les autres formes de souffrances, instaure une sororité ou une fraternité qui n'a que faire des différences sociales, qui ne fait pas de distinction entre les âges et les cultures. Nous sommes des vétérans. Des survivants. Nous avons fait la guerre au cancer de l'âme...

Connaissance libératrice

Pour moi, il est impossible de refuser de parler publiquement de la maladie mentale quand on en a souffert soi-même. Être une personnalité publique ne comporte pas que des privilèges. Cela comporte aussi et surtout de grandes responsabilités, comme celle de répandre l'information utile lorsqu'on la détient.

Dans un milieu comme le mien, dont la devise consacrée est *The show must go on*, parler de la dépression et des maladies mentales n'est pas toujours chose facile. Beaucoup de patrons, au cœur de la guerre des cotes d'écoute, exigent du divertissement, quoi qu'il en coûte, de l'humour et de la légèreté. La souffrance morale, ce n'est pas leur tasse de thé. Mais tant pis. J'ai une sacrée tête de mule. Ce n'est pas ce qui va m'arrêter.

Elles sont d'ailleurs de plus en plus nombreuses, ces personnalités du monde de la chanson, du spectacle, de la radio ou de la télévision, à prendre la parole publiquement pour témoigner sans pudeur des difficultés de leur existence. Je pense à Stefie Shock, par exemple, qui parle du trouble panique qui lui a empoisonné la vie; à Guy Latraverse, qui a toujours parlé sans gêne de sa bipolarité; à Clémence DesRochers, de son angoisse; à Michel Barrette, de l'envie de mourir qui l'a un jour habité; à Normand Brathwaite, de sa récente dépression. Tous ont accepté de marcher dans la vie publique comme ils le font dans la vie privée, c'est-à-dire sans masque, au plus près de leur vérité et la tête haute.

Tout ce qui contribue d'une manière ou d'une autre à informer la population sur la dépression et les autres maladies mentales, tout ce qui éveille chez les gens le désir d'en connaître plus sur la question, les rapproche de ce dont rêve tout être humain: la liberté. Car, contrairement à ce qu'on nous laisse entendre depuis des siècles, ce n'est pas la fortune qui assure la liberté et la maîtrise de sa vie, pas plus que la célébrité ou l'absence de responsabilités, mais bien la connaissance. N'est vraiment libre que celui qui sait. N'a le choix des armes que celui qui en est instruit.

La dépression dépend essentiellement de deux facteurs: la prédisposition biologique et le stress. Si vous êtes très prédisposé biologiquement, vous aurez besoin d'un stress moins grand pour déclencher une dépression. Mais si, à l'inverse, vous l'êtes moins, vous pourrez endurer de très grands stress avant de briser en deux. Peut-être même serez-vous toute votre vie protégé contre la dépression par une génétique jouant en votre faveur.

D'autre part, il est important de savoir que, dans la dépression, les éléments déclencheurs ont tous une constante: on *tombe* en dépression quand on se retrouve trop longtemps dans une situation qu'il nous est impossible de changer et à laquelle on ne peut se soustraire. Bref, quand on se sent *fait comme un rat*.

Ce que nous découvrons au cours de la thérapie qui nous est prescrite parallèlement aux médicaments, c'est que nous avons un réel pouvoir sur notre qualité de vie. Même dans les cas de dépressions endogènes, c'est-à-dire celles causées essentiellement par le facteur biologique, il existe des outils pour limiter considérablement les dommages. Cela commence par un petit mot que les femmes, en particulier, ont beaucoup de mal à prononcer: NON.

Nous disons fréquemment « oui » au lieu de « non ». Notre bouche dit OUI, mais notre cœur, lui, hurle NON de toutes ses forces. Avez-vous compté le nombre de fois où vous avez agi contre votre nature ou votre volonté véritable simplement pour ne pas déplaire ? Le nombre d'occasions où vous avez accepté de fréquenter certaines personnes afin de ne pas heurter leur sensibilité ? De faire diverses choses de crainte qu'on vous en tienne rigueur si vous vous y refusiez ? Combien de fois vous êtes-vous rendu complice de votre propre prise d'otage ?

Nous disons oui par peur d'être abandonnés de ceux que nous aimons et, ce faisant, nous nous abandonnons nous-mêmes. Comme l'explique avec justesse Thomas d'Ansembourg, nous nous coupons de nous-mêmes pour être avec les autres. C'est toujours avec consternation que je constate l'empressement avec lequel nous piétinons nos propres besoins pour satisfaire ceux des autres.

C'est un discours qu'on entend si souvent qu'il en devient presque banal, j'en conviens. Le cours 101 de la psychologie élémentaire. Et pourtant, nous tombons dans le piège dès que nous levons la vigilance. Dans cette incapacité à dire non, dans le mépris répétitif et soutenu de nos valeurs et la transgression récursive de nos limites se loge le germe de la dépression.

Fragile équilibre

Je constate que conserver mon équilibre a toujours représenté pour moi un défi de chaque instant. Du plus loin que je me souvienne, j'ai vécu comme une funambule qui, avançant sur un mince fil de fer, défiait les lois de la gravité. Pendant que les autres enfants jouissaient de leur insouciance, moi, enroulée dans les linges froids et poisseux de l'anxiété, je jonglais avec effroi avec la perspective qu'on puisse m'abandonner à mon sort comme le Petit Poucet. Ce fut une enfance d'hypervigilance ponctuée de maux de ventre quotidiens, de migraines terribles et de peur panique d'être laissée seule au monde. Une enfance où chaque absence de ma mère me plongeait dans l'angoisse de ne jamais la voir réapparaître.

C'est comme ça. Ce n'est la faute de personne. C'est celle de l'époque. Ces années où nul n'était encouragé à ventiler ses tremblements intérieurs ou même à penser qu'ils pouvaient en exister chez les petits enfants. Nous n'en étions qu'aux premiers balbutiements obscurs de la psychologie. Qui aurait pu deviner qu'en une si frêle enfant pouvait se cacher un tel ouragan ?

Les choses se sont relativement arrangées à l'adolescence. N'eut été du trouble panique qui, pendant trois ans, m'obligeait à sortir de l'autobus ou de la salle de cinéma en trombe, ainsi que de l'agoraphobie, sa jumelle, qui forcément l'accompagnait, les choses s'amélioraient. L'étau de l'angoisse relâchait sporadiquement son étreinte, me laissant simplement vivre au lieu d'appréhender. Appréhender quoi ? Je me le demandais bien. « Si je savais pourquoi je suis angoissée, je ne serais pas si angoissée », a écrit avec pertinence la journaliste américaine Mignon McLaughlin.

Je crois qu'on ne mesure pas toujours l'importance des émotions et du monde affectif chez les enfants. Pourtant, leur sort dépend presque entièrement de la manière dont on leur aura appris à reconnaître leurs émotions, à les gérer et à les exprimer. Je ne sais plus qui a dit : « Tout ce qui ne s'exprime pas s'imprime », mais en tout cas, il avait raison.

Il est important de comprendre que la confiance en soi de tout être humain dépend aussi largement de la manière dont ces émotions et ces sentiments ont été validés plutôt que niés au cours de l'enfance. Un enfant qui pleure parce qu'il s'est fait mal en tombant et à qui l'on dit : « Mais non, mais non, tu n'as pas mal. Cesse de pleurer ! » apprend à se méfier de ce qu'il ressent. Il apprend à douter de ses sentiments. Il grandit en croyant que son corps et ses émotions lui mentent, qu'ils sont ses ennemis. Alors il cesse de prêter attention aux messages qui lui sont envoyés. Il se déconnecte de lui-même.

Il existe un petit livre extraordinaire, un petit livre de rien du tout, écrit par Isabelle Filliozat, qui s'intitule *L'intelligence du cœur*. C'est un peu le b.a.-ba des émotions. L'auteur y statue que l'enseignement de la reconnaissance des émotions et de leurs manifestations physiques devrait se faire dès la petite école. Parce que, au même titre que l'apprentissage des mathématiques ou du français, celui des émotions contribue à construire un adulte équilibré et autonome.

Il est primordial que les enfants puissent distinguer en eux les signes de l'anxiété, de la joie, de la peur, de l'amour ou de la tristesse afin de pouvoir communiquer adéquatement. Et ce, non seulement quand ils sont encore petits, mais aussi quand ils deviendront grands. Comment savoir qui l'on est, si on ne sait pas ce que l'on ressent ?

Bienheureuse épreuve

La dépression a eu un impact incroyable sur ma vie. Et aussi bizarre que cela puisse paraître, elle a eu du bon. Tous ceux qui sont passés entre ses griffes acérées vous diront la même chose. C'est difficile à imaginer pendant qu'on se débat dans le grand trou noir, mais la dépression peut parfois être salvatrice. Elle donne la preuve que quelqu'un, tapi dans ce corps, quelqu'un d'incroyablement vivant, a un besoin impérieux de vivre mieux et réclame ce droit.

Bien que le corps en soit le vecteur, la dépression est le moyen radical qu'utilise notre cœur pour nous faire reprendre le droit chemin quand on s'en est éloigné. Elle nous force à faire le grand ménage de notre vie. De notre entourage. De nos valeurs. Elle nous invite à remettre à leur juste place ceux qui, profitant sans le savoir de notre perte de vigilance, ont envahi notre existence au-delà de ses limites. La dépression nous fait reconsidérer nos choix.

D'ailleurs, c'est une maladie qui offre des bienfaits même après qu'elle a été guérie. Elle livre éternellement une leçon précieuse qui nous gardera, pour peu que nous en tenions compte, de tomber dans les pièges de l'existence. Elle nous équipe d'un détecteur à envahisseurs et nous donne, avec plus de facilité, la capacité de dire NON. Elle nous fait prendre le risque de déplaire, parce qu'on connaît maintenant le prix d'avoir toujours voulu plaire, c'est-à-dire la perte complète de la maîtrise de sa vie et celle de tous les plaisirs.

La dépression nous enseigne à nous aimer mieux et davantage. Mais il n'est pas nécessaire d'en avoir fait une pour commencer à vous aimer vous-même. Il n'est pas indispensable d'être soi-même tombé pour revoir les *normes de sécurité* de notre mode de vie. La sagesse, c'est aussi apprendre de l'expérience des autres. Quand un défaut du système électrique met le feu à la maison de votre voisin, il est sage de vérifier l'état du vôtre. Mieux vaut prévenir que guérir.

Les déprimés sont des êtres enfermés en eux-mêmes, éclairés faiblement par le souvenir diffus des plaisirs de la vie. Plus nous parlerons librement et sans honte des causes et des solutions de la dépression, plus nous abattrons les préjugés qui la concernent et plus, ce faisant, nous découperons des portes et des fenêtres dans les murs de ceux qui en souffrent.

Je sais qu'il est difficile, comme l'a si poétiquement exprimé Aragon, de « croire au soleil quand tombe l'eau ». Mais moi, je vous le dis, le soleil peut briller à nouveau de mille feux au lendemain de l'orage.

Je vous le garantis, j'ai fait l'aller-retour.

Amour au pair

La folie, c'est de toujours se comporter de la même manière et de s'attendre à un résultat différent.

ALBERT EINSTEIN

Qui choisit à répétition les destinations dangereuses, les moyens de transport les plus inconfortables et les hôtels insalubres ne peut prétendre connaître ce que c'est que de voyager. De la même manière, on ne peut décréter que l'amour est une affaire trop compliquée simplement parce qu'on a passé une grande partie de sa vie à choisir encore et encore le mauvais partenaire, à poursuivre des relations condamnées dès le départ et à nourrir des attentes irréalistes et utopiques.

C'est pourtant ce que j'en étais arrivée à me dire quand, après une courte mais combien pénible et révoltante relation avec un homme pourtant normal en apparence, je me mis à considérer avec doute mon avenir amoureux. Il arrive que nous rencontrions un jour quelqu'un qui, par son ignominie, enfonce, pour notre plus grand bénéfice, le dernier clou dans le cercueil de nos illusions amoureuses. Ce fut mon cas.

Un peu comme si la vie, exaspérée par mon entêtement à ne pas apprendre ma leçon, avait soudain cessé d'user de subtilité pour finalement prendre les « grands moyens ». En ce sens, cette dernière relation, si on peut nommer ainsi cette imposture, eut l'effet escompté. Elle me laissa plus que dubitative. Elle acheva en fait de me prouver que quelque chose clochait décidément dans ma recette amoureuse. Je ne pouvais plus me cacher à moi-même que je commettais à ce chapitre des fautes répétées et que j'étais la grande responsable des déboires amoureux qui caractérisaient mon parcours. Pour avoir employé si peu de jugement dès la première rencontre, j'étais plus courroucée contre moi-même que je ne l'étais contre cet *ex*. Comme on dit, avec cet homme, je venais vraiment d'atteindre le fond, de me rouler dans la boue. Ne me restait plus qu'à remonter. Mais comment ?

Je fis alors comme ces joueurs de golf qui, sentant qu'ils perdent leur habileté au point de retrouver sans cesse leur balle dans la trappe de sable, se résolvent à prendre un répit momentané dans l'espoir de rétablir leur élan. Je décidai donc, du moins pour un temps, de renoncer à toute nouvelle tentative amoureuse.

Tant que je ne saisirais pas ce qui, exactement, me jetait presque perpétuellement dans des relations médiocres avec des hommes qui, je suis bien forcée de l'admettre, ne l'étaient pas moins, je resterais en marge de toute vie sentimentale, bien à l'abri dans mon célibat qui, de toute manière, me semblait mille fois plus attrayant que ces relations chaotiques. Il y a des moments dans la vie où la perspective de passer toute la soirée à regarder une suite de téléromans, bien emmaillotée dans sa couverture préférée, séduit davantage que celle de se retrouver, ne serait-ce que cinq minutes, en couple tel qu'on l'a connu.

Il est vrai que cet apogée de déboires amoureux provoqua en moi une certaine forme de désillusion. Il insinua en mon esprit l'idée que l'amour romantique jouissait peut-être d'une réputation surfaite et que, quoi qu'il en soit, il se pouvait que je ne sois pas faite pour le vivre.

Je me mis donc à douter sérieusement de mes aptitudes à séparer le bon grain de l'ivraie. J'avais, me semblait-il, une sorte de défaut de fabrication m'empêchant de m'aimer moi-même tout en aimant l'autre à la fois ; une tare me rendant perméable aux parasites et aux virus ambiants. J'étais dotée, de toute évidence, d'un système immunitaire affectif déficient favorisant les invasions toxiques. Tel un aimant, quelque chose en moi attirait les mauvais candidats.

Cependant, je dois dire qu'en aucun temps je ne fus tentée de classer tous les hommes dans une même catégorie. Il était hors de question que je fasse porter à l'ensemble des gars le poids de mes échecs quand je reconnaissais volontiers en être la cause principale. Étonnamment, mon amour des hommes ainsi que la haute opinion que je me faisais de la vie à deux, lorsqu'elle est réussie, ne souffrirent jamais de mes déceptions.

D'abord, j'avais dans mon entourage beaucoup trop d'hommes admirables pour me résoudre à croire qu'ils sont tous, sans distinction, aussi inaptes amoureusement les uns que les autres. Mon père, en l'occurrence, ainsi que le mari formidable de certaines de mes amies rachetaient bien des fois les fautes d'une poignée de minables. En outre, quelque chose en moi avait la certitude qu'une hirondelle ne fait pas le printemps. Que, lorsqu'on fouille en vain dans un panier d'oranges à la recherche d'une pomme, il serait bien fou d'en conclure que les pommes n'existent pas.

Bénéfique solitude

C'est donc en ces circonstances que j'envisageai avec sérénité la possibilité que la suite de ma vie se poursuive hors des sentiers de l'amour. Loin d'en éprouver de la tristesse ou de l'amertume, j'en ressentais, au contraire, une forme de soulagement. C'était à mes yeux une occasion de me réapproprier mon calme et ma tranquillité. L'amour m'étant apparu jusque-là comme un lien obsédant, accaparant comme un job à temps plein, il me semblait que mon nouveau célibat volontaire me rendait du même coup une liberté perdue.

La vérité, c'est que j'étais en proie à une grande lassitude, une fatigue envahissante imputable en grande partie à ces années de montagnes russes amoureuses. Pour tout dire, ma santé, tant mentale que physique, ne me permettait plus de me jeter corps et âme dans des relations qu'on dit passionnelles et qui, au bout du compte, vous arrachent jusqu'à la dernière parcelle d'énergie.

Quand votre couple vous vide de vos forces plus qu'il ne vous en donne, quand il arrête d'être une oasis pour ne plus être qu'un nid de dispute et d'insécurité, quand votre amoureux cesse de vous inspirer confiance pour devenir celui dont il faut se méfier, les plaisirs de la vie à deux fondent comme neige au soleil.

Je pouvais donc parfaitement mener ma vie dans la perspective du célibat sans pour autant ressentir qu'il me manquait forcément quelque chose. D'abord, je n'avais pas tout perdu sur les champs de bataille puisque j'avais eu la sagesse de limiter les enjeux. De fait, je n'avais jamais, en un peu plus de six ans suivant le décès de Jean, abandonné mon appartement de l'avenue Grosvenor pour faire vie commune avec quiconque, les conditions favorables manquant cruellement. Je considérais ce petit *home* modeste comme ma sortie de secours, mon ancrage et mon précieux refuge.

J'avais aussi la chance d'exercer un métier formidable, d'avoir des amis merveilleux et d'être la mère d'une fille extraordinaire. Pour l'heure, quoi demander de plus ? Pour tout dire, j'appréciais ma propre compagnie et ma solitude occasionnelle. J'aimais lire, aller au cinéma, au théâtre. Je ne connaissais pas l'ennui.

Bien sûr, c'était sans compter la libido qui peut être, comme chacun le sait, aussi indomptable qu'un cheval sauvage. Mais disons que le prix que j'ai dû payer pour lui avoir cédé dans des relations qui ne valaient, en fait, même pas un simple baiser avait l'effet d'une douche froide. Tout compte fait, j'évaluais, à ce stade de ma vie, qu'il m'en coûterait moins cher de ronger mon frein que d'être rongée par les regrets et les ressentiments envers moi-même.

Toutes les envolées enivrantes dans les hautes sphères de la passion sont délicieuses. Mais valent-elles les déceptions amères et les atterrissages forcés dont elles sont parfois ponctuées ? Tous les orgasmes et tous les émois du monde valent-ils vraiment qu'on se fasse horriblement damner le reste du temps ?

Non.

Si les cerises sont pour vous une pure délectation, mais qu'elles vous enchaînent à la cuvette des toilettes pendant des jours chaque fois que vous en mangez, vous allez assurément réévaluer le bonheur que vous éprouvez d'en consommer. Bref, au bout d'un moment, vous allez vous demander si le jeu en vaut la chandelle. Et personne ne pourra vous blâmer d'y aller d'un « non merci » poli quand le plat de cerises circulera autour de la table à l'heure du dessert. Quand la sexualité est tout ce qui fonctionne dans un couple, disons que les matins viennent vite et que les journées sont longues.

Le désir est sans contredit un état de grâce exquis qui apporte des ivresses à nulles autres pareilles. Mais quand vous avez un homme dans la peau au point d'en avoir besoin comme de l'air qu'on respire, les chances sont bonnes pour que, tôt ou tard, il finisse par avoir la vôtre. La dépendance affective est sans aucun doute l'héroïne des romans et des films romantiques, mais elle est aussi celle des drogués de l'amour. Chacune des extases qu'elle provoque vous rapproche un peu plus de la surdose qui risque de tout vous coûter.

Abri d'urgence

Aux grands maux les grands remèdes. Afin de mieux me protéger contre mes tendances intempestives et ma propension à précipiter les choses amoureuses, je décidai de parer à toute éventualité. Advenant qu'un homme se présente dans ma vie et qu'il suscite en moi l'envie de tomber amoureuse et de choir prématurément avec lui dans un lit, il me fallait un plan qui m'en garde à tout prix.

Je fais partie de ces femmes qui ont, pour reprendre l'expression d'une comédienne charmante bien connue dont je tairai le nom, « le cœur dans le sexe ». C'est-à-dire qu'en donnant l'un, j'accorde l'autre du même souffle. Il me fallait donc élaborer une stratégie qui puisse protéger l'un tout en sauvegardant l'autre. Or, quoi de plus sensible que la vanité et l'orgueil d'une femme pour l'empêcher de faire des gestes dont elle pourrait une fois de plus se mordre les doigts.

C'est donc en quelque sorte pour déjouer les tentations de l'amour et l'appel impérieux de la chair que je renonçai dès lors à me raser les jambes et à entretenir ce qu'il est convenu d'appeler mon « bikini », d'ordinaire irréprochable. Ne voulant courir aucun risque, je renforçai mes précautions en prenant soin de porter en tout temps des dessous beiges, dépareillés et passablement usés. Car si l'occasion fait le larron, le caleçon donne le ton.

Vous pouvez me croire : aucune femme qui, par coquetterie, fait au moins le minimum de se limer les ongles et d'appliquer du *gloss* sur ses lèvres ne consentirait pour rien au monde à se laisser voir dans pareil état, surtout quand il s'agit d'une première fois avec un homme. Déjà qu'en temps normal, à cette occasion, vous devez composer avec la certitude qu'en vous déshabillant l'autre s'apprête à découvrir votre cellulite, la mollesse de vos cuisses si bien masquée par la bonne coupe de votre pantalon, ou encore le simulacre de votre soutien-gorge à coussinets. S'il fallait, en plus, qu'il vous attrape en plein délit de négligence, hirsute comme une femme de Neandertal et aussi affriolante qu'une publicité de gaine des années 1950, votre amour-propre ne s'en remettrait jamais ! Rien ne refroidit davantage les ardeurs que le spectre de la honte et de l'humiliation. Je ne connais, à vrai dire, aucune ceinture de chasteté qui ne soit plus efficace.

Par conséquent, c'est vêtue d'une élégante et jolie robe noire recouvrant de hideux dessous disparates et éventés que je fis la connaissance de l'homme qui allait, contre toute attente, devenir mon mari cinq ans plus tard. Armée de la conscience de la pilosité de mes jambes sous mes fines bottes de suède et forte de ma résolution à ne plus jamais tomber dans le piège d'un amour lamentable, je lui fis la conversation poliment et somme toute assez gentiment. Intérieurement, j'avais cependant l'attitude d'un gardien de but déterminé à ne pas en laisser passer une.

À la deuxième rencontre, qui eut lieu sans que je n'aie encore eu recours au rasoir ou que je n'aie acquis le moindre demi-buste de dentelle, je consentis à échanger avec cet homme des propos plus personnels, tout en ne relâchant pas ma vigilance. C'était à l'occasion d'un souper succulent pendant que s'abattait sur Montréal la première tempête de neige de l'hiver 2004. La saison des fêtes battait son plein, ce qui, pour une romantique indécrottable comme moi, rendait les choses encore plus ardues. Car il faut bien l'admettre, il est plus facile de tomber amoureuse devant un feu de foyer et au son de la voix de Frank Sinatra qu'au cours d'une épluchette de blé d'Inde.

J'étais devant un homme en apparence affable, courtois et éduqué dont le discours laissait transpirer des valeurs importantes à mes yeux. Un homme, qui, par-dessus le marché, était précédé d'une réputation de droiture répandue et incontestée, mais dont le flamboiement ne m'apparaissait pas comme la principale caractéristique.

Malheureusement pour lui, je n'en étais pas à mon premier emballage emballant, justement. Il y a des hommes dont le gigantisme professionnel n'a d'égal que leur petitesse personnelle. Et personne mieux que moi ne pouvait savoir que les apparences sont parfois bien trompeuses. Quand vous avez cru un jour voir les ailes d'un ange au dos d'un homme, pour finalement vous rendre compte qu'il cachait en réalité les cornes de Belzébuth, vous faites usage de prudence. «Les femmes sont peut-être capables de feindre l'orgasme, faisait un jour remarquer l'actrice Sharon Stone, mais les hommes, eux, sont capables de feindre toute une relation.»

Attablée dans ce charmant restaurant en ce soir de décembre, ce n'est pas tant de cet homme que je me méfiais, mais plutôt de moi-même. Comment avoir l'assurance qu'il ne s'agissait pas là d'un subterfuge, d'une basse manœuvre de séduction cachant en fait une nature incompatible avec mes valeurs profondes et mes objectifs de vie personnels? Comment savoir que je n'étais pas devant le grand méchant loup prêt à me dévorer d'une traite sans demander son reste?

J'avais tout intérêt à conserver mes *culottes de matante* tant et aussi longtemps que mon investigation ne me donnerait pas le feu vert pour passer du mode camaraderie à celui d'un début d'histoire sentimentale. Après tout, «tout ce qui brille n'est pas or», a toujours dit ma mère, qui ne s'est jamais laissé jeter de poudre aux yeux.

Je remarquai cependant rapidement que cet homme, contrairement à tous les autres que j'avais connus, ne me servait pas d'envolées lyriques destinées à me séduire et à me faire craquer. Il ne s'agissait pas d'un fin causeur maniant le verbe amoureux avec adresse et agilité, capable de me scier les jambes rien qu'en prononçant deux ou trois phrases sirupeuses. Il manifestait de toute évidence un intérêt pour moi, mais, chose étrange, aucune de ses paroles ne donnait dans la sérénade. Bref, comme on dit, il ne me chantait pas la pomme, se contentant plutôt d'apparaître tel qu'il était et de chercher à mieux me connaître d'une fois à l'autre le plus simplement du monde.

Déroutant.

Tant mieux, me disais-je, sachant que le contraire aurait mis à rude épreuve ma décision de ne plus me laisser séduire par les beaux discours auxquels j'ai toujours été sensible. Quand, avec persuasion, quelqu'un promet à un vilain petit canard un monde de bonheur et d'amour en le regardant avec appétit, celui-ci ne demande qu'à le croire. Mais : « Paroles, paroles, paroles..., chantait Dalida. Merci, pas pour moi, mais tu peux bien les offrir à une autre. » Car à quoi bon les mots, même les plus enivrants, quand les gestes ne font pas le poids.

Une amie me racontait un jour avoir reproché à son partenaire de manquer d'amour en n'étant d'aucun soutien pendant qu'elle était malade et alitée à la maison. « Mais que vas-tu chercher là, mon amour ? répondit l'homme, insulté. Tu sais bien que je t'adore. Tu es ma reine ! Personne ne compte plus à mes yeux que toi. J'irais jusqu'à donner ma vie pour sauver ne serait-ce que la phalange de ton petit doigt ! » roucoula-t-il. « Je ne t'en demande pas tant, répliqua mon amie, excédée de tant de grandiloquence. Commence par me faire couler un bain et me faire chauffer de la soupe. Ce sera un début ! »

Doutant de l'efficacité de mon instinct, munie de mes peurs et de ma prudence en béton, je dois dire que je ne savais pas du tout comment réagir face à ce spécimen qui ne ressemblait en rien à la race d'hommes que j'avais jusque-là fréquentée. Mon radar, pourtant plus allumé que jamais, n'arrivait pas à décoder les informations reçues. Rien dans son comportement ne faisait peser sur moi de pression indue. Et même si, par des envois réguliers de fleurs et de multiples délicatesses, il me signifiait clairement la teneur de ses sentiments, je ne me suis jamais sentie prise au piège ou aspirée dans un tourbillon hors de mon contrôle.

Un changement majeur était en train de s'opérer : il ne suffisait plus qu'un homme s'intéresse à moi pour que je m'y intéresse. Il me fallait bien plus pour juger s'il me convenait ou si je pouvais, en toute confiance, lui donner mon cœur. Et quoi de mieux que le temps et de longues fréquentations pour y arriver ! Ne dit-on pas que l'amour naît de la connaissance ?

Franchement, j'avais envie de fuir. Je me sentais perdue dans un univers complètement inconnu ne m'offrant aucun de mes repères habituels. Je savais nager dans les eaux troubles depuis belle lurette, mais je ne savais pas interpréter les eaux calmes. Ne dit-on pas qu'il faut se méfier des eaux dormantes ? « Et si l'ennemi avait cette fois-ci un tout nouveau visage ? » me demandais-je, inquiète.

Bonheur appréhendé

« Mais fuir quoi ? » s'informa mon psychiatre que je continuais de consulter périodiquement. « À ce stade-ci de la relation, vous ne connaissez pas cet homme assez bien pour savoir s'il y a lieu de prendre la poudre d'escampette. Vous n'en êtes qu'aux balbutiements. Il serait peut-être sage de vous donner un peu plus de temps avant de décider quoi que ce soit. Tout compte fait, ce que vous cherchez à fuir est peut-être en vous. »

Étonnamment, un malheur apprivoisé nous semble toujours plus confortable et rassurant qu'une possibilité de bonheur. Mais c'est en vain qu'on poursuit le bonheur dans le sentier du malheur. Vient un temps où il faut savoir où l'on veut aller et oser emprunter un trajet nouveau pour avoir des chances d'y arriver.

Pour la première fois de ma vie, je maîtrisais la folle passion plutôt que de la laisser me posséder. Elle avait beau, tel un taureau, ruer à tout rompre dans son enclos, c'était moi et moi seule qui déciderais du moment où je lèverais ou non la barrière. Pour la première fois de ma vie, l'amour ne s'imposait pas. Je me mettais en position de le choisir. J'attendais patiemment sur mon quant-à-soi de voir s'il y avait de l'eau dans la mare avant d'y sauter. Refusant d'être aveuglée par les feux d'artifice de la passion, je pouvais pour une fois exercer mon jugement de la façon la mieux éclairée possible. Je me méfiais du mirage de la dépendance affective qui vous fait vous éprendre d'un homme pour ce que vous espérez qu'il soit plutôt que pour ce qu'il est vraiment.

Évidemment, l'amour demeure toujours un risque. Et personne ne peut obtenir de garanties absolues qu'il n'y laissera pas de plumes. Mais si, pour faire mentir l'adage qui dit que l'amour est aveugle, vous refusez de sacrifier votre lucidité et votre clairvoyance pour deux ou trois tours de manège étourdissants – qui vous laisseraient de toute façon échevelée et nauséeuse –, vous limitez considérablement les risques.

Pour être honnête, je ne pourrais rapporter fidèlement les mises à l'épreuve auxquelles j'ai soumis mon futur mari, tant elles furent nombreuses et variées. Je me souviens que, lors d'une longue promenade à pied sous la neige dans les rues de mon quartier, j'informai Jacques avec franchise de mes réserves et de mes craintes. Je lui fis part de mes démêlés amoureux passés et de ma résolution à ne plus m'aventurer dans des relations insatisfaisantes. « Je ne sais pas qui tu es, l'ai-je averti, mais j'ai bien l'intention de te tester avec de l'artillerie lourde pour le savoir avant de m'engager », ai-je ajouté. « Je suis un homme patient, a-t-il répondu calmement, je n'ai rien à cacher et j'ai tout mon temps. »

J'étais devant quelqu'un qui ne souhaitait rien obtenir de moi à l'arraché, mais qui, comme dans l'histoire du Petit Prince, souhaitait m'apprivoiser. Un homme qui ne cherchait pas à me conquérir mais à m'aimer. Qui ne souhaitait pas déjouer mes précautions mais gagner ma confiance. « L'amour m'a brûlée », lui ai-je un jour admis. « Et puis après ! a-t-il répondu dans un haussement d'épaules. Le sphinx a bien pu renaître de ses cendres. »

La vie nous apporte toujours, tôt ou tard, les réponses que l'on attend. Elle place tout au long de notre parcours des incidents qui nous mettent non seulement à l'épreuve, mais qui concourent aussi à nous dévoiler la vraie nature des gens qui nous entourent. Ainsi, après que Jacques se fut montré présent et fidèle à sa parole dans des situations diverses pour le moins difficiles, je me sentis à l'aise de laisser tomber quelques-uns de mes boucliers. S'il n'avait pas été à la hauteur, je lui aurais donné illico son congé.

Il est vrai que les grands discours enflammés et les déclarations sulfureuses ne fusaient pas de toute part. Mais qu'importe. Car plus éloquentes encore étaient la constance, la bienveillance, la fiabilité, la droiture et la générosité qui érodaient lentement mais sûrement l'ensemble de mes réticences.

Une promesse formulée est toujours émouvante. Mais rien ne l'est autant qu'une promesse tenue.

Petit à petit rassurée, je pus quitter la forteresse que j'avais érigée autour de moi et prendre à nouveau le risque d'aimer. Étape par étape, je franchis la distance que j'avais choisi de maintenir entre cet homme et moi. C'est ainsi que je me réconciliai avec mon tube de Neet et que je fis le plein de guêpières et de sous-vêtements de dentelle fine – juste au cas – avant de remiser au fond de mon tiroir du haut mes horribles dessous de coton décatis.

Le reste m'appartient. Je n'en dirai pas plus.

Privilèges de l'âge

J'ai trouvé l'amour à un âge où beaucoup de femmes désespèrent de le rencontrer. À l'aube de leur quarantaine, à l'issue d'un divorce ou, comme moi, à la suite d'une longue série d'échecs amoureux, elles sont nombreuses à renoncer à l'espoir de connaître le bonheur en couple. Beaucoup d'entre elles se réfugient dans le travail et dans la famille. Enfermées dans les complexes qu'inflige souvent l'inévitable flétrissure du corps, elles sont convaincues que les hommes de leur âge ne recherchent que des minettes fraîches comme des roses ou que les plus intéressants d'entre eux sont déjà engagés dans une relation stable.

Ce n'est pourtant pas toujours le cas. Le mitan de la vie étant une période riche en réflexions de toutes sortes, il n'est pas rare que certaines personnes la choisissent pour sortir enfin d'une relation insatisfaisante et réorienter leur vie. La perspective d'entreprendre la deuxième partie de leur existence de la même manière qu'elles ont vécu la première leur étant insupportable, elles s'échappent du joug de leur union, déterminées à se donner le droit au bonheur. Qui peut les blâmer?

La jeunesse n'est pas un préalable pour l'amour. Mon beau-père, qui est veuf et qui en est à ses quatre-vingt-huit ans, en est la preuve incontestable. En épousant récemment Madeleine, de cinq ans sa cadette, il a défié les préjugés qui prétendent que l'amour est une affaire de jeunes. Contrairement à ce que craint le personnage du délicieux roman de Romain Gary *Au-delà de cette limite, votre ticket n'est plus valable,* l'amour n'est pas un yogourt poinçonné d'une date de péremption.

Je suis profondément convaincue qu'un homme ayant traversé un divorce et connu l'éclatement de sa famille retire de ses peines et de ses souffrances des enseignements précieux pouvant le garder de commettre les mêmes erreurs au sein d'un nouvel amour. Bien sûr, il y a ceux qui, pour avoir dû, dans la foulée, partager leur patrimoine, jurent qu'on ne les y reprendra plus. Mais le cœur étant ce qu'il est, ils sont plus nombreux à finir par avoir envie d'aimer à nouveau et de le faire mieux que jamais.

La vérité, c'est que certaines unions tardives, comme les deuxièmes mariages, lient souvent deux êtres qui n'ont plus que le meilleur d'eux-mêmes à s'apporter mutuellement. Les années et la traversée des épreuves nous délestent toujours de l'inutile et du superflu, nous rendant ainsi aptes à nous concentrer davantage sur l'essentiel. Nos valeurs changent et gagnent en profondeur. Voilà l'avantage de vieillir. Ce qui nous apparaissait d'une importance capitale autrefois ne fait plus que figure d'accessoire. Comme le chantait si bien Gerry Boulet: « On devient plus sensible à l'invisible, à tout ce qu'il y a à l'intérieur. »

Espérer rencontrer l'amour est une chose. Mais il faut plus pour se donner la chance de *refaire sa vie.* Malheureusement, certains hommes et certaines femmes qui, après une rupture, se plaignent de ne pas rencontrer de candidat, agissent à l'encontre de leurs intérêts. Nous assistons ces dernières années, il est vrai, à un courant social qui favorise les relations étroites entre *ex*.

Il n'est pas rare en effet que, faute de mieux, d'ex-partenaires continuent d'entretenir des rapports sexuels. Ce genre de rupture partielle, en gardant un fil attaché à la patte, est à mon avis bien loin de redonner aux deux parties l'entière liberté d'aller de l'avant dans leurs vies respectives. D'une part, parce qu'il y a, dans tous les cas, un des deux partenaires qui souffre encore de l'échec de la relation et qui, forcément, entretient de secrets espoirs de réconciliation l'empêchant de tourner la page. Et, d'autre part, parce que les choses à moitié faites ne peuvent toujours que donner des moitiés de résultats.

Pour ma part, j'ai toujours privilégié dans ma vie les ruptures nettes. L'amitié me semble difficile à établir avec celui que je quitte, principalement parce que les raisons qui me font rompre avec lui sont généralement les mêmes qui le disqualifient en tant qu'ami. Si vous découvrez, par exemple, que votre amoureux ne partage en rien vos valeurs morales ou, dans le pire des cas, qu'il est malhonnête, mercantile, misogyne ou violent, entre autres exemples, en voudrez-vous comme ami ? Bien sûr que non.

Il y a toutefois des exceptions. J'ai conservé une relation cordiale, quoique lointaine, ainsi qu'une profonde tendresse pour un *ex*. Son enfance terrible vécue entre un père satanique et une mère dénaturée, qui le privait de la capacité de s'abandonner amoureusement, s'est constamment érigée comme un mur entre nous. Plutôt que de lui en tenir rigueur, je ne peux qu'éprouver une réelle compassion et beaucoup d'empathie pour ce petit garçon souffrant et apeuré qui, malgré les années, continue de gouverner la vie de l'adulte qu'il est devenu. Je n'oublie pas, et je n'oublierai jamais, que c'est ce même petit garçon qui, dans un corps d'homme, m'a tenue par la main sans relâche à l'hôpital pendant qu'on me soignait de toute urgence pour des complications survenues à la suite d'une infection rénale.

Évidemment, les choses se nuancent considérablement quand il s'agit de préserver une certaine cordialité entre *ex* pour le bénéfice des enfants nés d'une union qui se termine. Tout le monde reconnaîtra que les guerres de séparation et de divorce sont un enfer pour les jeunes qui doivent les subir. Et que chacun a nettement avantage à établir des rapports civilisés et empreints de respect. Après tout, cet autre dont vous vous séparez est encore et sera toujours la moitié de ce qui constitue vos enfants. Mais si vous entretenez l'ambivalence, vous nourrirez l'espoir que maintient tout enfant de voir ses parents reprendre la vie commune. Et vous rendrez encore plus difficile l'intégration d'un nouveau partenaire dans votre famille.

Les goûts ne se discutent pas, j'en conviens. Mais quand j'ai emménagé dans la maison de Jacques et que j'ai voulu remplacer les chaises de la salle à manger, qui étaient à mes yeux si horribles qu'elles changeaient mon sang en plomb dès que je les voyais, j'ai vite compris que je devrais prendre des mesures draconiennes pour arriver à mes fins. Le principe était que, tant qu'il y aurait des chaises autour de cette table sur lesquelles s'asseoir, fussent-elles monstrueuses, mon mari ne ressentirait pas l'urgence d'en magasiner de nouvelles. Avec son accord, je les ai donc vendues. J'appliquais ainsi une règle feng shui qui invite à se débarrasser d'une vieille paire de chaussures afin de faire de la place à une neuve.

Or, cela s'applique aussi aux choses sentimentales. Quand vous gardez dans votre lit un partenaire qui ne vous convient plus, dites-vous bien que vous ne faites que contre mauvaise fortune « bon cul ». En vous disant : « C'est mieux que rien », vous retardez ainsi inutilement le moment de *magasiner* un compagnon qui vous conviendrait mieux. Le changement naît du besoin. On l'oublie trop souvent. Pour dire les choses d'une manière simple qui peut sembler réductrice, quand Brault et Martineau livre à notre domicile un nouveau réfrigérateur, nous avons bien sûr pris soin de sortir l'ancien de son espace. C'est d'une logique implacable. Pourquoi en serait-il autrement avec l'amour ?

Je suis persuadée que l'âge bonifie la majorité d'entre nous et qu'il nous rend aptes à établir des relations plus saines et plus satisfaisantes. Le processus d'amélioration entraîné par la vie a cependant quelques limites et connaît ses ratés. Mon sale caractère, en l'occurrence, échappe à cette loi plus que je ne l'aurais souhaité. En dépit de cette constatation, je suis convaincue d'être une bien meilleure compagne de vie que je ne l'ai été dans des unions précédentes. L'expérience de la vie me rend généralement plus tolérante, quoique parfois plus intransigeante. De la même manière qu'une meilleure connaissance de moi-même et de mes propres limites me rend plus facile à lire mais aussi plus exigeante.

Transparence profitable

Ce qui ne veut pas dire pour autant que je sois une partenaire facile. Oui, je l'avoue d'emblée, je peux être parfois imbuvable. Parlez-en à mes *ex*, glissez-en un mot à mon mari, chacun vous le dira. Aux yeux de celui pour qui la vie à deux se résume à regarder le hockey les deux pieds bien posés sur le pouf sans trop se poser de questions, pendant que madame lit tranquillement le *Coup de pouce* après avoir fait la vaisselle, je ne pourrais certainement pas être qualifiée de reposante. Je ferais assurément faillite à pratiquer le métier de geisha, moi qui, au temps de ma jeunesse docile et craintive, réunissais pourtant toutes les dispositions pour y exceller. C'est fou comme on change.

J'ai une aversion maladive pour le non-dit et les conflits larvés. Et je ne crains en aucun cas de *faire des vagues* pour le bénéfice de ma relation. J'abhorre plus que tout le manque de courage qui, au nom d'une prétendue paix, retient certaines personnes de nommer ce qui les dérange et de se tenir debout. Pour en rajouter, je suis forcée de reconnaître qu'il m'est aussi impossible de ne pas réagir devant quelqu'un qui, de toute évidence, se ment à lui-même. Si vous vous bercez d'illusions au lieu de regarder les choses en face, fiez-vous à moi pour vous ouvrir les yeux. Si vous vous montez un bateau, comme le dit l'expression populaire, je le ferai couler. Si vous vous bâtissez des châteaux en Espagne, j'y mettrai le feu. C'est comme ça. Je hais la complaisance. Ne comptez pas sur moi pour vous enfoncer dans votre propre duperie en faisant semblant d'y croire.

Je suis, pour celui qui craint comme la peste les réflexions que suppose une relation authentique, une emmerdeuse de première classe. Une empêcheuse de tourner en rond. Ce qui vaut toujours mieux que d'être un poltron, de ravaler ses frustrations, par exemple, pour finalement fuir comme un voleur et sans préavis, faute d'avoir eu le cran de s'affirmer et d'affronter l'autre. D'ailleurs, qui sait tout ce que recèle de bon celui ou celle que l'on quitte en silence sans l'avoir mis au défi de le donner ! Je connais des femmes qui, au lieu de formuler leurs exigences, ont choisi de quitter leur mari pour constater, ahurie, qu'il était capable de donner à une autre quelques années plus tard ce qu'elles-mêmes avaient tant espéré recevoir de lui. À se contenter de peu sans rouspéter, il ne faut pas s'étonner d'obtenir moins que rien.

Sœur Marguerite, qui m'enseigna le théâtre et m'attribua en cinquième secondaire le rôle de Diafoirus dans *Le malade imaginaire* de Molière, m'aurait qualifiée de « primesautière ». Pour mon mari, je suis plus simplement « soupe au lait ». « Il m'a fallu un certain temps pour m'habituer à ce trait de caractère, m'a-t-il un jour confié, mais j'ai vite compris que, loin de troubler ma paix d'esprit, l'expression de tes sentiments, même négatifs, me l'assurait. Quand je m'endors, le soir, je ne suis pas là à tenter de deviner tes états d'âme. Je les connais, simplement parce que tu me les communiques clairement, promptement et, disons-le, sans détour ! »

Toi, moi et les autres

Entreprendre une nouvelle vie amoureuse à l'âge où d'autres célèbrent plusieurs années de vie commune n'est pas sans présenter des défis importants. Parmi ceux-là, comptons celui que représente la famille recomposée. Tout le monde n'a pas la chance exceptionnelle de réussir son divorce et la réorganisation de sa famille comme l'ont fait Demi Moore et Bruce Willis. Mais chacun peut tout de même espérer limiter les dégâts au maximum et instaurer un climat de sérénité et de respect.

Évidemment, plus les enfants sont jeunes, plus le défi est de taille. Les petits ne jouissent pas de la même expérience de vie que leurs parents et n'ont pas la maturité qui leur permettrait de mettre les choses en perspective. Il arrive que leur sentiment de loyauté envers leur mère, par exemple, leur interdise de s'attacher à la nouvelle compagne de papa et leur dicte un comportement hostile. C'est donc aux parents de voir à ce qu'un rythme respectant celui des enfants soit adopté. Cela peut, à mon avis, faire la différence entre la réussite et l'échec d'une nouvelle union.

Motivés par un trop grand empressement, portés par la passion dévorante de l'amour naissant qui les habite, certains couples précipitent les choses en installant prématurément tout le monde sous le même toit. Je crois qu'il vaut mieux apprivoiser tranquillement les sensibilités des uns et des autres avant de lier le quotidien de chacun dans une même demeure. Il y a un temps pour chaque chose et chaque chose en son temps.

Mais aussi étonnant que cela puisse paraître, il n'y a pas que les petits enfants qui résistent aux changements familiaux. Alors qu'on serait en droit de s'attendre à ce que, des années après le divorce de leurs parents, les enfants se réjouissent de voir leur père ou leur mère trouver l'amour et mettre fin à leur solitude, beaucoup de fils et de filles s'appliquent avec un zèle déroutant à mettre des bâtons dans les roues d'une nouvelle union.

Je connais une femme qui, dès la première rencontre avec les enfants adultes de son compagnon, a dû faire face à leur terrible hostilité. Après que de multiples tentatives de rapprochement se furent soldées par des humiliations de toutes sortes, après que le père lui-même eut tenté de faire entendre raison à ses enfants, cette femme a finalement renoncé à l'espoir de voir s'établir un climat de cordialité. Considérablement refroidie, il ne lui restait plus qu'à fermer le dossier et à limiter les contacts aux occasions incontournables que sont Noël, Pâques et les autres fêtes du genre, de manière à ne pas s'exposer inutilement à des attitudes blessantes. « Donnez-moi la sérénité d'accepter les choses que je ne peux changer », dit la prière des alcooliques anonymes qui n'exige pas que vous en soyez un pour vous en inspirer.

Être aimé des enfants de l'autre est éminemment appréciable. Mais l'amour ne se commande pas. En revanche, chacun est à mon sens tout à fait dans son droit d'exiger que ses enfants adoptent une attitude respectueuse envers son nouveau conjoint ou sa nouvelle compagne. Si les enfants de l'autre ne peuvent vous supporter, c'est leur problème. Il n'y a pas lieu d'en faire tout un plat. Si les vôtres refusent d'accepter votre choix, qu'à cela ne tienne. Personne n'en mourra. Leur enthousiasme devant votre bonheur, quoique souhaitable, est loin d'être essentiel à votre félicité amoureuse.

Dans une société qui produit malheureusement trop d'enfants-rois, les dangers sont grands de laisser à nos filles et à nos fils le droit de décider de notre sort en statuant sur celui ou celle qui partagera notre vie. Ai-je besoin de rappeler que nos enfants, quant à eux, n'attendent pas notre bénédiction ou notre permission pour choisir leurs partenaires. Au contraire. De nos jours, ils sont même plutôt nombreux à investir NOTRE maison en compagnie de l'élu de leur cœur, partageant avec celui-ci tant leur lit que NOTRE salle de bains, ainsi que le contenu de NOTRE frigo que nous payons avec NOTRE argent. La question qui se pose est celle-ci : qui est maître chez vous ?

Si nous passons notre vie, à la suite d'un divorce, à laisser notre sentiment de culpabilité envers nos enfants dicter notre comportement, nous risquons de nous faire manger la laine sur le dos. Malgré l'amour incommensurable que nous portons à nos enfants, nous devons résister à l'envie d'agir constamment dans le but d'éviter qu'ils ne se retournent contre nous. Il n'y a pas lieu de s'en faire, il faut en effet bien plus qu'une nouvelle compagne jugée antipathique ou qu'un compagnon mal accepté pour endommager irréversiblement l'amour filial. Ne sous-estimons pas la profondeur des liens qui nous unissent à nos enfants.

Vous devez déterminer qui, de vos enfants ou de vous-même, est aux commandes de votre vie. Dans le cas où vous prenez conscience d'avoir investi vos enfants d'un pouvoir sur votre existence bien plus grand que celui qui leur revient, vous devrez, comme le disait avec pertinence la psychologue d'un ami, redistribuer les rôles et ainsi vous réapproprier vos droits de décider pour vous-même. Même si cela suppose des grincements de dents et de la rancune éternelle.

Quand, après avoir renoncé à un amour auquel vous teniez très fort afin d'éviter de déplaire à vos enfants, vous serez vieux et seul, et que ceux-ci viendront vous visiter de temps à autre avec la conjointe ou le mari de LEUR choix, vous regretterez amèrement de n'avoir pas eu, en temps et lieu, le courage de prendre la maîtrise de VOTRE vie. Personne ne veut voir sa vie amoureuse dépendre du bon vouloir de ses propres grands enfants ou de ceux de l'autre. Plus encore, personne ne souhaite s'engager avec quelqu'un qui se contente de rester assis en gare à regarder passer le train de sa vie plutôt que d'y monter.

Contrairement à ce que l'on serait tenté de croire, l'enjeu se situe très rarement entre le nouvel arrivant et les enfants du conjoint. C'est plutôt entre le père et ses enfants, ou la mère et les siens, que le torchon brûle. Dans mon esprit, il ne fait pas de doute qu'il y a vraiment lieu de se questionner sur le respect que vos enfants vous portent quand ils agissent de façon irrespectueuse envers la personne que vous aimez. Le bonheur d'un parent ne devrait-il pas réjouir ses enfants ?

Après avoir vogué çà et là sur les flots bleus du *dating*, avec tout ce que cela comporte de déceptions, de découvertes et de pertes de temps, on finit un jour par rencontrer quelqu'un qui semble nous convenir. Quelqu'un qui réussit au moins le test des premières sorties et parfois du premier week-end passé en amoureux dans une petite auberge romantique. C'est alors que le désir ardent de connaître à nouveau les joies de la cohabitation se manifeste avec insistance. Ce désir, bien naturel, l'emporte parfois malheureusement sur la sagesse qui, de son côté, nous conseille fortement de mettre la pédale douce.

Je suis d'avis qu'une cohabitation prématurée constitue presque à coup sûr un suicide amoureux. Beaucoup de relations réunissant pourtant les conditions gagnantes se sont terminées par une séparation pour avoir, comme le dit si bien la truculente expression, « mis la charrue devant les bœufs ».

Bien sûr, nous connaissons tous des couples qui ont décidé de vivre ensemble après quelques semaines seulement de fréquentations et qui, après de nombreuses années, sont toujours aussi heureux. Mais cela représente l'exception. Car soyons francs et avouons que nous connaissons aussi des couples encore plus nombreux qui, après une vie commune précoce, ont connu les affres de la déconfiture.

Ayant moi-même dû affronter au moins quatre séparations – je laisse le record des fiascos conjugaux à Elizabeth Taylor qui en accuse sept à ce jour – dont un divorce, où j'ai non seulement laissé des plumes, mais aussi passablement d'argent, je peux vous dire que rien n'est plus épuisant que de devoir rassembler ses effets personnels et de s'établir à nouveau dans un autre chez-soi. Quand, à force de déménager, vous en êtes à vos quatrièmes rideaux de salon et de cuisine et tout autant d'ensembles de literie, la déco en vient à vous puer au nez.

Si vous êtes comme moi et que votre quiétude vous préoccupe plus que votre mise initiale ou vos biens matériels, il y a de fortes chances que vous n'ayez besoin, le jour du déménagement, que d'un gros paquet de sacs verts et d'un U-Haul petit format. Quand on est du genre à acheter la paix et que le désir de lever le camp *au PC* est impérieux, on ne perd pas son temps à discuter éternellement de la séparation des biens. C'est une erreur. Parce que cela nous oblige alors à accepter que l'essentiel du patrimoine qu'on emporte avec soi puisse se résumer à quelques chaudrons bosselés, des serviettes désassorties, une vieille commode IKEA et un magnifique service à vaisselle obtenu grâce aux pleins d'essence chez Ultramar. Sans compter les boîtes de carton jamais défaites qui vous suivent d'un déménagement à l'autre depuis des années et qui contiennent toutes vos notes de cégep ainsi que des cassettes abîmées de Lionel Richie ou Barry Manilow.

Risques calculés

L'espoir le plus ardent, la détermination la plus ferme ne change rien au fait que la décision de vivre ensemble comporte non seulement des risques importants, mais aussi une série de responsabilités qui, malheureusement, ne sont pas assez souvent abordées par les amoureux avant le grand jour du déménagement.

En effet, peu de gens savent que, quel que soit le nombre d'années qu'ils passeront ensemble, les conjoints de fait ne sont protégés, au Québec, par aucune loi. Les enfants nés de cette union bénéficient de la même protection légale que les autres, mais, contrairement à ce que nourrit la persistante rumeur, c'est là que s'arrête la protection légale.

Je discutais récemment avec une jeune fille qui s'apprêtait à emménager avec son compagnon. « Notre arrangement est simple, me dit-elle, candide. Nous avons tout prévu. Lui s'occupera de payer l'hypothèque et moi l'épicerie. » « C'est ça, répliquai-je, outrée. Et si un jour vous devez malheureusement vous séparer, lui gardera la maison tandis que, pour ta part, il ne restera plus rien de tes investissements dans la relation, sauf des restes de bœuf aux carottes dans le frigo et, si tu es chanceuse, des boîtes de tomates en conserve dans le garde-manger ! »

La demoiselle en question a finalement convaincu son partenaire de se rendre chez le notaire, qui les a aidés à rédiger ensemble une entente de conjoints de fait équitable pour les deux parties. Je connais trop de femmes et d'hommes qui, après s'être incroyablement investis dans leur relation, se retrouvent pour ainsi dire à la rue, entourés de leurs sacs verts, en quête d'un nouveau chez-soi les petites annonces à la main.

Mon conseil est simple : si, à l'étape des discussions, vous faites face à quelqu'un qui renâcle à l'idée d'aborder des questions pécuniaires qu'implique la cohabitation, ou qui tente de vous convaincre de l'inutilité de la démarche, tenez votre bout. Et surtout, ne vous engagez pas dans une vie commune sans avoir réglé tous ces aspects hautement ennuyeux mais combien cruciaux. Je sais de quoi je parle.

Quand mon conjoint est décédé, aucune disposition testamentaire ne me protégeait. D'autre part, pour des raisons médicales, la solution que constituait l'assurance-vie n'était pas envisageable. Or, à quelques jours d'une visite chez le notaire visant à corriger la situation, mon compagnon est décédé tragiquement, ce qui ne me laissait pas d'autre choix, légalement, que de partir rapidement à la recherche d'un appartement. En plus de devoir péniblement ramasser mes morceaux, j'ai dû en même temps ramasser mes affaires. Ce que je ne souhaite à personne. Et pour l'amour du ciel, n'allez pas croire que ça n'arrive qu'aux autres !

L'existence est toujours plus savoureuse lorsqu'elle est partagée. Et je suis une fervente défenderesse de la vie à deux. Mais les expériences amoureuses qui ont jalonné mon parcours m'ont enseigné à prix fort la valeur d'un logis bien à soi et celle de l'autonomie.

Chat échaudé craint l'eau froide, dit-on. Fatiguée des éternels recommencements amoureux, c'est avec un sentiment de sécurité indescriptible que j'ai habité pendant neuf ans un tout petit appartement aux abords de l'école de Rosemarie. Mon domicile n'avait rien de bien luxueux, c'est le moins qu'on puisse dire. Mais il m'offrait, ainsi qu'à ma fille, le confort et les commodités dont j'avais besoin.

Comme on dit, ce n'était pas le Pérou, mais je ne compte plus les samedis après-midi d'automne ou d'hiver passés avec délice devant le foyer du salon à lire un roman ou à regarder un bon film. C'était chez moi. Et personne ne pouvait me l'enlever ou me le disputer. Je pouvais y foutre le bordel à ma guise – et Dieu sait combien j'en ai l'art – ainsi que décorer à mon goût chacun de ses recoins. Personne pour maugréer ou contester mes décisions.

Ce petit cinq et demi était devenu mon château fort. Un refuge dont je refusais systématiquement l'accès à quiconque ne téléphonait pas avant de venir y frapper. D'ailleurs, je confesse qu'à ce compte j'ai maintes fois ignoré la sonnerie du carillon de la porte signifiant la visite impromptue d'une amie. Plus territoriale que moi, tu meurs.

Mais j'ai rencontré mon mari. Après plus de deux ans de fréquentations assidues et devant la « santé » évidente de notre relation, le sujet de la cohabitation a surgi tout naturellement. Inutile de dire combien la peur me tenaillait. Prise d'une panique aussi comique que ridicule, je haussais délibérément le son du téléviseur quand il abordait la question, ou alors j'esquivais la conversation en feignant une soudaine envie de pipi.

Bien sûr, nous avions partagé de nombreux week-ends ensemble dans son chalet des Laurentides. Et il m'était arrivé parfois de dormir avec lui, en semaine, dans sa maison de Montréal. Mais je dois avouer que la certitude de pouvoir en tout temps retrouver mon petit chez-moi modeste et rassurant me réchauffait le cœur.

Nous avons donc décidé d'une façon de faire qui laissait peu de place aux risques inutiles. Rosemarie et moi avons emménagé partiellement chez Jacques tout en ne renonçant pas à notre domicile. Nous avons transporté nos effets personnels nécessaires au quotidien, de même que Fifi, notre vieille chatte, et nous avons procédé à un essai de cohabitation. Advenant le cas d'un échec, tout n'était pas perdu pour ma fille et moi. Bien qu'attristées par la situation, nous aurions pu réintégrer nos quartiers généraux sans devoir repartir à zéro. Mais nous n'avons pas eu besoin de le faire. Si bien qu'un an plus tard, après avoir convenu d'une entente entre conjoints de fait, dûment signée et prévoyant l'éventualité d'une séparation, nous nous installions tous les trois sous le même toit.

Pour la première fois de ma vie, j'avais osé aborder les questions financières liées à une nouvelle union. Pour la première fois, je ne me jetais pas dans l'aventure de la vie à deux à corps perdu. En prenant mon courage à deux mains, j'ai exprimé mes attentes sans détours, pensant à protéger mes intérêts. Pour la première fois de ma vie, en fait, la voix de mon cœur et celle de ma raison résonnaient au même diapason. Et contrairement à ce que j'appréhendais, les choses se sont déroulées dans la plus parfaite harmonie. J'étais devant un homme tout disposé à m'apporter la sécurité dont j'avais besoin pour faire vie commune avec lui sans être assombrie par des arrière-pensées.

Aussi étrange que cela puisse paraître, renoncer à ce petit appartement pourtant loin d'être princier ni spacieux m'a demandé une bonne part de sang-froid. Jacques avait beau me répéter qu'en habitant avec lui notre confort matériel ne serait que plus grand, j'avais l'impression de quitter bien plus qu'un chez-moi. Il me faut bien l'admettre, j'étais devenue une *vieille fille* encroûtée dans ses habitudes de célibataire, engoncée dans son petit confort douillet. Quand on vit dans ses affaires pendant neuf ans sans comptes à rendre à personne, l'idée de la vie commune nous coupe parfois le souffle.

Pourtant, ce n'était certainement pas mon vieux canapé défraîchi et mes tapis usés qui me manqueraient. Ni mon réfrigérateur qui, à la fin, ne fonctionnait à vrai dire qu'un jour sur deux, ou encore ma sécheuse qui vrombissait comme une tondeuse sans rien sécher du tout. Non. C'était un peu de ma liberté, de mon autonomie et de mon indépendance que je peinais à me séparer. Tout ce qui n'a pas de prix, en fait, et contre quoi tous les luxes du monde ne font pas le poids.

Mais j'ai plongé. Après les trois ans d'amour que nous venions de partager, Jacques et moi, j'étais suffisamment rassurée pour entraîner ma fille avec moi. J'ai donc franchi le pas qui me séparait de la vie de couple à temps plein. Je prenais ce risque, celui de la vie à deux avec cet homme. Parce que je faisais enfin l'expérience d'un amour où il était possible d'aimer sans avoir toujours mal, de même que celle d'un lien qui me nourrissait plutôt que de me tarir, j'ai pu laisser s'évanouir mes dernières résistances.

Portée par la bienveillance et la bonté sans cesse renouvelées d'un homme intègre, capable de m'aimer de la manière dont j'en avais besoin, c'est avec sérénité que j'ai remis à la propriétaire les clés de *mon* appartement. Quand j'ai finalement compris que l'autonomie, la liberté et l'indépendance auxquelles je tenais tant ne m'étaient pas assurées par mon célibat ou par mon lieu de résidence, mais qu'elles étaient plutôt le fait d'une profonde disposition intérieure et d'une manière de vivre, j'ai pu m'investir dans cet amour sans jamais plus regarder en arrière. Quand, par surcroît, j'ai pris conscience que Jacques non seulement ne me demandait pas d'y renoncer, mais m'encourageait à les cultiver, je ne l'en ai aimé que davantage.

Aplomb retrouvé

Toute ma vie a consisté jusqu'à ce jour à atteindre un certain niveau d'équilibre. Je dois reconnaître qu'il y a et qu'il y aura toujours en moi une vulnérabilité imputable à mon besoin de sécurité, à ma peur de l'abandon. En dépit de mon apparente assurance, je me sens encore parfois comme un faon affolé tapi sous les arbres. Mes années de thérapie m'ont bien sûr aidée à guérir cette blessure, mais il reste toujours la douleur résiduelle de la cicatrice qui parfois se fait encore sentir.

Je me suis prouvé pourtant maintes et maintes fois, depuis des décennies, que j'étais parfaitement capable de me prodiguer moi-même cette sécurité. Je n'ai jamais eu besoin d'un homme pour assurer ma subsistance ni celle de ma fille, tout comme je n'ai jamais eu besoin d'un homme pour entretenir ma maison. Bon, concernant ce dernier point, je veux bien être complètement franche et préciser que, si j'y suis toujours arrivée – quoique plutôt approximativement –, c'est avec les moyens du bord, c'est-à-dire munie des outils qui siéent à une femme. J'ai enfoncé des clous avec le talon de mes stilettos, rempli des brèches de céramique avec du Pepsodent, sablé des aspérités à l'aide de ma lime à ongles Sally Hansen et camouflé les éraflures sur les meubles avec du crayon à sourcils. Vous pouvez bien rire, mais tout le monde n'y a vu que du feu ! Au diable les Canadian Tire de ce monde. Il y a tout ce qu'il faut pour rénover au rayon des cosmétiques chez Jean Coutu !

Qu'à cela ne tienne, il a bien fallu que j'admette, en la trouvant, que j'ai toute ma vie manqué désespérément de quiétude. Car c'est en goûtant à sa délicieuse douceur que j'ai pu mesurer l'étendue de mon manque, tout comme c'est en buvant qu'on prend parfois conscience de sa soif. Il était temps que l'amour survienne et que je puisse enfin, en toute sérénité, poser ma tête au creux de l'épaule d'un homme et reposer mon cœur dans le sien.

« On ne devient pas amoureux en dénichant la personne parfaite, mais en apprenant à connaître parfaitement quelqu'un d'imparfait », a dit le philosophe américain Sam Keen. En effet, je pense sincèrement que l'art d'aimer consiste en partie à tenir compte des névroses de l'autre plutôt que de chercher à les guérir. Si votre amoureux a une peur bleue des chiens qui le force à changer de trottoir chaque fois qu'il en croise un, allez-vous en rapporter un à la maison, sous prétexte que cette phobie est exagérée et qu'après tout il ne s'agit que d'un tout petit chien ? Allez-vous vous entêter à déposer l'animal sur ses genoux en vous moquant de sa terreur ? Non. Pas si vous aimez cet homme.

De la même manière, mon mari, me sachant marquée au fer rouge par l'annonce de la mort subite de mon conjoint, même après plus d'une décennie, se donne toujours la peine de me téléphoner pour m'aviser d'un retard de plus de vingt minutes. À défaut de quoi je l'imagine mort dans un fossé. Je sais, cela peut sembler fou, mais c'est comme ça. Cette peur, vestige d'un choc post-traumatique, est bien évidemment démesurée. Mais Jacques en tient compte dans sa façon de m'aimer. « Après tout, qu'est-ce qu'un simple coup de téléphone s'il t'évite toutes ces minutes d'angoisse inutile ? » convient-il.

Nous avons fini par nous marier le 2 août 2008 par une fin d'après-midi orageuse. Étendre son chapelet sur la corde à linge ne vous garantit pas le soleil. Je peux vous le certifier. Émus comme des jouvenceaux, nous avons échangé nos vœux et nos anneaux dans une petite église anglicane du sud de Montréal avant de festoyer, comme il se doit, avec nos invités. C'est Rosemarie qui, toute de rose vêtue, a boutonné ma robe et fixé la mantille à mon chignon. Toutes les mariées n'ont pas la chance d'avoir leur fille comme dame d'honneur.

Quand Jacques a demandé ma main au cours d'un week-end dans une auberge romantique, il souhaitait ainsi sceller un engagement profond et sincère que nous avions tous deux pris l'un envers l'autre en entreprenant une vie commune. À sa manière, il souhaitait aussi me donner cette quiétude qui, le savait-il, m'a si cruellement fait défaut. Quant à moi, en répondant : « Oui, je le veux », comme dans les films hollywoodiens, je formulais, avec plus de certitude que jamais je n'en avais ressenti dans ma vie, la promesse de le chérir et de le protéger tant qu'il nous sera donné de vivre. J'aime cet homme qui m'apporte à lui seul plus de sécurité, de calme et de sérénité que je croyais possible d'en éprouver ; cet homme aimant et formidable, qui a eu le cran de dire haut et fort et sans trembler, avec toute la certitude de son amour : « Je ne t'abandonnerai pas. »

Mais malgré tous les aspects romantiques qu'il revêt, le mariage n'est pas une panacée contre les déboires amoureux. Le nombre de divorces en atteste d'ailleurs de façon indéniable. Il reste cependant à mes yeux un symbole d'engagement qui requiert courage, détermination et foi. Quoi qu'en disent les pieux et les dévots de la droite religieuse, le mariage ne sanctifie pas une union. C'est l'amour qui le fait. « L'amour, même en dehors du mariage, est toujours moral ; un mariage sans amour est toujours immoral », ai-je déjà lu quelque part.

Je ne nierai pas que la vie à deux comporte son lot de contrariétés. Mais à plus de cinquante ans, j'ai appris à choisir mes batailles ainsi qu'à fermer les yeux sur des irritants qui, autrefois, m'auraient rendue folle. Bien sûr, je continuerai jusqu'à ma mort de pester contre le siège de toilette relevé, la cravate mal nouée ou les ronflements nocturnes assourdissants, mais je pourrai toujours me réfugier dans mon bureau personnel – une exigence presque prévue au contrat de mariage ! – où m'attendent mes livres, ma musique et ma télé. Une épouse est en droit de réintégrer son antre de temps à autre pour éviter la guerre.

Quand je refais à l'envers l'écheveau de ma vie, je m'étonne de mon bonheur actuel. Le parcours jusqu'ici a été long et laborieux, semé d'embûches et truffé de détours incroyables. Mais chaque tourment en a valu le coup.

Le jour de mon mariage, je regardais ma belle et adorable Rosemarie, mon père et ma mère, ma sœur, mes nièces et mes amis venus se réjouir avec nous de notre chance. Je serrais de toutes mes forces la main de mon amoureux et je ne pouvais pas croire à mon bonheur. À cinquante ans, le vilain petit canard marchait dans l'allée centrale vêtue d'une robe de cygne, foulant aux pieds une longue suite d'histoires d'amour impossibles. Qui l'aurait cru ?

« Sur une échelle de dix », ai-je l'habitude de demander à Jacques, tous les soirs en cabotinant au moment de dormir, « tu m'aimes combien ? » « Onze », répond-il à coup sûr pour ne pas prendre de risques, tout en tirant la couverture de son bord. « Moi, douze », dis-je, tout bas, juste au moment où il s'endort en ronflant comme un camion…

Labeur valorisant

La suprême récompense du travail n'est pas ce qu'il vous permet de gagner, mais ce qu'il vous permet de devenir.

JOHN RUSKIN

Je pourrais mentir et prétendre que je suis un bourreau de travail. Que j'adore me jeter dans le labeur comme d'autres se lancent dans le sexe, l'alcool ou le poker. Je pourrais vous dire que j'endosse à mille pour cent cet adage qui claironne, d'un ton pimpant fleurant l'Irish Spring: «L'avenir appartient à ceux qui se lèvent tôt.» Mais pour tout dire, je ne fais décidément pas partie de cette race appelée «les dynamiques» qui, avant neuf heures le matin, ont déjà fait au *gym* une heure de *spinning* ou de musculation, déjeuné au Müslix, lu tous les quotidiens de la planète et réglé une grande partie de leurs affaires courantes.

D'abord, mon horloge biologique interne me fait payer chèrement tous les réveils avant l'aurore. Il n'y a rien que je déteste autant que le son strident du réveille-matin m'avertissant qu'il est temps de sortir du lit. À la première nanoseconde de sonnerie, mon cœur s'emballe, mes cheveux se hérissent et le souffle me manque tandis que je me dresse abruptement dans mon lit, les yeux exorbités, comme si je venais d'être mordue par un vampire. Sans blague, il me faut des heures pour que mes surrénales cessent enfin de dépêcher des déluges d'adrénaline dans mon système. Je ne l'ai jamais dit à personne, mais il m'est même déjà arrivé, en plein hiver, de m'en prendre personnellement à mon gueulard de petit Timex et de le jeter par la fenêtre. Je confesse que la vue des pièces de cet objet de malheur, éparpillées aux quatre coins de l'entrée de garage, m'a procuré un contentement indécent.

Ne me dites pas que je suis folle. Je le sais déjà.

Sportive de salon

Il est vrai que j'éprouve une admiration sans bornes pour ceux qui, dès le chant du coq, se lèvent d'un bond tel un polichinelle sur son ressort pour affronter leur journée de travail avec hâte, entrain et enthousiasme. Je reconnais que je suis fascinée par la passion, l'énergie et la constance infaillibles avec lesquelles certaines personnes poursuivent leur carrière comme un chat une petite souris. Mais je ne fais pas partie du club très sélect des *workaholics*. Je n'ai pas de plan de carrière. Pas de classeur à curriculum vitæ. Pas de coach de vie. Pas de visées professionnelles précises.

La vérité, c'est que, contrairement à ces personnes, je peux goûter aux plaisirs de ne rien faire sans que la culpabilité ne vienne gâcher ma volupté. Rien ne me sourit autant que de rester allongée sur une chaise de jardin, à l'ombre des arbres, et d'écouter les oiseaux chanter et les fleurs pousser tout en me délectant d'un Drumstick au caramel et aux arachides. Je ne ressemble en rien à ces êtres qui, au bout de quinze minutes de farniente et de paresse, s'énervent comme des lions en cage à la recherche de quelque activité à faire.

À la plage, on ne me trouve jamais ailleurs que dans le hamac, sous les cocotiers. Aux autres le Jet-Ski, les miles de crawl dans les vagues, le jogging et le basket-ball. Plutôt mourir que de transpirer à grosses gouttes. Ceux qui me connaissent depuis longtemps savent pertinemment que je n'ai rien d'une athlète et que l'escalade en montagne ou même plus simplement l'hébertisme ne pourront jamais, à mes yeux, rivaliser d'attrait avec des traitements de spa ou un massage aux huiles parfumées.

Il y a onze ou douze ans, ma mésaventure légendaire avec un pédalo a mis définitivement fin à toute velléité de semblant de pratique de sport. Quand, vêtue d'un joli petit maillot Dior et drapée d'un paréo de soie, j'ai exécuté devant tout le monde un grand écart forcé en tentant de monter à bord de l'engin diabolique, me retrouvant ainsi à faire un pont on ne peut plus disgracieux entre l'embarcation et le quai, ma décision était prise: PLUS JAMAIS. Humiliée, remontant des profondeurs du lac, entourée de mes lunettes de soleil et de mon chapeau de rafia qui flottaient tels des nénuphars, je ne pouvais espérer qu'une chose: que personne n'ait eu l'idée de filmer la scène. J'avoue remercier le ciel tous les jours que YouTube n'ait pas existé à cette époque!

Pour tout dire, même la marche m'ennuie et m'exaspère tout à la fois. Je finis immanquablement, au bout de quelques adresses seulement, par m'asseoir sur la chaîne du trottoir ou dans un abribus en regardant les autos passer. La seule chose qui réussisse à me motiver à marcher de longues heures est le shopping. Je suis toujours partante pour écumer la ville entière à la recherche d'une paire d'escarpins neufs, surtout lorsqu'ils sont soldés. Dans ce cas, comme le disait l'ancienne publicité de Bell, «la distance n'a pas d'importance».

Ça ne s'arrête pas là. En plein hiver, alors que s'ébattent dans la joie les patineurs, les skieurs et les raquetteurs de tout acabit, je me laisse langoureusement endormir par le feu de foyer et la chaleur sirupeuse d'un petit verre de porto. Quand toute la bande quitte le chalet en direction des pentes ou des sentiers dans les bois, je couvre mes épaules de mon châle préféré, je défais le bouton de mon jean et je m'installe confortablement sur le canapé dans le rayon de soleil le plus proche. Franchement, on dirait un chat. J'ouvre un bon livre, un cahier de mots croisés et une boîte de Turtles, et je passe de l'un à l'autre au fil des minutes. Voilà ce que j'aime par-dessus tout. Quand les sportifs rentrent en fin d'après-midi, les joues violacées par le froid, les lèvres gercées et la *guidigne* au nez, en se ruant tous ensemble sur le seul tube de Bengay que nous ayons, j'en suis à ma deuxième Cup-a-Soup aux tomates, à la fin des olives farcies aux amandes et à la page 100 de mon livre.

Que voulez-vous ? Je ne suis pas particulièrement fière de ce trait de personnalité, mais je l'assume. L'âge aidant, je trouve infiniment plus aisé d'accepter mes lacunes et de me moquer des qu'en-dira-t-on. Je suis comme je suis. Tout comme le disait un jour Joan Rivers : « Je ne fais pas d'exercice. Si Dieu avait voulu que je me plie en deux, il aurait mis des diamants sur le plancher. » Même mon omnipraticienne a renoncé à s'enquérir de mes progrès en matière de conditionnement physique. « Vous savez, risque-t-elle de sa voix douce lors de ma visite annuelle, trente minutes de marche par jour font des merveilles… » Ne gaspille pas ta salive, ma jolie, que je me retiens de dire pendant qu'elle prend ma tension. Je suis une cause perdue.

Pourtant, je ne suis pas paresseuse. J'aime travailler. J'adore me fixer des buts, relever des défis, mettre ma compétitivité à contribution. Malgré ma propension évidente à me la couler douce, je suis absolument incapable de concevoir la vie sans travail. J'aime me sentir habitée par un projet, orienter mes lectures autour de celui-ci, trouver des idées, chercher des solutions. Et je dois dire que rien, dans tous les plaisirs que m'offre la vie, ne me gratifie d'autant de satisfaction que la certitude du travail bien fait.

Toutes les publicités de Loto-Québec laissant miroiter la possibilité d'une retraite prématurée en cas de gain important me laissent froide. Si je peux facilement m'imaginer qu'il est immensément appréciable de ne plus avoir à « gagner sa croûte », je ne peux, en revanche, concevoir tout le reste de ma vie dans l'oisiveté. *Bye-bye boss*, très peu pour moi !

D'abord parce que la rémunération n'est surtout pas la seule récompense que procure le labeur. En ce qui me concerne, le travail m'apporte toujours, d'une manière ou d'une autre, des occasions inespérées de me révéler à moi-même et de prouver ce dont je suis capable. Je crois qu'il offre aussi à chacun d'entre nous le sentiment inégalable de contribuer à la société, d'être un citoyen à part entière et de mériter sa vie.

Mais il y a aussi, dans la motivation au labeur, une bonne part de vanité et d'orgueil. Peu importe l'angle sous lequel nous choisissons de considérer notre travail, nous pouvons toujours y trouver des possibilités de dorer notre blason, de gonfler notre estime de soi, de repousser nos limites. S'il est vrai que le travail ne nous définit pas totalement, il offre à coup sûr une chance de montrer de quoi nous sommes faits.

Habiletés distinctives

Certaines personnes objecteront qu'elles sont prisonnières d'un emploi hautement ennuyeux, dénué de tout challenge, qui ne leur offre qu'un maigre salaire comme récompense. J'admets que toutes les occupations professionnelles n'apportent pas le même contentement. Mais je reconnais aussi du même coup qu'il est toujours possible de bonifier le profil de sa carrière. « Quand on veut, on peut », disait mon père. Un jour, animant un colloque pour l'Ordre des infirmières et infirmiers du Québec, j'ai rencontré une femme profondément inspirante. Mère de quatre enfants d'âge scolaire, et très insatisfaite de l'emploi de nuit qu'elle occupait depuis plusieurs années, elle se décida à réaliser son rêve : devenir infirmière. Secondée par son conjoint, qui accepta de mettre l'épaule à la roue en assumant plus que sa part des tâches ménagères et familiales, cette femme se remit avec courage aux études tout en continuant d'occuper son travail de nuit. Quelques années plus tard, elle était reçue infirmière avec mention, faisant du coup la fierté de sa famille. Les changements commandent toujours un certain courage de même qu'une somme de travail importante. Mais quand on considère les bénéfices à moyen et à long termes, le jeu en vaut toujours la chandelle.

Bien des gens prétendent ne pas disposer de talents particuliers. Or, je suis persuadée que nous possédons, tous autant que nous sommes, au moins un talent prédominant. Et je crois que c'est ce qui devrait nous aider à définir l'occupation professionnelle qui nous sied le mieux. Ce peut être une aisance avec les chiffres, une adresse manuelle, un don de leader, une habileté à communiquer, un sens artistique ou la capacité de résoudre les problèmes. Peu importe. Il y a en chacun de nous une force porteuse sur laquelle nous pouvons ériger une carrière satisfaisante et florissante.

Se connaître soi-même, être au fait de ses forces et de ses faiblesses, constitue un atout majeur quand vient le temps de choisir un type d'emploi. Moi, par exemple, avec les moyennes générales horrifiantes en mathématiques qui ont marqué toutes mes études, j'en suis arrivée rapidement à la conclusion que tous les emplois relevant de la comptabilité m'étaient complètement proscrits. Quand, dans votre esprit, même à plus de cinquante ans, 2 plus 2 égale encore et toujours 22, les risques sont minces qu'un employeur potentiel vous octroie un poste de directeur des finances, de commis à la paye ou de caissière. Sincèrement, on pourrait soupçonner tout président d'entreprise ayant pu consulter mes bulletins de chercher à se faire hara-kiri en me confiant des responsabilités pécuniaires.

C'est pourquoi, je l'avoue, j'ai menti au cours de toutes les entrevues professionnelles auxquelles je me suis présentée. Oh ! rien pour s'en confesser, comme disaient les religieuses qui m'ont enseigné. Des petits mensonges de rien du tout. Mais je dois l'admettre : si je n'ai jamais, d'aucune manière et à aucun moment, trafiqué ma feuille de route, je n'ai, par ailleurs, jamais hésité à occulter certaines de mes failles, usant de ruse ou d'humour pour détourner l'attention de mes employeurs.

Comme cette fois où, en entrevue avec le vice-président des éditions Quebecor, en 1992, je répondais consciencieusement aux questions inquisitrices qui m'étaient posées. L'enjeu était important. Après une carrière de mannequin de plus de dix ans, et à la suite de deux années passées à la maison après la naissance de ma fille, je postulais pour la fonction de directrice du magazine *Clin d'œil*. Rien de moins. Moi qui en avais ras-le-bol d'assembler des casse-tête de dix pièces de La Petite Sirène ou de Passe-Partout, et que l'appauvrissement incontestable du compte en banque affolait, je faisais tout en mon pouvoir pour faire bonne impression.

Vêtue de l'un des rares tailleurs épargnés par les régurgitations de ma fille, chaussée d'élégants souliers achetés en liquidation spécialement pour l'occasion, j'estimais que je me défendais plutôt bien. Mes connaissances en mode et en cosmétiques, acquises principalement en pratiquant le métier de mannequin, étaient de toute évidence un atout. De même que mon baccalauréat en littérature, garant de ma maîtrise de la langue française. Bref, les choses allaient bon train. Jusqu'à ce que Pierre Péladeau lui-même fasse une incursion discrète dans le bureau où nous discutions.

M'invitant, comme si c'était possible, à ne pas tenir compte de sa présence, il s'assit sur une petite chaise droite, placée stratégiquement à côté de la porte – chaise dont j'ai plus tard appris qu'elle lui était personnellement réservée pour ses séances inopinées d'épiage et d'observation. Monsieur P, comme tout le monde l'appelait, écoutait notre échange sans mot dire, se contentant de sourire narquoisement sous sa moustache. Assez dérangeant, merci.

Au terme de quelques minutes, il se décida à poser une question redoutable. « Savez-vous compter, madame ? » me demanda-t-il. *Oh boy!* Paniquée, on s'en doute, mais déterminée à n'en rien laisser paraître, je répondis: « Jusqu'à dix, monsieur. » À quoi il répliqua, épousant mon ironie: « Ça devrait être suffisant. » Puis il quitta les lieux en annonçant presque imperceptiblement qu'il n'était pas celui qui prendrait la décision de m'embaucher. Mais que, si tel avait été le cas, il me donnerait le poste sur-le-champ. Ouf!

C'est ainsi que j'ai été parachutée du rôle de maman à la maison à celui de directrice de l'une des publications féminines les plus renommées au Québec. Je n'ai jamais vraiment su si, ce jour-là, mes patrons avaient détecté, derrière mon habile pirouette humoristique, la grande faiblesse de mon talent comptable ou s'ils n'y avaient vu que du feu. Mais si vous voulez mon opinion, il y a fort à parier que chacun avait pris ma pleine mesure en quelques secondes, accordant, j'imagine, plus de valeur à mes *plus* qu'à mes *moins*, confiant que je trouverais bien une solution pour compenser mes manques.

Car il faut bien se rendre à l'évidence: personne n'est parfait. Aucun individu ne peut prétendre rassembler toutes les qualités nécessaires à la bonne marche d'une entreprise ou d'un produit. Comme l'a écrit Stendhal dans *La vie de Napoléon*: « Il n'est pas donné à un seul être humain d'avoir à la fois tous les talents. »

Complémentarité profitable

À mon sens, l'important est de distinguer avec réalisme nos points forts de nos points faibles et d'éviter, autant que possible, que nos lacunes viennent porter ombrage à nos mérites. On peut, bien sûr, et on doit faire l'effort de tenter d'améliorer ce qui aurait avantage à l'être. Faut-il rappeler que tout travail, aussi passionnant soit-il, impose des aspects désagréables à tenir en compte? Il faut toujours, tôt ou tard, dans l'exercice de nos fonctions, composer avec certaines facettes plus rébarbatives qui s'avèrent incontournables. Si, par exemple, notre travail exige de temps à autre que nous nous prêtions à des présentations ou des allocutions devant une assemblée alors que nous sommes timides, nous aurons tout avantage à travailler sur notre assurance et notre confiance en soi. Reculer devant les défis n'est pas une solution, pas plus qu'obéir à ses peurs.

Par contre, je crois qu'il est sage de départager les faiblesses qui peuvent être bonifiées des autres contre lesquelles on ne peut rien. Certaines inaptitudes ne regagneront jamais du galon, quoi qu'on fasse et peu importe la bonne volonté qu'on y mette. Ma déficience en matière de finances, par exemple, ne s'est pas allégée au cours des années. À cet égard, je suis aussi nulle que je pouvais l'être quand, durant l'été de mes dix-huit ou dix-neuf ans, je vendais des chaînettes dans une petite bijouterie d'un centre commercial. Chacune des factures que j'avais à préparer me donnait des sueurs froides, tandis que la remise de la monnaie n'était rien d'autre qu'un cauchemar me coûtant, à la fin de la semaine, une partie de mon maigre salaire. Mon patron me prenait pour une parfaite imbécile. Ça l'amusera sûrement de savoir que ça ne m'a pas empêchée de démasquer, cet été-là, ses huit infidélités avec une serveuse du restaurant italien attenant à la bijouterie, ainsi que ses trois autres avec la jolie commis du bureau de poste.

Devant mes dons pour le moins limités en matière de finances, j'ai choisi d'apprendre à déléguer plutôt que de m'entêter. Chose que je conseillerais fortement à tous ceux qui, comme moi, sont un cas désespéré. La vie est trop courte pour se faire suer avec ce qu'on déteste le plus. Voilà mon constat. Ma négligence et ma frayeur devant tout compte à payer étant ce qu'elles sont, je n'ai eu d'autre choix, dans ma vie personnelle, que de retenir les services d'un comptable merveilleux qui, tout au long des dix-huit dernières années, m'a tenu la main comme un père l'aurait fait. Ce qui non seulement m'a permis d'épargner de l'argent, mais m'a aussi éloignée des soucis. Les sabots de Denver et les coupures d'Hydro, entre autres choses éminemment contrariantes, étant devenus monnaie courante dans mon cas, il était temps que quelqu'un prenne mes finances en main et protège ma réputation.

Ce principe étant à mes yeux tout aussi valable dans l'exercice de mon travail, j'ai entrepris de repérer, dans mes équipes, les membres pour qui les questions de gestion et de finance non seulement ne posaient pas de difficultés, mais représentaient un plaisir. C'est donc à eux que j'ai délégué cet aspect de mes responsabilités, ce qui me laissait toute la latitude et la liberté de m'investir dans les autres fonctions auxquelles j'étais cent fois meilleure. À ce chapitre, je dois beaucoup à cette futée et talentueuse directrice artistique de *Clin d'œil* qui, de main de maître, en plus de produire des éditions graphiquement époustouflantes, a tenu les livres avec brio.

La vérité, c'est que je connais peu de gens qui jonglent avec une égale facilité à la fois avec les exigences budgétaires et les défis créatifs. Il est rare que les deux hémisphères de notre cerveau fonctionnent ensemble à plein régime. Sans le principe de complémentarité des membres d'une équipe, il est à mon avis très ardu de servir adéquatement tous les intérêts d'un projet ou d'un produit. Il n'y a rien comme la mise à contribution de tous les talents d'un groupe pour obtenir les meilleurs résultats possibles et, surtout, de s'assurer d'avoir du plaisir à travailler. C'est, en tout cas, mon expérience personnelle.

À cet égard, ayant mesuré les profits qui en découlent, nombreuses sont les entreprises qui s'assurent d'embaucher des gens qui ont prouvé leur capacité de travailler en équipe. S'il est important de faire montre d'autonomie, il l'est tout autant de savoir fonctionner au sein d'un groupe et d'accueillir positivement les idées et les contributions des autres pour le bénéfice du résultat final. D'ailleurs, les collègues qui ont la fâcheuse habitude de s'attribuer tout le crédit des bonnes idées ou de s'approprier exclusivement – et frauduleusement – la paternité d'un succès finissent toujours, d'une façon ou d'une autre, par payer le prix de leur fourberie. J'en connais à qui des confrères excédés, par pur esprit de vengeance, ont crevé les pneus de leur automobile, saboté des présentations, détruit la seule copie d'un document précieux. Ça joue parfois très dur dans la cour des grands. Ne dit-on pas que l'ambition fait périr son maître ?

Boulot révélateur

Tous les postes que j'ai occupés m'ont aussi permis de découvrir en moi des dons et des compétences dont je ne pensais pas être pourvue. Je me savais certes créative, et je me reconnaissais volontiers un talent pour la communication écrite ou verbale. Mais chacun des emplois que j'ai exercés a sollicité chez moi des aspects ignorés de ma personnalité.

Par exemple, moi qui n'avais que faire de l'esprit de compétition ambiant du temps de ma carrière de mannequin, voilà que, à titre de dirigeante de *Clin d'œil*, je me surprenais à tout mettre en œuvre afin d'abattre mes compétiteurs. Une sorte de sentiment d'orgueil et d'honneur me disposait admirablement bien à vouloir dépasser mes propres limites et ainsi hisser *ma* publication au sommet des ventes. Si vous voulez tout savoir, je me fous bien de perdre au Scrabble. Au travail, c'est une autre histoire.

Petit à petit, je me suis aperçue qu'un fort sentiment de loyauté m'habitait. Non pas envers mon employeur qui, comme un patron serait en droit de l'espérer, mais plutôt envers moi-même. En fait, dès que j'accole mon nom personnel à un projet ou à un produit, il est hors de question que je ne donne quoi que ce soit d'autre que le meilleur de moi-même pour en assurer le succès. Les patrons qui m'ont fait valoir l'argument de « l'avancement au sein de l'entreprise » ou ceux qui ont plaidé le sentiment d'appartenance à leur compagnie n'ont rien compris à ma manière de travailler.

Autrement dit, en général, je me balance pas mal des intérêts de la boîte qui verse ma paie dans mon compte en banque à chaque deux semaines. Ce qui compte, à mes yeux, c'est l'atteinte de mes objectifs, que je place très haut, ainsi que le succès couronnant mes efforts. Contrairement à ce que mes *boss* croient souvent, ce n'est pas tant pour leur bénéfice que je déploie autant d'énergie et d'effort, mais pour le mien. Et même si j'ai figuré sur bon nombre de *payrolls* au cours de ma carrière, je me suis toujours considérée comme étant à mon propre emploi, entièrement propriétaire de mon talent et de mon savoir-faire acquis au fil de l'expérience. C'est toujours *donnant-donnant*. L'entreprise exploite mes aptitudes et moi, l'occasion qu'elle me donne de me faire valoir.

Jusqu'à aujourd'hui, tant que le poste que j'occupais, quel qu'il soit, m'offrait des défis à relever et des occasions de prouver mes compétences, tant que me motivait à performer le fait d'apposer mon nom sur le magazine ou la station de télévision qui m'embauchait, ou encore sur l'une des émissions radiophoniques que j'animais, c'était toute la compagnie qui, par ricochet, en tirait forcément profit. La politique de bonis de toutes sortes auxquels ont droit les employés, tant du monde de l'édition que de celui de la radio ou de la télévision, est très motivante, mais elle ne m'a jamais stimulée autant que mon orgueil et la peur de l'échec. Mon arme la plus redoutable c'était, et c'est toujours, ma fierté.

Je suis un esprit libre qui ne craint pas de s'affirmer. Ce qui, à tort, a souvent été perçu par certains comme de la rébellion. Le fait que vous soyez mon patron ne commande pas systématiquement mon allégeance et ma considération. Ne comptez pas sur moi pour vous honorer de salamalecs. Sous des allures conciliantes et polies, je peux facilement m'avérer difficile à gérer. Il ne faut pas se leurrer : j'ai toutes les apparences d'une bourgeoise alors qu'au fond je remets très souvent en question l'ordre établi. Je feins admirablement le respect de l'autorité alors qu'au bout du compte je finis par faire les choses à ma façon. Quelle différence cela peut-il bien faire ? Ne dit-on pas que tous les chemins mènent à Rome ? L'important, c'est de s'y rendre.

Compétences patronales

Bien que j'aie toujours tenu un langage respectueux et une attitude courtoise envers tous les patrons qui ont parsemé ma carrière, je n'ai jamais eu de scrupules à me faire de certains d'entre eux une mauvaise opinion personnelle. Il m'est même arrivé, je le confesse, d'aller jusqu'à leur adresser en cachette, en temps et lieu, un doigt d'honneur bien senti. Il y a de ces petits gestes, comme ça, qui ne coûtent rien du tout et qui font un bien fou.

Un jour, il y a quelques années, un homme vil, retors et malicieux pour qui une grande amie travaillait, et pour qui elle éprouvait un mélange de mépris et de dégoût, exigeait pour la centième fois qu'elle le tutoie. Devant la détermination de son patron à connaître la raison de son refus, qu'il recevait comme un affront, mon amie a bien dû cracher le morceau : « Eh bien ! Le jour où je voudrai vous envoyer paître, expliqua-t-elle, le *vous* fera sans conteste plus poli ! » On ne louera jamais assez les mérites d'une saine distance entre les employés et leurs patrons, surtout, pour reprendre une expression que j'adore, quand ces derniers « ne ferment pas juste ».

Quoi que l'on puisse en penser, vous n'avez pas à aimer vos supérieurs pour trouver plaisir à travailler pour eux. Car, bien que les atomes crochus ne soient pas toujours au rendez-vous, il vous est en tout temps possible de trouver un terrain d'entente sur lequel ériger avec plaisir des plans de réussite, pour peu que vous gardiez les rapports strictement professionnels. Il va de soi que les choses se voient largement facilitées quand on éprouve de l'estime et une certaine admiration pour son patron, quand des affinités naturelles et le partage des mêmes valeurs viennent simplifier les échanges. Mais dans le monde professionnel, il faut s'attendre à tout.

Il y a en effet toutes sortes d'individus à la tête des entreprises. Certains – j'en ai connu – élisent contre toute attente leurs quartiers généraux dans les bars de danseuses nues, tandis que d'autres, pitoyables, abusent impunément de leur pouvoir en entretenant une cour de lèche-culs et d'à-plat-ventristes avides de reconnaissance. Il y en a d'autres encore qui, se moquant de toutes les règles d'éthique, s'envoient en l'air avec la moitié de leurs salariées. C'est la vie. Je vous assure qu'il y en a pour tous les goûts.

Moi qui ai fait, pour ainsi dire, trente-six métiers, je peux vous garantir que la liste est longue des personnes détraquées qui assurent la direction de certaines entreprises. Malheureusement, force est de constater que le pouvoir ne repose pas toujours entre les mains d'esprits salubres. Et je suis persuadée que je ne trouverai personne pour contester cette affirmation. Je n'ai aucun doute qu'en ce moment même vous vient à l'esprit un nom précis figurant à l'organigramme de la compagnie qui vous emploie.

Pour ma part, ma vie professionnelle m'a plutôt gâtée. Hormis un ou deux employeurs complètement tordus que je ne souhaite à personne, j'ai eu la chance de faire équipe avec des patrons formidables. Je garde entre autres de mon expérience de directrice de *Clin d'œil* un souvenir précieux empreint d'une profonde gratitude. Je me rappelle aussi avec plaisir et nostalgie mon passage à *Canal Vie* à titre de directrice des programmes et je me remémore avec émotion mes débuts à la radio.

Je dois beaucoup à certains de mes supérieurs qui ont eu la gentillesse et la patience de m'apprendre tout ce que je sais sur le monde de l'édition ou des communications et pour qui je garde des sentiments d'amitié, de respect et de reconnaissance. Plusieurs d'entre eux ont eu la générosité et le génie de me laisser les coudées franches, ce qui n'a fait qu'ajouter à mon plaisir de travailler et à mon désir de me surpasser. Il ne faut pas perdre de vue, pour citer Theodore Roosevelt, que « le meilleur manager est celui qui sait trouver les personnes de talents pour faire les choses, et qui sait aussi réfréner son envie de s'en mêler pendant qu'elles les font ».

Concessions irrecevables

Si le travail peut vous apporter beaucoup, il peut par ailleurs risquer d'endommager en vous des qualités que je considère comme primordiales. Si nous n'exerçons pas la vigilance la plus stricte, la peur de perdre notre emploi ou même un simple excès d'ambition peuvent parfois nous inciter à faire de sérieux accrocs à notre intégrité. Pourtant, aucune promotion, aucune augmentation de salaire ne compense l'inconfort qu'engendre la conscience d'avoir mal agi.

Bafouer nos valeurs n'est, dans tous les cas, jamais une bonne idée et ne va pas sans conséquences graves. Aucune demande patronale ne devrait justifier que nous fassions des gestes qui vont à l'encontre de notre morale ou de nos valeurs. Par exemple, je connais une adjointe au président d'une grande compagnie qui a refusé de se rendre complice des infidélités répétées de son patron. Elle avait l'habitude de gérer certains des aspects de la vie personnelle de son supérieur, s'occupant avec plaisir de prendre ses rendez-vous chez le dentiste, de faire les réservations d'usage pour les vacances ou même de faire livrer en son nom des fleurs à son épouse, qu'elle connaissait bien pour la côtoyer chaque année dans les *partys* de Noël de l'entreprise.

Mais elle ressentit vite un malaise quand s'est ajoutée à ses tâches celle de faire parvenir des cadeaux de toutes sortes à la maîtresse de son *boss* de même que de mentir pour éviter que sa femme ne découvre le pot aux roses. Dans un entretien privé et respectueux, cette dame avisa son président qu'elle refusait catégoriquement de répondre à de pareilles attentes et qu'elle lui remettait désormais l'entière responsabilité de la coordination de ses affaires personnelles. C'est ce qu'on appelle avoir du cran.

Pour quelqu'un comme moi, que neuf ans de thérapie ont résolument orientée vers la transparence et l'authenticité, « faire semblant » est une douloureuse pratique. Même si mes expériences professionnelles dans les médias m'ont donné de travailler majoritairement aux côtés de personnes formidables pour qui j'ai ressenti une profonde affection, il m'a parfois fallu utiliser toute mon énergie pour simuler l'harmonie avec d'autres collègues, infiniment moins agréables. Dans le but d'exécuter mon métier le mieux possible et, disons-le, de gagner ma vie, il a été nécessaire à certaines occasions que je mette de côté mon antipathie naturelle. De toute façon, qui peut se vanter de n'avoir affaire en tout temps qu'à des collègues gentils ?

La question des invités pose aussi parfois problème pour les animateurs de télé ou de radio. La grande majorité des artistes de la scène, du petit écran ou du cinéma sont merveilleusement généreux et courtois. Mais je dois dire qu'il m'est arrivé de devoir mener une entrevue le plus respectueusement du monde avec un chanteur qui, juste avant de prendre le micro, s'était montré terriblement odieux et méprisant avec l'équipe de recherche. Les auditeurs, qui n'y ont vu que du feu, n'auront jamais su que, pendant toute la durée de l'entretien, j'ai réprimé avec peine l'envie de chasser du studio cet arrogant à grands coups de pied on sait où.

Désolée de peut-être en décevoir plus d'un en affirmant que le star-système ne produit pas que des artistes affables et bien élevés, mais telle est la vérité. Certaines vedettes estiment malheureusement que la gloire dont elles jouissent les dispense d'user de bonnes manières. Pour tout dire, la tentation est grande d'avancer quelques noms pour étayer mes propos, mais je préfère garder le silence et vous laisser tout le plaisir de spéculer. Je sais pertinemment que tenter de démasquer ce que j'appelle les « faux fins » du milieu artistique est un plaisir coupable auquel tout le monde aime s'adonner.

Voilà, à mon avis, des *accommodements raisonnables* auxquels chacun de nous est forcé dans l'exercice de ses fonctions, quel qu'en soit le milieu. Par contre, si, par souci de transparence et dans un accès d'honnêteté, vous entreprenez de dire à votre demeuré de patron ses quatre vérités sans mâcher vos mots, il ne faudra pas vous étonner de vous retrouver illico au pied de l'ascenseur avec votre boîte d'effets personnels sous le bras et votre *quatre pour cent* dans la poche. Il y a, comme on dit, des limites à se tirer dans le pied.

Il arrive cependant que des situations commandent une requête de changement de poste et même, à la limite, une démission. Je n'ai moi-même pas hésité à déposer la mienne quand, il y a quelques années, je me suis retrouvée à la barre d'une émission dont le contenu s'éloignait on ne peut plus de son canevas initial tout en se rapprochant de ce que j'abomine le plus. Incapable de défendre mon travail ainsi que l'émission auprès des journalistes, pas plus que de feindre l'aisance durant les tournages, j'ai choisi de me retirer. Quand votre travail vous fait honte, quand il vous est impossible de faire ce qui est attendu de vous sans vous sentir non seulement dénaturée mais aussi avilie, il est temps de lever le camp. Aucune popularité, aucune cote d'écoute, si impressionnante soit-elle, aucune rémunération ne réussira jamais à faire taire la voix de ma dignité et de mon intégrité. Peu importe le prix à payer.

Jeunesse au travail

Le monde du travail est une école de la vie incomparable. C'est pourquoi il importe, selon moi, de permettre à nos enfants de s'y frotter dès qu'ils en ont l'âge. Rien ne vaut la fierté, pour un jeune, d'empocher des sous qu'il a lui-même gagnés. Pour ma part, je me souviens comme si c'était hier de la première paie que j'ai gagnée, à l'âge de quatorze ans, en assurant le remplacement de la réceptionniste du bureau de mon père durant ses vacances estivales. En deux semaines, j'ai encaissé autour de 90 dollars, somme qui fera sans doute sourire les jeunes d'aujourd'hui. Cet argent m'a permis d'acquérir une jupe paysanne dont je rêvais jour et nuit, de même que de payer les coûts des cadeaux de Noël que j'allais offrir à mes proches quelques mois plus tard.

Félix Leclerc a dit: «Le meilleur moyen de tuer un homme, c'est de le payer à ne rien faire.» S'ils n'ont qu'à tendre la main pour que papa ou maman paie leurs moindres dépenses, les ados et même les jeunes adultes n'associeront pas le labeur à la qualité de leur vie. Mais, plus dangereux et plus grave encore, ils seront ainsi privés d'une occasion de construire leur estime d'eux-mêmes et, du même coup, dépouillés des possibilités extraordinaires qu'offre le travail d'accroître leur fierté personnelle.

Le sentiment d'accomplissement est certainement, à mon sens, l'un des plus grands plaisirs de la vie. Décrocher un emploi par soi-même, obtenir une augmentation de salaire ou boucler son budget sans qu'une intervention parentale y soit pour quelque chose, voilà qui confirme à un jeune son talent et sa valeur. Quand, au contraire, des parents assument les responsabilités de leurs enfants à leur place, ils leur envoient un message pernicieux et destructeur: «Tu en es incapable toi-même.» C'est en tout cas ce que finit par entendre le jeune qui, d'une dispense de responsabilité à l'autre, ne saura jamais ce qu'il vaut ni ce dont il est capable.

Je reconnais que la tentation est grande pour tout parent qui aime ses enfants de leur faciliter la vie plus que nécessaire. Mais en gardant constamment à l'esprit le but que devrait poursuivre l'éducation qu'on leur prodigue – qui n'est rien d'autre que l'autonomie –, nous arrivons à établir un juste équilibre entre l'appui dont ils ont besoin pour grandir et le lâcher-prise qui les force à se prendre en main seuls. La générosité parentale excessive comporte des dangers. Comme l'a écrit le poète français François Coppée dans *Les vrais riches*: «L'argent ne peut donner le talent, et parfois il peut empêcher d'y atteindre.»

Un homme ayant fait fortune dans le textile avait, pour faire un jeu de mots, pris un mauvais pli dans sa relation avec son jeune fils adulte. Issu lui-même d'un milieu pauvre où le luxe était inexistant, il croyait bien faire en payant une partie du loyer de son garçon, quand ce n'était pas ses soldes de carte de crédit ou les dépenses reliées à son automobile. Ses largesses étaient sans fin. Se rendant compte au bout de quelques années qu'il finançait ainsi la paresse plutôt que le sain développement, ce monsieur se décida, après une sérieuse mise en garde, à fermer les robinets de sa générosité dans l'espoir de provoquer l'effort et la vaillance chez son fils.

Frustré et pris au piège, le jeune mit un certain temps à comprendre que, pour assurer son train de vie, il devait se mettre à gagner des sous. Quand, toujours sans emploi alors que tous ses camarades travaillaient déjà, il dut résilier son bail faute de fonds suffisants et compter sur l'hospitalité de ses amis pour se loger, le papa résista héroïquement à la tentation d'y aller d'une nouvelle contribution. Le cœur brisé mais convaincu de servir adéquatement les intérêts de son enfant, il se résolut à le regarder s'enfoncer dans les dettes sans intervenir. N'ayant d'autre choix que celui de se trouver un emploi rémunérateur, le jeune homme se décida enfin à entrer dans la vraie vie. Privé des béquilles paternelles qui, jusque-là, l'avaient soutenu à sa place, il apprit à se tenir debout de lui-même. Tant et si bien qu'il finit par devenir un homme d'affaires prospère et respecté dont la fortune personnelle dépasse aujourd'hui celle que son père accumula sa vie durant.

Aux funérailles du papa, il y a quelques années, ce fils s'adressa aux proches et aux amis venus en grand nombre. «Je n'aurais jamais cru tant aimer mon père et lui être si reconnaissant pour les mêmes raisons qui, précisément, m'ont tant fait le détester il y a longtemps. "*Tough love*", disent les Anglais. Je lui dois le meilleur de ce que je suis devenu. Sans cet amour intolérant à l'oisiveté, sans cette confiance qu'il mettait en moi, je serais aujourd'hui ce qu'on appelle un parasite, un fils à papa.»

Dans une entrevue qu'il accordait à un magazine, Ted Turner, le grand magnat de la presse américaine, avouait sans hésitation n'avoir jamais toléré de voir ses enfants se prélasser autour de la piscine durant les vacances scolaires. Dès qu'ils furent en âge d'effectuer même la plus petite tâche au sein de l'entreprise paternelle, ils furent sommés de le faire. Dès l'adolescence, chacun d'eux fut assigné tour à tour à l'entretien des studios, à la distribution des cafés et à une variété de tâches techniques. L'objectif étant qu'ils prennent conscience de la valeur de l'argent et qu'ils acquièrent le goût de l'effort.

Il n'y a, en effet, rien de mieux que le travail pour enseigner à nos enfants la valeur d'un dollar. Quand l'achat d'une planche à roulettes ou d'un jeu vidéo leur coûte une journée de labeur et parfois plus, vous avez toutes les chances de les voir en prendre grand soin. À cet égard, je vous assure que c'était de toute beauté de voir ma fille, récemment, faire l'apologie de l'achat d'un appareil Blackberry qu'elle jugeait « essentiel, indispensable et capital ». Je peux vous dire qu'elle s'est empressée de revenir sur ses positions comme par magie quand, refusant de payer ladite *bébelle*, je l'invitai à se l'offrir elle-même grâce aux fruits de son emploi estival. Finalement, son vieux cellulaire, estima-t-elle, lui convenait très bien. Tiens donc ! Avez-vous remarqué à quel point il est toujours plus aisé de dépenser l'argent qu'on n'a pas soi-même gagné ?

Le travail a de tout temps été associé à la liberté ainsi qu'à la dignité. Certaines personnes le perçoivent comme une entrave et rêvent du jour où elles n'auront plus à bosser pour assurer leur subsistance. Mais la vérité, c'est que la liberté que le travail garantit est certainement l'une des plus grandes valeurs de nos sociétés occidentales. Le boulot permet de combler non seulement nos besoins primaires, mais aussi tous les autres qui différencient l'existence humaine de la vie animale, et qu'illustre parfaitement la pyramide du célèbre psychologue Abraham Maslow. Le travail est la pierre angulaire de l'équilibre. Je connais peu de choses, dans la vie, qui présentent autant de chances de combler d'un seul souffle une grande part des besoins humains, allant de celui de manger à sa faim jusqu'à celui, tout au sommet de la pyramide, de la réalisation de soi.

Simone de Beauvoir, dans son livre culte *Le deuxième sexe*, statue : « C'est par le travail que la femme a en grande partie franchi la distance qui la séparait du mâle. » Je lui donne raison. Le nerf de la guerre, comme le dit l'expression populaire, autour duquel s'articule le concept de l'égalité des sexes, n'est pas autre chose que l'autonomie financière.

Tradition remise en question

Les gens qui font partie de ma génération sont nombreux à avoir vécu dans une famille constituée d'un papa au bureau ou à l'usine et d'une maman à la maison. Pour ma part, je retrouvais tous les jours, après l'école, une mère qui avait employé ses journées à prendre soin de la maisonnée. D'un petit plat mitonné à l'entretien de notre demeure, ma mère occupait à temps plein le poste de « mère au foyer ». Aussi, c'est avec joie que nous découvrions tous les jours sur la table une soupe aux légumes maison, un délicieux mijoté de veau ou de la tarte aux pommes bien chaude sous sa boule de crème glacée à la vanille.

Après une journée en classe, nous réintégrions notre antre familial pour regarder, chaque jour avec la même délectation, les aventures de Bobino, perpétuelle victime des pétards à la farine de sa sœur, Bobinette. À la suite de quoi nous enchaînions avec *La Boîte à Surprise*, ravis de retrouver tour à tour les personnages de la Ribouldingue, Fanfreluche, le Pirate Maboule ou encore Grujot et Délicat. Ma mère, pour tromper notre faim et nous faire patienter jusqu'à l'arrivée de mon père, nous servait des tronçons de céleri tartinés de fromage en crème et agrémentés de tranches d'olives farcies.

Les mères de cette époque suivaient, pour la plupart, le chemin tout tracé de la parfaite épouse et de la digne mère de famille. Les nouvelles mariées, toutes de zèle imbues, péchaient même parfois par excès. Comme ma mère qui m'a un jour raconté en riant que, par souci de perfection, elle était allée jusqu'à repasser au fer chaud les sous-vêtements de son jeune époux.

Les femmes de ces années-là tiraient une fierté sans nom de leur adresse culinaire ou de la blancheur de leur lessive. Elles trouvaient à s'enorgueillir des chemises immaculées et bien empesées de leur mari de même que de la propreté de leurs enfants. C'était leur façon à elles non seulement de se sentir utiles, mais – aussi étrange que cela puisse paraître aujourd'hui – de s'accomplir. Elles effectuaient en règle chaque année le grand ménage du printemps, le fourbissage de l'argenterie, le cirage des chaussures et du linoléum. Pour ces ménagères, tous les détails revêtaient une égale importance. Car, tout en en disant long sur leur méticulosité, ceux-ci risquaient de trahir leur moindre incompétence aux yeux de *la visite*. Aucune femme de cette époque prenant son job au sérieux ne souhaitait être prise en flagrant délit de mauvais entretien ménager. Et encore moins alimenter les conversations des cancanières du voisinage.

D'ailleurs, il existait entre voisines une sorte de compétition tacite. Je me souviens comme si c'était hier d'avoir entendu la mère d'une petite amie commenter la disposition des vêtements étendus sur la corde à linge de sa voisine. D'un ton laissant sans équivoque transparaître un certain mépris, la dame laissa tomber cette phrase assassine : « Celle-là, on pourra dire qu'elle n'a jamais su étendre ! »

Aspirant à faciliter leur tâche de même qu'à la perfectionner, il n'était pas rare que les *reines du foyer* demandent à trouver, sous l'arbre de Noël, le dernier modèle d'un aspirateur

Hoover ou encore la plus avant-gardiste batterie de cuisine. Comme d'autres qui, de nos jours, dans le même but d'améliorer leur rendement professionnel, s'empressent d'inscrire sur leur liste de cadeaux un Notebook, un iPhone ou un Palm Pre.

Voilà à quoi se destinaient la plupart des jeunes filles en âge de se marier au cours des années 1950. Rien, ni dans l'éducation familiale ni dans la culture ambiante, ne les encourageait à choisir une autre voie. Bien sûr, il y avait de valeureuses dissidentes qui, affrontant le jugement des autres, défiant l'autorité paternelle et ramant à contre-courant, ont infléchi le cours de leur destin. On n'a qu'à penser à Lise Bacon, par exemple, qui a ouvert le chemin aux femmes en politique, ou encore à Lise Payette.

Et comment pourrions-nous passer sous silence le parcours de Janette Bertrand qui, après avoir débouté toutes les oppositions de son père, a finalement accédé au cours universitaire auquel elle aspirait tant avant de mener la carrière qu'on lui connaît. En poursuivant ses propres rêves, la jeune Janette ne se doutait pas qu'elle s'appliquait ainsi à défricher un monde de possibilités pour ses contemporaines et toutes les autres qui suivraient. Pour moi, il est incontestable que les Québécoises, jeunes et moins jeunes, lui sont infiniment redevables pour le courage, la curiosité intellectuelle et la passion d'informer qui l'ont toujours caractérisée, et dont chacune d'entre nous a bénéficié.

Modèles d'époque

En réalité, ce fut une époque où les femmes devenaient épouses et mères de famille animées de la même ferveur que celle avec laquelle on embrasse aujourd'hui une carrière. Fondé sur le discours religieux, qui considérait que la place de la femme n'était pas ailleurs qu'à la maison à servir son mari et à faire des enfants, celui de la société encourageait les filles à suivre les traces de leur mère. En se mariant, les jeunes filles abandonnaient systématiquement le travail qu'elles occupaient, promettaient même obéissance à leur mari et mettaient tout en œuvre, une fois unis officiellement, pour que celui-ci se sente traité comme un roi. Il existerait d'ailleurs encore des exemplaires du *Manuel d'économie domestique destiné aux femmes*, publié en 1960, pour témoigner de la culture ambiante qui sommait les femmes de se soumettre à leur mari et condamnait du coup toute manifestation d'indépendance. Tout compte fait, le statut d'épouse à la maison était considéré comme un métier. Plus encore, une vocation, comme en font foi ces enseignements scolaires :

> *FAITES EN SORTE QUE LE DÎNER SOIT PRÊT – Préparez les choses à l'avance, le soir précédant s'il le faut, afin qu'un délicieux repas l'attende à son retour du travail. C'est une façon de lui faire savoir que vous avez pensé à lui et vous souciez de ses besoins. La plupart des hommes ont faim lorsqu'ils rentrent à la maison et la perspective d'un bon repas fait partie de la nécessaire chaleur d'un accueil.*
>
> *SOYEZ PRÊTE – Prenez quinze minutes pour vous reposer afin d'être détendue lorsqu'il rentre. Retouchez votre maquillage, mettez un ruban dans vos cheveux et soyez fraîche et avenante. Il a passé la journée en compagnie de gens surchargés de soucis et de travail. Soyez enjouée et un peu plus intéressante que ces derniers. Sa dure journée a besoin d'être égayée et c'est un de vos devoirs de faire en sorte qu'elle le soit.*

Les jeunes filles d'aujourd'hui qui, comme ma propre fille, sont nées de mères ayant bénéficié des grands changements sociaux en faveur de l'émancipation de la femme ont peine à imaginer à quoi ressemblait la condition féminine à l'époque. Je crois qu'il est important de leur rappeler que, aussi incroyable que cela puisse paraître, il était impossible à une femme, avant l'aube des années 1970, d'ouvrir un compte bancaire à son nom sans l'autorisation de son mari. Nous étions à cette époque où les femmes renonçaient automatiquement à leur nom pour adopter celui de leur époux. Huguette Riendeau, par exemple, en se mariant avec Jean Bédard, devenait Mme Jean Bédard. D'ailleurs ma mère, pour ne nommer qu'elle, ne faisait pas exception à la règle. En épousant mon père, nouvellement membre du Barreau du Québec, elle devenait Mme Maître Jacques Bertrand, tout comme ses amies, épouses de médecins, prenaient le nom de Mme Docteur Roger Untel.

Quant à moi, lorsque je me suis mariée pour la première fois, au début des années 1980, et que j'ai tenté d'ajouter, pour lui faire plaisir, le nom de mon mari au mien, je me suis mise à pleurer comme une enfant, envahie par un sentiment de perte d'identité indescriptible. Moi qui à la naissance ne possédais pas de nom, je n'accepterai jamais, et ce, sous aucun prétexte, de changer celui que je dois à mon père et que je porte avec fierté. Sauvée par l'adoption du sinistre statut des *sans-famille*, je suis devenue une Bertrand en franchissant le pas de la porte de la maison de mes parents, rue des Érables. Habitée par une profonde reconnaissance, je resterai une Bertrand jusqu'à ma mort.

Il ne faut surtout pas oublier que, en ce qui concerne l'égalité des sexes, les droits importants et indiscutables dont se prévalent aujourd'hui les femmes sont le résultat du travail acharné de celles qui, appelées féministes, ont entrepris avec courage et détermination de faire changer les choses. Et bien que je reconnaisse volontiers que beaucoup de maladresses et d'excès ont été commis dans la croisade que ces femmes ont menée, je trouve infiniment regrettable que le terme « féministe » soit aujourd'hui employé avec un brin de mépris par certaines jeunes femmes.

Machisme menacé

La liberté de poursuivre une carrière de son choix ainsi que la possibilité d'être autonome sur le plan financier sont au nombre des acquis dont profitent aujourd'hui toutes les femmes. Il s'agit de libertés obtenues bien souvent au prix de remontrances masculines. En fait, il n'était pas rare, en ces années, que les désirs d'émancipation d'une femme provoquent non seulement un profond mécontentement chez son mari, mais aussi quantité de représailles. Les hommes, jouissant jusque-là d'un contrôle absolu sur leur épouse ainsi que sur l'ensemble de leur famille, n'ont pas tous consenti avec grâce au vent de changement qui allait modifier pour toujours les rapports de force entre les hommes et les femmes. Qui peut les blâmer ? Personne n'accepte facilement de relâcher l'étreinte de son pouvoir, à moins d'y trouver des avantages évidents.

Or, il faut bien l'avouer, en acceptant que leur femme acquière de l'autonomie et désertent le domicile familial pour se rendre au travail le jour, les hommes perdaient au change. Car, de soumises et dépendantes, voilà qu'elles devenaient libres et affranchies, divisant leur attention et leur temps entre vie conjugale, famille et carrière. Ce qui leur faisait parfois emprunter quelques raccourcis. Une amie de ma mère, ayant déniché au grand dam de son mari un emploi à temps partiel, avait soulevé tout un tollé en cherchant à épargner du temps dans la préparation d'un repas. Croyant que personne n'y verrait la différence, elle avait utilisé des pommes de terre en flocons pour faire sa purée. « Voilà à quoi tu nous réduis avec ton travail et tes folies ! avait déclaré le mari blessé. Pfft... ! Des patates en poudre. »

Car il ne faut pas se leurrer. Si les hommes ont bien dû s'incliner devant le déferlement de changements sociaux, ils ont été nombreux à refuser que ceux-ci affectent leur vie quotidienne. Nous devons reconnaître qu'après de nombreux grincements de dents, beaucoup d'hommes ont finalement accepté que leur femme emboîte le pas. Mais ils n'ont pas tous consenti à collaborer à l'inévitable remaniement de l'organisation de la maisonnée, faisant dire à la journaliste Michèle Fitoussi, avec humour : « Le nouvel homme a résolu à sa façon le nouveau partage des tâches : occupe-toi de tout et je ferai le reste. »

En fait, il a fallu des décennies avant que les hommes acceptent de mettre littéralement la main à la pâte. Au cours d'une discussion animée lors d'une réunion de famille, une de mes tantes demanda un jour à son mari s'il entretenait un quelconque rêve secret. « J'aimerais bien partir pour une destination où je n'ai jamais mis les pieds », répondit mon oncle après mûre réflexion. « Eh bien, répliqua ma tante, que penserais-tu de la cuisine ? »

Aujourd'hui encore, les sondages prouvent que les femmes consacrent plus d'heures que les hommes aux tâches ménagères. Selon un sondage Léger Marketing – *Journal de Montréal* publié en 2006, une majorité de femmes s'occupe toujours ou souvent de l'épicerie et des repas de même que de l'entretien ménager. Ce sont elles aussi qui, la majorité du temps, quand un enfant est malade, prennent congé et gèrent les rendez-vous chez le médecin. Toujours selon le même sondage, les femmes sont aussi plus nombreuses à superviser le temps consacré aux devoirs alors que 15 % des hommes reconnaissent ne jamais le faire. Le chanteur alsacien Cookie Dingler avait raison de chanter : « Être une femme libérée, tu sais, c'est pas si facile. »

Quoi qu'il en soit, les premières qui ont osé franchir ce pas se sont exposées au jugement de plusieurs membres de leur communauté. Elles ont été pointées du doigt, décrétées mères négligentes, épouses indignes. D'ailleurs, de nombreux hommes voyaient d'un très mauvais œil la camaraderie qui pouvait unir leur épouse avec l'une de ces femmes émancipées. Ils craignaient en effet que ces « femmes libérées », comme on les appelait, exercent une influence sur leur conjointe et déclenchent ainsi le début de la fin de leur belle vie de pacha.

Assujettissement achevé

Le faible taux de divorce à cette époque est souvent évoqué avec nostalgie. Mais je suis persuadée que cela ne s'explique surtout pas par une harmonie conjugale plus répandue, mais plutôt, en grande partie, par la dépendance financière des femmes. Partir, oui, mais pour aller où et surtout avec quel argent afin de pourvoir à ses propres besoins ? Car, même si le discours de certaines personnes affirme que les Québécoises de l'époque jouissaient d'un important pouvoir financier au cœur de la famille, il faut bien reconnaître qu'elles ne voyaient jamais la couleur de cet argent sauf pour faire les achats au supermarché.

De nombreuses femmes savaient peut-être se montrer bonnes gestionnaires. Mais il ne faudrait pas perdre de vue qu'elles administraient des sommes auxquelles elles n'avaient pas accès personnellement, parce que celles-ci appartenaient à leur mari. Dit-on de la secrétaire-comptable d'une compagnie qu'elle dispose pour sa part de l'argent qu'elle administre ? C'est pareil. Alors, pour ce qui est de la prétendue société matriarcale dont parlent certains experts pour désigner celle des années 1940, 1950 et 1960 au Québec, on pourra repasser. Est-il nécessaire de préciser qu'une vraie société matriarcale, comme c'est le cas des Mosuo vivant aux limites de la Chine, s'érige sur beaucoup plus que le pouvoir décisionnel de faire du pâté chinois le mardi et du rôti de porc le jeudi.

Certes, il serait présomptueux et erroné d'affirmer que toutes les femmes étaient malheureuses en ménage. Mais la vérité, c'est qu'une femme qui l'était n'avait pas vraiment d'autre option que celle d'assumer éternellement les conséquences de son choix et de rester mariée à son homme « jusqu'à ce que la mort les sépare ». D'autant plus que le jugement social, fortement empreint des principes religieux, jetait instantanément l'opprobre sur les divorcés, marquant ceux-ci au fer rouge pour le reste de leurs jours. Au sujet de la façon de gérer les incompatibilités intimes ainsi que de l'infidélité masculine, voici ce qu'en disait le *Manuel d'économie domestique destiné aux femmes* :

> *SI VOTRE MARI SUGGÈRE UNE QUELCONQUE DES PRATIQUES MOINS COURANTES – Montrez-vous obéissante et résignée, mais indiquez votre manque d'enthousiasme en gardant le silence. Il est probable que votre mari s'endormira alors rapidement ; ajustez vos vêtements, rafraîchissez-vous et appliquez votre crème de nuit et vos produits de soin pour les cheveux.*

> *[...] Ne vous plaignez pas s'il est en retard à la maison pour le dîner ou même s'il reste dehors toute la nuit. [...] Installez-le confortablement. Proposez-lui de se détendre dans une chaise confortable ou d'aller s'étendre dans la chambre à coucher. Préparez-lui une boisson chaude ou fraîche. Arrangez l'oreiller et proposez-lui d'enlever ses chaussures. Parlez d'une voix douce, apaisante et plaisante. Souvenez-vous qu'il est le maître du foyer et que, en tant que tel, il exercera toujours sa volonté avec justice et honnêteté.*

Non, vous n'avez pas rêvé !

Graduellement, les choses ont changé. Il faut bien dire que les résistances masculines ne pouvaient plus rien pour empêcher la débâcle. Rien, ni curé, ni mari, ni menaces, ni même le pape, n'aurait pu entraver la course du mouvement de société qui s'opérait. Dieu merci !

Peu à peu, les femmes ont laissé tomber les ornières qui les empêchaient de voir les autres possibilités au chemin tout tracé d'avance qu'elles suivaient depuis toujours. Elles se sont découvert des ambitions personnelles en marge de leurs responsabilités familiales et conjugales, des désirs d'accomplissement indépendants de leur tâche de mère. En lisant et en s'empruntant entre elles – en cachette comme on se refilerait aujourd'hui en catimini des cigarettes de contrebande – des ouvrages féministes tels que *Toilettes pour femmes* de Marilyn French, les femmes ont ouvert leurs horizons. « Dis-le donc qu'on ne suffit pas à ton bonheur, les enfants et moi ! » a un jour hurlé notre voisin à son épouse, excédé et frustré par la ferme intention de celle-ci de retourner aux études pour devenir enseignante. « Eh bien, je le dis ! » répliqua la femme à son mari éberlué de cette soudaine insubordination.

« Que tu le veuilles ou non, j'ai besoin de quelque chose de plus ! »

Janette Bertrand, qui un jour éprouvait de la culpabilité envers ses enfants encore jeunes du fait de travailler comme auteur, confia ses réflexions à son médecin qui s'empressa de chasser tout remords : « Le meilleur moyen de rendre vos enfants heureux, a-t-il dit avec grande sagesse, c'est d'être une femme heureuse. » Fin de la discussion.

Les femmes ont donc intégré le marché du travail ainsi que les cours collégiaux et universitaires. Tant et si bien que nombreuses sont aujourd'hui les universités et les écoles accueillant une majorité de femmes dans des programmes autrefois considérés comme chasses gardées des hommes. Il y a plus de femmes inscrites en sciences, en théologie, en techniques policières, en génie ; plus de jeunes filles étudiant la mécanique automobile ou la médecine qu'il n'y en a jamais eu. Plus rien ne les empêche de convoiter les occupations qui ont de tout temps été associées aux hommes. Tant mieux.

Ce qui est extraordinaire, ce n'est pas tant le fait que de plus en plus de femmes mènent des carrières en tout genre et atteignent une autonomie financière, mais plutôt le fait qu'elles en ont le choix. Voilà toute la différence.

Mères à temps plein

Beaucoup de jeunes mères de famille choisissent actuellement de rester à la maison pour prendre soin de leurs enfants pendant qu'ils sont tout petits. Or, un certain discours féministe radical leur reproche cette décision, arguant qu'il s'agit là d'un mode de vie rétrograde et dévalorisant calqué sur celui de nos mères et de nos grands-mères. Je ne suis pas d'accord. D'abord, nos mères et leurs mères avant elles ne jouissaient pas du libre choix qui s'offre aux jeunes mamans d'aujourd'hui. Ensuite, je crois fermement que le soin aux enfants ainsi que leur éducation présentent des défis immensément gratifiants et permettent des accomplissements qui méritent d'être soulignés au même titre que n'importe quelle autre contribution à la société. Par ailleurs, nous ne saurions comparer la condition des mères à la maison des années 1950 et 1960 à celle des mamans d'aujourd'hui. L'isolement, qui a caractérisé pour une large part le statut des ménagères d'autrefois, a été remplacé par une ouverture sur le monde quasi inévitable en raison du multimédia qui vous permet de prendre des nouvelles de la planète tout comme d'en donner à qui vous voulez.

La question n'est pas de savoir qui, des femmes qui restent à la maison ou de celles qui poursuivent leur carrière, fait le meilleur choix. Le meilleur choix, à mon avis, est toujours celui qui vous arrange le mieux. Mais je me permets tout de même d'exprimer quelques réserves quant à la condition des mamans qui, pendant quelques années, décident de mettre leur carrière en veilleuse afin de se consacrer à leur famille.

Le retrait de la vie professionnelle, quelle qu'elle soit, comporte en effet certains risques qui méritent d'être pris en compte. Si l'on décide de faire le choix de se retirer provisoirement du marché du travail, l'évolution extrêmement rapide de la technologie, pour ne citer que cet exemple, risque de nous faire accuser un retard certain au moment de reprendre notre carrière. À moins que nous ne consentions à mettre continuellement nos connaissances à jour pendant notre sabbatique. En quelques années, ne serait-ce que cinq ans, la manière d'effectuer des tâches ainsi que les outils de travail peuvent considérablement se perfectionner tout en se compliquant.

Par ailleurs, il est important de mentionner que notre manque à gagner personnel, s'il n'est pas compensé par une contribution de notre conjoint à notre REER ou à notre compte en banque personnel, nous placera tôt ou tard dans une position de dépendance financière. La décision, pour une femme ou pour un homme, de renoncer à gagner un salaire afin de se consacrer aux soins de ses enfants devrait, à mon humble avis, être prise en considérant que sa participation aux acquis du couple, à titre de maman ou de papa à temps plein, mérite une rémunération qui lui revient en propre. Ce sont des aspects de la question qui doivent être convenus avant que toute décision ne soit prise.

Je conçois aisément que de jeunes mères souhaitent consacrer du temps à l'éducation et aux soins de leurs petits d'âge préscolaire. Mais j'avoue que je m'interroge beaucoup sur le choix de celles qui, une fois toute la marmaille inscrite à l'école, continuent de rester à la maison. Une femme de mon entourage, après dix ans passés chez elle à s'occuper des enfants, décida de retourner sur le marché du travail à titre d'agent immobilier. « De toute manière, avouait-elle, qu'est-ce que je ferais à la maison, toute la journée ? Tenir les murs ? »

Je ne contesterai jamais que la valeur du don de soi soit certainement capitale pour le bon fonctionnement des familles. Toute mère impliquée un tant soit peu dans l'éducation de ses enfants reconnaîtra que l'abnégation et le don de soi prédominent dans ce qui caractérise ses fonctions. Mais je crois aussi que le fait de faire don de nos talents à la société, en dehors du cadre familial, constitue plus qu'une option. Il s'agit d'un devoir.

Aisance responsable

Les femmes qui ont la chance inouïe de ne pas avoir à travailler pour apporter le pain et le beurre sur la table n'échappent pas à cette règle. Le but du travail n'étant pas uniquement d'en retirer un salaire, mais aussi de donner un sens à sa propre vie, je reste perplexe devant celles qui, une fois leurs enfants élevés, occupent l'essentiel de leurs journées à luncher avec leurs copines, à faire du shopping ou à suivre l'intrigue des *soaps* d'après-midi. Il me semble que la société ne peut se permettre de se passer des talents de tout un chacun pour son bon fonctionnement. Quand la vie vous dispense de l'obligation de travailler pour assurer votre subsistance, le moins que vous puissiez faire pour l'en remercier est de redonner aux autres une partie des grâces qu'elle vous a accordées.

À mon grand étonnement, il existe encore aujourd'hui, parmi des femmes de ma génération, des conjointes qui acceptent sans gêne d'être complètement prises en charge par leur mari et qui laissent ce statut les définir en grande partie. « Quelle est votre occupation ? » demandait un homme à l'épouse, sans emploi, d'un riche entrepreneur. « Pigiste », répondit le mari à la place de sa femme. « Et dans quel domaine ? » continua l'autre. « Le domaine bancaire », poursuivit le mari devant sa femme, qui ne semblait pas embarrassée le moins du monde. « Elle pige dans mon compte ! »

Seigneur ! Quelle humiliation ! Pourtant, le Québec compte de nombreux organismes caritatifs fondés ou soutenus par des épouses de riches hommes d'affaires. Délestées de la nécessité de gagner un salaire, ces femmes ont décidé d'investir leur temps, leur énergie et leurs talents dans des causes qui leur tiennent à cœur, se dotant ainsi non seulement d'un but à poursuivre chaque jour, mais aussi d'un profond sens d'accomplissement. Nous leur devons de nombreux avancements sociaux, tels que la régression d'une foule de tabous, l'amélioration de certains soins, le soutien communautaire, l'aide aux femmes et aux familles. Ce n'est pas le salaire qui justifie toujours l'utilisation du terme *travail*, mais l'ardeur, le labeur, la constance et l'effort qui caractérisent tout investissement de soi dans le but de servir les intérêts d'un projet, quel qu'il soit.

Celles qui bénéficient des largesses qu'un homme fortuné peut prodiguer à sa compagne font l'envie de plusieurs. On peut aisément le comprendre. Mais la grande satisfaction que procure l'autonomie financière est à mon sens encore plus enviable. Quand vous devez tout ce que vous possédez au fruit du travail de quelqu'un d'autre, retirer de la fierté de votre mode de vie est quasiment impossible. Rien ne vaut le sentiment de devoir à soi-même au moins une partie de ce qui contribue à sa qualité de vie.

Il y a quelque temps, ayant économisé durant quelques années en vue de m'offrir un accessoire de luxe dont je rêvais depuis longtemps, je me suis enfin décidée à passer à l'action. Mon mari, dans sa grande générosité et son désir de me faire plaisir, me proposa de m'en faire cadeau. Cette proposition était fort louable et émanait de toute évidence de la meilleure intention, mais y acquiescer m'aurait privée d'un plaisir à nul autre pareil : celui de ne devoir qu'à moi-même la possession de cet accessoire tant convoité, ce qui ajoute encore aujourd'hui à mon plaisir à le porter.

Surtout, n'allez pas tout confondre. J'apprécie immensément les cadeaux et je dois dire que je suis folle de joie quand j'en reçois, particulièrement de la part de mon époux. Mais les cadeaux que je m'offre de temps à autre me procurent un bonheur essentiel qui est d'un tout autre ordre : celui de la certitude d'être compétente à prendre soin de moi. Ils sont les symboles de mon indépendance et me rappellent, chaque fois que je les utilise, la valeur précieuse et inestimable de mon autonomie.

Autant tout dire, je suis une orgueilleuse. Et mon sens de l'honneur, placé très haut dans l'échelle de mes valeurs personnelles, ne me dispose pas à dépendre entièrement d'un homme sans en faire un cas de conscience. J'ai beaucoup de mal à m'imaginer en train de payer un cadeau d'anniversaire pour mon mari avec son propre argent. D'ailleurs, plutôt mourir que de devoir lui demander la permission avant d'acheter des bottes, un tailleur ou ne serait-ce qu'un simple rouge à lèvres. Rien ne me fait horreur autant que la perspective d'un mari qui hausse les sourcils de mécontentement en apercevant, sur le relevé de sa carte de crédit, le prix de mon dernier achat. Bon sang ! Je ne suis pas une enfant !

Évidemment, je juge nécessaire la mise en commun de certains avoirs au sein d'un couple et d'une famille, pour lesquels je rends des comptes volontiers. Mais je tiens mordicus à mon compte d'épargne personnel que j'administre à ma convenance sans devoir de justifications à quiconque. Pas même à mon mari. Et je devrais même dire : surtout pas à mon mari. Je ne vois pas en quoi il serait utile qu'il soit tenu au courant des montants que j'alloue à l'achat de chaussures, de jupes ou de fards à paupières. Une femme a quand même droit à son petit jardin privé des dépenses, surtout lorsqu'elle s'en occupe elle-même !

Donner du sens à sa vie par le travail ne consiste pas toujours à occuper un poste ou un autre au sein d'une entreprise. Le bénévolat, par exemple, offre des occasions en or de contribuer à l'amélioration de la société tout en exerçant ses talents et ses aptitudes. Le véritable bénévolat, bien plus qu'un simple passe-temps occasionnel pour *madames* riches en quête de bonne conscience, exige autant qu'un métier ou une profession. Il commande la même assiduité, la même persévérance et le même engagement que le ferait n'importe quelle profession. Le Centre d'action bénévole de Montréal ou de votre région est toujours heureux d'accueillir des gens qui, désireux de faire une différence au sein de la société, ont du temps et des aptitudes à offrir dans une foule de domaines. À mon sens, il est impensable qu'une personne en santé et normalement constituée, assez privilégiée pour être dispensée de l'obligation de gagner sa vie, ne se questionne pas sur la nécessité de contribuer d'une façon ou d'une autre à la communauté.

Titanesque défi

Je ne vous dirai pas que mes trente ans sur le marché du travail ne m'ont apporté que des joies. Ce serait mentir. À plus de cinquante ans, il m'arrive de ressentir la fatigue et la lassitude que tant d'efforts ont engendrées. Toutes ces années de monoparentalité et de travail acharné ne m'ont pas laissé beaucoup de répit. Car, si les mères d'une autre époque n'avaient pas d'autre choix que celui de rester à la maison pour élever leurs enfants, ce fut pour moi tout le contraire. Bon an, mal an, malade ou pas, fatiguée ou énergique, je n'ai jamais eu d'autre option que celle de travailler.

Mener d'un train d'enfer une carrière de même que des responsabilités maternelles n'est certainement pas de tout repos. Mais je l'ai fait. Comme des millions d'autres femmes qui, chaque matin, conduisent leur enfant en autobus jusqu'à la garderie pour filer ensuite au travail. Comme toutes celles qui, à dix-sept heures sonnées, passent en courant à l'épicerie avant de préparer le souper, surveiller les devoirs, faire la lessive, donner les bains et s'occuper des lunchs pour le lendemain. Il est vrai que, retenue par des tournages qui n'en finissaient pas ou des réunions qui s'éternisaient, je suis arrivée en retard plus d'une fois à des rencontres de parents avec les enseignants. Trop épuisée, je n'ai pas non plus participé activement aux ventes de pamplemousses ou de calendriers au profit de l'école de ma fille. Comme disent les Anglais: «*First things first*». Il m'a fallu faire des choix.

Mon travail, tout aussi diversifié qu'il a été et continue d'être, m'a permis, je pense, de maximiser non seulement mon potentiel personnel, mais aussi ma compétence de mère. En prenant part activement à la société, j'ai été à même de mieux connaître et comprendre le monde actuel auquel ma fille devra bientôt faire face et, par voie de conséquence, de mieux l'y préparer.

Certains défis ont été difficiles à surmonter, je le reconnais. Mais les nombreuses satisfactions, par leur formidable éclat, ont toujours fait pâlir le souvenir des déboires et des déceptions. Je compte parmi mes plus beaux souvenirs ceux qui sont rattachés à ma vie professionnelle. Signer des contrats importants, obtenir une promotion ou remporter des succès par la seule force de mon talent m'ont apporté des satisfactions qui ont largement contribué à la solidification de ma confiance en moi. Comme si chacun des métiers que j'ai exercés jusqu'à ce jour avait placé son morceau dans le puzzle de ma personnalité.

D'autre part, j'ai toujours eu pleinement conscience que l'immense privilège qui m'a été accordé, au cours de ma carrière, de m'adresser directement aux lecteurs, aux auditeurs de même qu'aux téléspectateurs comportait aussi une responsabilité énorme dont j'ai sans cesse cherché à être digne. L'authenticité des liens qui m'ont toujours unie à mes interlocuteurs, jusqu'à ce jour, ont ajouté l'élément humain nécessaire pour que je me sente utile dans l'exercice de mon travail, bien au-delà de mes fonctions. Mon boulot m'a souvent permis d'établir des contacts francs et sans masque avec une multitude de personnes. Ces échanges constants m'ont permis de rester branchée aux réalités de la vie et surtout de ne pas m'enliser dans des idées reçues qui auraient risqué de limiter mes horizons. Il est primordial de ne jamais oublier que, dans ces métiers, si c'est vous qui êtes au micro, c'est tout de même la voix du public qui résonne toujours le plus fort.

J'adore travailler. Mais quand, pendant des heures, je me laisse bercer par le vent au creux d'un hamac de toile, le samedi après-midi ; que je me permets de m'abandonner à l'oisiveté en mangeant nonchalamment des ficelles de réglisse au raisin ; ou encore que je pique un petit roupillon pendant que mon mari regarde un match de football à la télé, je n'éprouve pas le moindre remords. C'est le sentiment d'accomplissement, justement, ainsi que celui du devoir bien fait qui me permettent de m'abandonner de temps à autre à ce farniente éhonté. L'impression de mériter cette volupté me permet d'en goûter toutes les subtilités. Et si, par inadvertance, une petite pointe de culpabilité tend à faire surface, la voix de ma conscience, d'ordinaire très juste, se fait entendre et me rassure : « Eh ! Ma cocotte, murmure-t-elle à mon oreille, *relaxe*... Dis-toi qu'il y a un temps pour chaque chose. Et qu'en ce moment même, c'est le temps de prendre un *break* ! »

Réconfortée, je couvre alors mes yeux de mon chapeau et je me laisse glisser de nouveau dans le sommeil sans regret.

Apparence exacerbée

Souvent femme varie et c'est là une de ses grandes qualités. Cela évite à l'homme d'avoir recours à la polygamie. Tant que vous aurez une femme, vous serez sûr d'avoir tout un harem.

GILBERT KEITH CHESTERTON

Autant le dire tout de suite, j'adore être une femme. Bien sûr, il reste malheureusement encore beaucoup de travail à faire, ici comme ailleurs dans le monde, pour aplanir les iniquités qui pourraient porter ombrage au plaisir d'être une fille d'Ève. Mais j'apprécie ma chance de vivre sur une partie de la planète où la féminité, dans toutes ses tessitures, jouit d'un droit de cité non seulement libre, mais célébré. Je reconnais que nos sociétés occidentales commettent à ce sujet ce que j'estime être des excès. Mais je préfère sans contredit la surexposition du corps féminin à toute forme de dissimulation qu'on pourrait lui imposer ou auxquelles les femmes sont condamnées dans certaines cultures. Entre deux maux, je choisis le moindre. Autrement dit, aussi surprenant que cela puisse paraître, les bars de danseuses nues, bien qu'ils soient immensément glauques et dégradants à mes yeux, me semblent beaucoup moins dommageables pour l'intégrité des femmes que ne l'est le port du niqab ou de la burqa. Parce que ce n'est plus de lubricité qu'il s'agit, pas plus que de nudité. Mais de liberté et d'oppression. Tous les isoloirs du monde, aussi déshonorants et sinistres soient-ils, ne réussiront jamais à altérer la dignité des femmes autant que ne le font toutes les prisons vestimentaires dont on les force parfois à se couvrir.

Il me suffit en effet de prendre le pouls de la condition féminine dans certaines populations du globe, ou de regarder les informations internationales télévisées, pour constater les conséquences effroyables de l'asservissement auquel certaines femmes sont encore contraintes. Cela me permet, en résultat, de mesurer chaque jour la valeur de mon incroyable liberté de parole, de paraître et d'être.

Je ne pousserai pas mon affirmation jusqu'à dire que j'aime être une femme *à chaque minute* de ma vie. Je ne suis quand même pas maso. Pour tout dire, il y a des jours où je dirais « oui » sans trembler au génie qui, tout droit sorti de sa lampe, me proposerait de me métamorphoser en homme. Quand mes fluctuations hormonales me font tour à tour pleurer et rager, angoisser et douter, ainsi que souffrir de mille petits maux énervants, je troquerais sur-le-champ toute la diversité de mes robes pour un costume-cravate pareil à tous les autres, de même que tous mes dessous de guipure pour une paire de boxers de coton. Quand les affres de la préménopause me tiennent réveillée pendant des heures, la nuit, alors que mon mari dort comme un loir à mes côtés, quand les bouffées de chaleur m'empourprent sous ma poudre translucide et collent à ma peau mon chemisier de soie, j'envie la simplicité déconcertante de la biologie masculine. D'ailleurs, tout ça n'est pas d'hier. Adolescente, alors que des cachets de Midol et la bouillotte ne venaient pas à bout des crampes menstruelles qui me pliaient en deux, j'avoue que j'aurais sans délai, au moins pour quelques jours, échangé mon appareil reproducteur sophistiqué contre un *set* de couilles faciles d'entretien et sans chichis.

Car il faut reconnaître que, bien davantage que celui des hommes, le parcours des femmes est jalonné de souffrances inhérentes à leur condition. Le jour où j'ai pris conscience que toutes les étapes importantes de leur vie étaient marquées du sceau de la douleur et de l'inconfort, ça m'a donné un sacré coup. Qu'il s'agisse des règles ou de l'apparition des seins, de la défloraison, de la grossesse, de l'accouchement et même de la ménopause, chacun de ces passages de la vie entraîne une souffrance à laquelle très peu de femmes peuvent se targuer de pouvoir échapper. Avouez, les gars, qu'il y a de quoi éprouver par moments une certaine frustration. D'aucuns prétendent, très naïvement, que nous devons cette malédiction à la désobéissance d'Ève dans le jardin d'Éden. Mais si vous voulez mon avis, je trouve que c'est plutôt cher payé pour une petite pomme !

Même en plein cœur des mauvais jours, même quand mon SPM me transforme en mégère impénitente, il ne me faut pas longtemps pour revenir à de meilleurs sentiments. Pour tout dire, mes fantasmes *transgenres*, si je peux m'exprimer ainsi, provoqués par mon exaspération momentanée, ne survivent pas à la vue de ma fille qui, à elle seule, m'insuffle instantanément une infinie reconnaissance envers ce corps qui, bien qu'il soit parfois difficile à gérer, m'a permis de mettre au monde une telle merveille. Et comme le dit si bien Sylvie Demers, médecin spécialiste des hormones, dans son livre *Les hormones au féminin* – ouvrage que je ne saurais trop recommander à toutes les femmes désireuses de trouver des solutions à leurs désagréments hormonaux –, nous devons apprendre à aimer nos hormones. Après tout, c'est grâce à elles que nous pouvons enfanter.

Privilèges féminins

De fait, les hommes ne connaîtront jamais ce sentiment si singulier d'être littéralement habité par un autre être humain. Ils ne goûteront jamais à la mystérieuse symbiose qui unit une mère et l'enfant qui grandit en elle. Presque toutes les mères vous le diront : créer un être humain vous donne une impression de force et d'invincibilité que rien ne peut surpasser. Un homme, tout père attentif, aimant et impliqué puisse-t-il être, ne connaîtra jamais la sensation que provoquent les mouvements d'un bébé dans son ventre et ne nourrira jamais son enfant de son lait maternel. En raison de la biologie qui leur est propre, les hommes sont privés de toute la partie animale, organique et instinctive de la parentalité. Bien que je sois pertinemment consciente que le lien maternel ne repose qu'en partie seulement sur ce lien charnel, il m'arrive tout de même de me désoler pour ces pères qui doivent parfois nous envier cette fusion et cette osmose.

Mettre un enfant au monde est une grande chose, j'en conviens. Mais à ce chapitre, je ne sombrerai pas dans le discours des mamans à tous crins qui, lorsque vous êtes vous-même enceinte et que vous vous inquiétez des douleurs de l'accouchement, vous répondent, d'un air faussement rassurant, que les souvenirs de vos souffrances s'évanouiront – *anyway!* – dès que vous verrez le minois de votre bébé. Mon œil! Mettre un enfant au monde n'est pas une partie de plaisir même si, depuis plusieurs années déjà, des moyens efficaces permettent aux femmes d'échapper au martyre de l'accouchement que l'on dit «naturel». Pour ma part, n'ayant pas eu droit à la magie de l'épidurale lors de la naissance de ma fille, je peux en toute humilité avouer que les douleurs, dans la salle de travail, m'ont littéralement convertie en une sorte d'Incroyable Hulk. Transfigurée par la souffrance, j'étais aussi en même temps animée d'un profond ressentiment envers ces mères d'expérience qui, remplies de bonnes intentions, avaient réussi à minimiser tout au long de ma grossesse les perspectives de cette inhumaine douleur. «CE N'EST PAS CE QU'ON M'AVAIT DIT!» ai-je à un certain moment hurlé à l'infirmière en chef, littéralement hébétée devant ma fureur, elle qui en avait pourtant vu d'autres.

Par ailleurs, en dépit du fait que j'apprécie avoir pu connaître moi-même les plaisirs d'allaiter ma fille sur une courte période, et bien que je reconnaisse indiscutablement tous les divers bienfaits de l'allaitement – tant pour la mère que pour l'enfant –, je me permets d'apporter des nuances aux propos pour le moins péremptoires de certaines de ses défenderesses. En imposant leurs vues comme seules possibles, ces terroristes de la maternité, comme je les appelle, infligent aux nouvelles mères un stress démesuré qui s'ajoute à tous les autres que suppose inévitablement l'arrivée d'un nouveau-né. En plus de se trouver moches, d'être débordées, épuisées et victimes de ce qu'il est convenu de nommer le *baby blues*, les femmes qui viennent de mettre un enfant au monde et qui optent pour le lait maternisé, quelle qu'en soit la raison, n'ont assurément pas besoin de se sentir incompétentes, inadéquates et jugées par la police de la tétée.

Tout bien considéré, je suis persuadée que, si le choix était donné aux hommes de se transmuer en femmes, il ne s'en trouverait pas beaucoup pour se porter volontaire. Tant pis pour eux, ils ne savent pas ce qu'ils manquent. Car ceux qui croient que les hommes ont la vie plus facile ou plus agréable n'ont sans doute pas mesuré tous les aspects de la question. Il n'y a pas que le point de vue biologique à prendre en compte quand vient le temps de comparer la qualité de vie des deux sexes qui composent notre monde. La culture ambiante, l'héritage familial, les aptitudes et les talents respectifs, voilà qui pèse aussi très lourd dans la balance. Sincèrement, je crois que les inconvénients féminins sont bien peu de choses en regard de tous les plaisirs que nous accorde le fait d'être une femme.

Évidemment, il est difficile pour moi de faire l'apologie de la féminité sans donner l'impression de déprécier le statut de la masculinité. Pourtant, loin de moi l'idée de déclarer que la vie des hommes est moins savoureuse que celle des femmes. Pour faire une telle affirmation, qui ait un tant soit peu de valeur et de crédibilité, il faudrait d'abord que j'aie pu faire l'expérience de me glisser dans la peau des deux sexes. Chose qui a, pour le moins, bien peu de chances de se produire. Toutefois, à partir de mon expérience personnelle de la féminité et sur la foi des valeurs que je privilégie dans la vie, je peux avancer que d'être femme, en mon siècle comme en ma culture, satisfait merveilleusement bien mes besoins d'être humain.

Approches antinomiques

Par exemple, je n'ai qu'à penser à la façon dont nous, les femmes, construisons nos relations interpersonnelles. Nos amitiés, pour ne nommer qu'elles, mettent à contribution une multitude de dons et de dispositions indispensables à la création de l'intimité. Contrairement à l'amitié qui existe généralement entre gars, celle qui unit les femmes, dans la majorité des cas, devient un cadre où il est possible non seulement de jouir d'une compagnie agréable, mais surtout de partager des expériences et des sentiments personnels et profonds. Alors que l'amitié des hommes s'érige sur leur goût pour l'action, celle des femmes, elle, s'articule autour de leur propension pour l'intimité. En d'autres mots, les hommes jouent au hockey alors que les femmes parlent. Au mieux, les gars discutent entre eux de ce qu'ils font, tandis que les filles partagent ce qu'elles ressentent.

Certains objecteront que les hommes ont changé et qu'il leur arrive aussi de ventiler entre eux leurs émotions de même que de se réconforter l'un l'autre lorsqu'ils sont en proie aux vicissitudes de la vie. C'est vrai. Tout comme il est aussi vrai que les hommes ne s'y résignent, en général, que lorsque plus aucune voie d'évitement n'est possible. Pour enfin accepter de s'épancher sur les problèmes conjugaux qui le tenaillent depuis longtemps, il n'est pas rare qu'un homme attende préalablement jusqu'à l'extrême limite, préférant ruminer dans son coin et jongler tout seul avec ses préoccupations. Une espèce de pudeur, sans doute, le retient de laisser paraître sa vulnérabilité. Ce n'est qu'au moment où sa conjointe passe la porte la valise à la main en lui tendant un contrat de divorce légalement avalisé qu'il se résout à partager ses états d'âme avec de rares copains triés sur le volet et sommés de ne rien ébruiter de l'affaire. Car vous pouvez en être sûr, ce n'est pas au vu et au su de tout le monde que les hommes confient leurs inquiétudes. Ce n'est pas dans un vestiaire sportif, la serviette enroulée autour de la taille et la *gougoune* au pied que vous le trouverez en train de raconter librement ses déboires personnels, surtout s'il en éprouve de l'humiliation.

Il y a quelques années, un ami intime de mon père traversait des problèmes majeurs et particulièrement graves avec une de ses filles. Ce qui produisait un impact, on le comprendra, sur les deux parents anéantis. Mise au parfum de la situation alarmante par la mère de l'enfant, ma mère en informa mon père qui, autrement, ne l'aurait jamais appris, malgré les rencontres hebdomadaires qui jonchaient leur relation. « Mais il s'agit de ton meilleur ami ! Il vit une période de crise terrible et il ne t'en a jamais soufflé mot ? Veux-tu bien me dire de quoi vous parlez ensemble ? » s'étonna ma mère. « De beaucoup de choses, répondit mon père, manifestement ulcéré par la tournure inquisitrice de la conversation, mais pas de *ces affaires-là* ! »

À leur défense, il faut dire que les hommes, contrairement aux femmes, ne sont pas dotés de ce que l'on pourrait appeler le sixième sens. Cette antenne spéciale, dirait-on, permet effectivement aux femmes de scanner avec précision tous les petits détails de la vie qui, sous des allures insignifiantes, sont souvent annonciateurs d'événements importants quand ce n'est pas des pires catastrophes. Grâce à cette *intuition féminine*, les filles me semblent maîtriser mieux et davantage leur existence. Comme on dit, « elles voient venir ». Ce don, si l'on peut dire, les rend aptes à lire quantité de sous-textes qui échappent aux hommes, de même qu'à décrypter tout langage non verbal. Il est fréquent qu'elles puissent prédire, de façon souvent juste, le mariage prochain d'un couple, le divorce d'une belle-sœur, le congédiement d'un collègue ou l'éclosion imminente d'une idylle amoureuse clandestine dans leur entourage. Ce qui ne manque jamais d'étonner certains hommes qui voient en leurs conjointes des dons de pure sorcellerie.

Parce que le fonctionnement neurologique des hommes ne les prédispose pas à faire plusieurs choses à la fois ni à diviser aisément leur attention, il est donc fréquent qu'une foule d'informations leur glisse entre les doigts ou leur passe carrément sous le nez. Ne tirez pas sur moi à boulets rouges, ce n'est pas moi qui le dis, mais plutôt de nombreuses études qui font état de la différence entre l'activité du cerveau des hommes et celui des femmes. Un sujet qui a d'ailleurs été développé avec pertinence et à-propos dans les best-sellers *Pourquoi les femmes ne savent pas lire les cartes routières* d'Allan et Barbara Pease et *Les hommes viennent de Mars, les femmes viennent de Vénus* de John Gray.

Lorsqu'un homme, par exemple, se concentre sur une partie de hockey à la télé, il ne peut entendre la conversation qui se tient dans la même pièce. Une femme, elle, tout en ayant les yeux rivés sur l'intrigue d'un film, sera capable de saisir la teneur des propos qui ont cours tout près d'elle et d'être au fait des allées et venues de chacun. Elle est, pour ainsi dire, équipée d'une oreille parabolique de même que d'une vision périphérique qui lui permettent de capter simultanément une foule de données. Je crois qu'il n'est pas exagéré de dire que les femmes, dont l'hémisphère droit du cerveau fonctionne plus et mieux que le gauche, sont capables d'enregistrer en même temps un nombre effarant d'informations provenant de sources diverses. Ce faisant, contrairement aux hommes, elles appréhendent la vie d'une manière plus multidimensionnelle. C'est même prouvé: les hommes, utilisant davantage ce qu'on appelle leur cerveau gauche, possèdent une ouïe sélective tout à fait à l'image de leur vision que l'on dit *en tunnel*.

Tout récemment, nous étions attablés, mon mari et moi, dans un charmant restaurant de quartier en compagnie d'un couple d'amis. À moins de 20 centimètres de nos conjoints, cette femme et moi avons entretenu une conversation extrêmement intéressante concernant nos mariages respectifs, versant parfois même dans des détails intimes, tandis que les hommes, de leur côté, n'ont cessé de parler outils et sport. Je peux vous dire qu'ils se sont longuement attardés sur la question «cruciale» du premier trio du Canadien, sur la performance de la plus récente perceuse Black & Decker ainsi que sur les derniers modèles de téléphones cellulaires.

Alors que nous pouvions suivre parfaitement le fil de leur conversation tout en poursuivant la nôtre, les hommes, eux, n'avaient aucune idée de la teneur de nos propos. C'est un fait, les femmes ne manquent rien. Les hommes, par la force de leur concentration qui les scotchent littéralement à leur occupation immédiate, restent sourds et aveugles à une foule de renseignements pourtant souvent de grand intérêt. Ils observent la vie un peu comme si elle était un film auquel manqueraient des scènes nécessaires à la compréhension de l'intrigue. La perspective d'ensemble, ils ne semblent pas connaître.

Comme mon oncle Henri qui, ne pouvant résister à l'envie de piquer un petit somme pendant le programme double du cinéma de fin de soirée, il y a très longtemps, s'étonnait de constater, en se réveillant, que l'héroïne avait changé de mari, de coiffure et de pays, alors qu'en fait il en était à la présentation du deuxième film mettant en vedette une tout autre actrice dans une tout autre histoire. Autant l'admettre, les hommes en manquent des bouts.

Attributs complémentaires

Malgré les apparences, tout cela constitue en réalité des qualités qui leur ont permis, depuis des millénaires, de chasser pour se nourrir de même que d'échapper aux perpétuels assauts des prédateurs et des éléments. Mais les temps ont changé, me direz-vous. J'avoue : on peut désormais trouver du mammouth au comptoir des viandes ainsi que du dinosaure – surgelé, il va sans dire – dans certains supermarchés. Je crois par conséquent pouvoir avancer que les hommes ne risqueraient pas leur vie s'ils tentaient de modifier légèrement leur approche de l'existence. Mais je les soupçonne de résister au changement afin de tirer secrètement avantage de la situation le plus longtemps possible.

Car, bien que ces différences biologiques et neurologiques soient incontestablement avantageuses pour les femmes dans certaines situations de la vie courante, elles cachent un piège qui se referme sur elles au chapitre des tâches ménagères. Bien qu'elles soient fort commodes, nos aptitudes multitâches, précisément, nous font hériter, dans la plupart des cas, de bien plus que notre juste part du travail domestique. C'est ainsi que nous nous retrouvons chaque jour à mener de front une petite brassée de lessive, la préparation du souper, la supervision des devoirs, le bain des petits et *tutti quanti*. Alors que les hommes attendent patiemment devant le poêle que l'eau bouille au lieu de profiter de ce délai pour accomplir autre chose, nous multiplions les corvées, divisons notre attention et additionnons les responsabilités. Comme quoi la différence entre les sexes, c'est aussi mathématique. Pas étonnant que je me sois faite si souvent avoir !

Vous pourrez m'accuser de me payer la tête des hommes et vous aurez raison. J'aime les hommes et il m'est impossible d'imaginer ma vie sans eux. Mais j'avoue tirer beaucoup de plaisir à m'amuser à leurs dépens. Le fait qu'ils soient si prompts à se vexer des propos moqueurs à leur endroit ajoute à mon plaisir de les railler. Eh oui ! Les hommes sont sensibles. À preuve, ils sont de plus en plus nombreux à se formaliser de la caricature de nigauds que font d'eux, depuis quelque temps, de populaires publicités télévisées. Ce qui vaut bien, me dis-je, l'image de *guidoune* dont certaines annonces de bière nous affublent depuis des décennies. Si nous avons nos *wet t-shirts*, ils ont dorénavant leur *Cage aux porcs*.

Pour être totalement franche, les mignons petits travers des hommes ne m'empêchent pas d'admirer leur incomparable talent pour le stationnement en parallèle, leur expertise dans la gestion d'une crevaison ou leur force naturelle dans le transport d'objets lourds. Je n'ose même pas penser à ce qui m'arriverait si, de sa poigne virile, mon mari ne réussissait pas à tout coup à ouvrir pour moi le pot de confiture récalcitrant. Où irait le monde, je vous le demande, s'il n'y avait pas les hommes pour remplir notre réservoir de liquide lave-glace, planter avec brio des piquets de clôture ou dompter avec adresse la fureur de la souffleuse à neige ? Qu'adviendrait-il de nos étés si les hommes n'existaient pas pour retourner juste à temps les côtelettes de porc et les faux-filets sur la grille du barbecue ?

La vérité, c'est que le monde repose littéralement sur l'interdépendance des hommes et des femmes. Car qui ferait du *scrapbooking*, achèterait les révolutionnaires Swiffers, se procurerait en quatre paiements « faciles » les indispensables Snuggies ? Qui succomberait à l'appel de la gaine Lanaform annoncée à grands renforts (!) de superlatifs à la boutique TVA, embaumerait la maison des émanations de chandelles Glade à la cannelle et aux petits fruits, ferait provision d'Advil, de fixatif capillaire et de crème pour le corps ? Bref QUI, oui QUI, sinon nous, les femmes ! En connaissez-vous d'autres qui seraient en mesure d'aussi bien faire rouler l'économie tandis que les hommes s'affairent à constituer des armées, à déclencher des élections et à plonger l'économie dans les pires marasmes ?

Beauté recherchée

Mais trêve de plaisanteries ; voilà que je m'éloigne de mon propos. Ce que je veux dire avec plus de sérieux et qui mérite certainement qu'on s'y attarde, c'est que certains des plaisirs d'être une femme, parfois ahurissants de superficialité, n'en sont pas moins grands. En effet, tout le loisir que nous offre notre culture occidentale de modifier notre apparence selon nos fantaisies participe de cette délectation purement féminine. Certes, il s'en trouvera parmi nous pour affirmer haut et fort leur dédain des artifices et des vanités féminines. Des femmes qui accordent peu d'intérêt à leur allure vestimentaire et qui n'ont que faire des vastes possibilités esthétiques que met à notre disposition l'industrie de la beauté. Mais le taux d'achalandage des centres commerciaux, le tirage des magazines de mode ainsi que les chiffres de vente des produits cosmétiques me portent à croire que nous sommes bien plus nombreuses à nous adonner aux jeux de l'apparence que nous ne le sommes à les mépriser. Personne ne pourra le contester.

On aura beau dénoncer avec vigueur la fatuité du concept de l'esthétisme, décrier l'obsession de l'image dans nos sociétés, le fait est que la fascination pour la beauté, partagée par toutes les cultures, est profondément ancrée en tout être humain depuis la nuit des temps. Monter aux barricades et crier au scandale devant l'utilisation de la chirurgie, du Botox ou des autres injections en tout genre, c'est vite oublier la longue et stupéfiante histoire de la poursuite de la beauté qui continue de marquer tous les peuples. Qu'il s'agisse du fastidieux et méticuleux fardage des geishas ou encore des pratiques initiatiques chinoises qui, dès le ve siècle, visaient à garder minuscules les pieds des femmes, ou qu'il soit question des rites de scarification des aborigènes de l'Australie ou de la Nouvelle-Guinée, aucune civilisation n'a échappé, par souci d'esthétique, à la tentation de modifier, de façon permanente ou non, l'apparence du corps humain.

C'est précisément à cette immémoriale hantise que nous, les femmes, sommes redevables de la précieuse possibilité de tromper à notre avantage le regard des autres ainsi que le verdict du miroir. En s'insérant des os dans le nez, en colorant leurs ongles – telles les Égyptiennes qui le faisaient à l'aide d'un mélange de graisse de mouton et de sang –, en peignant leur corps de henné ou en le scarifiant, nos ancêtres universels nous ont pavé la voie de l'art de l'embellissement et celui du simulacre tels qu'on les connaît aujourd'hui. De ce qui nous apparaît de nos jours comme des barbaries est née toute la gamme des indispensables dont votre trousse de beauté, mesdames, foisonne. Ce qui n'est pas rien.

Franchement, les filles, que ferions-nous sans la magie instantanée de ces petits tubes, flacons et compacts ? Comment, certains matins, pourrions-nous affronter notre propre regard dans la glace ainsi que celui des autres, souvent impitoyable, sans l'aide précieuse de ce que j'appelle les « répare-face » ? Quelle femme n'a pas, au lendemain d'une soirée un peu trop arrosée, vu apparaître des sillons bleutés sous ses yeux ou d'affreuses bouffissures sur ses paupières ? Laquelle d'entre nous n'a pas aperçu un jour, horrifiée, un bouton enflé et rougeoyant envahissant littéralement son menton à la veille d'un événement social important ?

Dans toute votre sagesse, vous me direz qu'il existe une infinité de raisons meilleures pour déclarer l'état d'urgence. Et je vous donne raison. Dans l'absolu, chacun reconnaît qu'il y a bien pire qu'un cerne, une ride, une flétrissure ou un teint terne. Mais nous ne sommes pas, justement, dans le domaine de l'absolu. Nous sommes dans celui du relatif, du subjectif. Nous sommes au cœur d'un sujet qui contribue à nous définir toutes, au moins en partie. Chacune d'entre nous possède sa perception personnelle de la beauté et s'investit dans ses soins esthétiques selon l'importance qu'elle accorde à l'apparence de même qu'en fonction de l'insatisfaction ou du contentement que lui procurent les traits que la nature lui a donnés.

Modifier la couleur ou la coupe de ses cheveux, changer la teinte de son rouge à lèvres, troquer son style vestimentaire pour un nouveau sont des activités ludiques qui nous permettent d'échapper avec bonheur à la monotonie et d'exercer notre créativité. Manipuler son look n'est rien d'autre qu'un véritable jeu auquel s'adonnent les femmes avec imagination et inventivité.

Virilité fardée

Bien sûr, au cours des dernières années, beaucoup d'hommes se sont approprié ce privilège qui était pourtant devenu avec le temps presque exclusivement féminin. Imitant les sujets à la cour de Louis XIV ou encore les mâles du XVIIIe siècle français, certains hommes se sont arrogé plusieurs des rituels de beauté des femmes. Fortement influencés par un courant marketing leur enjoignant de se bichonner et de se couvrir d'accessoires, les voilà qui arborent des sacs à main ou des mèches blondes, s'épilent le corps, enfilent des bracelets et chipent à leur blonde leur crème contour des yeux. Ce qui n'est pas, je l'avoue sans ciller, sans me donner des frissons... d'horreur !

Malgré le consentement général et la faveur populaire d'une société qui n'y voit rien à redire, je m'inscris en faux en regard de cette situation. Rien ne me désespère autant – érotiquement parlant – que la vue d'un homme assis chez le coiffeur, affublé des inévitables papillotes d'aluminium, pour s'y faire fabriquer des mèches. Et rien ne tue mon désir dans l'œuf autant que ces petits colliers de coquillages rapportés des îles dont se parent certains hommes au retour de vacances. Ajoutez à cela des pantalons blancs de style cargo, une coupe de cheveux hérisson aux pointes décolorées et une chemisette à manches courtes de facteur, et leur chien est mort.

La comédienne américaine Rita Rudner a beau avoir déclaré, non sans dérision, que « les hommes qui ont une oreille percée sont mieux préparés au mariage parce qu'ils ont fait l'expérience de la douleur et qu'ils ont acheté des bijoux », je m'avoue plutôt intolérante à ce sujet. Je ne veux pas me retrouver au lit avec un mutant. Chez la gente masculine, les boucles d'oreilles, l'épilation, les bracelets, les sacs à main et tout ce qui constitue normalement l'apanage des femmes sont pour moi des mobiles suffisants pour repousser *subito presto* les avances d'un homme. Faut-il rappeler que le désir sexuel entre les hommes et les femmes prend essentiellement naissance dans la différence ?

Je me souviens qu'un de mes patrons se faisait poser régulièrement de courts ongles d'acrylique sur lesquels il prenait soin d'appliquer une couche de vernis transparent. Sûrement convaincu de faire ainsi preuve de bon goût et de raffinement, le pauvre était loin de se douter que toutes les filles du bureau tremblaient d'effroi à la seule vue de ces doigts saucisses velus, aussi soignés que ceux d'une femme. Rien que la pensée de voir se poser ces mains sur notre corps provoquait des haut-le-cœur irrépressibles chez toutes les employées. Inutile de préciser que l'épouvante atteignait son apogée lorsque, au cours de la semaine, ledit patron perdait un ongle ou deux, donnant à ses mains la ridicule apparence d'un piano auquel il aurait manqué des touches.

Les femmes ne sont pas les seules à commettre des impairs dans le but de corriger ce qui les complexe et ce qu'elles considèrent comme des tares. En tentant de corriger la situation, on ne fait souvent que l'empirer. En effet, contrairement à ce que l'on pourrait présumer, de nombreuses études établissent que les hommes sont davantage préoccupés par leur calvitie que par la taille de leur sexe. Étonnant, non ? Plusieurs de ces messieurs au crâne dégarni couchent leur nom sur la longue liste d'attente des cliniques de greffe de cheveux dans l'espoir qu'on leur redonne la crinière de leur jeunesse. Pourtant, ils en ressortent le cuir chevelu semblable à un champ de petites pousses de céleri éparses. Rien d'impressionnant !

Quant à ceux qui choisissent la solution des toupets et des perruques, force est d'admettre que les résultats ne sont guère mieux. Dans le pire des cas, on les dirait coiffés d'une doublure de botte de *ski-doo*, alors qu'au mieux le contraste de couleur entre les cheveux naturels et les faux est tel qu'il trahit le subterfuge au premier coup d'œil. Je crois qu'il est grand temps que les hommes comprennent que la calvitie, loin de nous sembler un défaut, nous séduit dans presque tous les cas. D'autant plus qu'elle serait, selon divers spécialistes des hormones, un des signes manifestes d'un taux de testostérone élevé. De là à croire qu'un crâne dégarni se veut une bête au lit, il n'y a qu'un pas !

Les hommes sont bien sûr entièrement libres de s'arroger toutes les pratiques esthétiques des femmes. Mais qu'ils ne viennent surtout pas se plaindre ensuite lorsque, le soir venu, plusieurs d'entre nous ont mal à la tête ou trouvent le sommeil en un éclair. À mes yeux, aussi curieux que cela puisse paraître, un mâle *pomponné* est aussi repoussant qu'un homme sale et négligé marchant dans des chaussettes trouées et des chaussures éculées. Les métrosexuels ? Très peu pour moi. Donnez-moi plutôt de la *mâlitude* et de la virilité. Donnez-moi Daniel Craig !

Pour tout dire, je revendique haut et fort, au nom des femmes, l'usage exclusif de la plupart des pratiques d'esthétique et des rituels de beauté. Je n'ai pas l'intention de me disputer avec les hommes le miroir dont je me réserve l'emploi presque unique et, disons-le, parfois abusif. Quand un homme passe plus de temps que moi devant la glace à faire le compte de ses rides nouvelles ou à se faire un brushing, rien ne va plus. Quand une femme, tout fin prête la première, doit faire le pied de grue pendant que son homme n'en finit plus de se faire beau pour une sortie, c'est le monde à l'envers. En fait, je persiste à penser que les hommes n'ont guère besoin de plus qu'une douche, un shampoing et un simple rasage de la barbe pour être parfaitement convenables et se présenter en société.

Une bonne coupe de cheveux, une hygiène minutieuse et des vêtements simples et bien taillés suffisent amplement à mettre en valeur leur masculinité.

En tant que féministe, j'aurai sans doute droit à des accusations de sexisme. Tant pis. Si vous voulez tout savoir, je confesse aussi du même coup que je regrette le temps où les hommes jouissaient de l'exclusivité des tavernes, et les femmes, celle des salons de beauté. Chacun son camp et ses quartiers généraux. J'estime qu'il est utile, pour le bon fonctionnement des relations entre les sexes, que les hommes puissent profiter entre eux seuls d'un endroit où il fait bon roter bruyamment sa bière et repositionner ouvertement et sans gêne ses attributs. À défaut de quoi, il faut bien l'admettre, c'est en notre compagnie qu'ils risquent de laisser libre cours à ces comportements qui, à coup sûr, nous rendent toutes dingues. Vous pourrez me reprocher de manquer de cohérence dans mon discours égalitaire, je m'en fous. Je suis une femme. Je n'en suis donc pas à ma première contradiction ni à ma dernière. Je crois que le féminisme consiste à rechercher l'égalité des sexes, et non l'abolition des différences.

Cependant, je reconnais que les choix vestimentaires ne sont pas toujours très excitants au rayon des hommes. Un costume-cravate, quelle qu'en soit la couleur, l'étoffe ou la qualité, ne sera jamais plus qu'un complet semblable à tous les autres. Et messieurs, si vous avez le bon goût de ne pas chercher à tout prix à vous distinguer des autres en vous tournant vers des vêtements *originaux* qui pourraient vous faire passer pour un clown ou, pire, pour un étudiant en arts du cégep du Vieux-Montréal, vous devrez composer avec les classiques qui, de toute manière, sont toujours, à mon humble avis, le meilleur choix possible. Aux femmes le privilège des excentricités et de la fantaisie !

Je suis toujours estomaquée d'entendre des hommes contester le port des vêtements conformistes tels que le smoking, que plusieurs n'hésitent pas à qualifier d'*habit de pingouin*. S'ils savaient à quel point nous les trouvons irrésistibles dans ces tenues de gala conservatrices; s'ils prenaient conscience des bénéfices en tout genre qu'il leur est possible d'en tirer à la fin de la soirée, les hommes consentiraient sans doute à les porter sans mot dire.

Shopping envoûteur

Du côté des femmes, au contraire, le vaste assortiment de styles, de couleurs et de modèles a de quoi nous faire littéralement perdre la tête. Pas étonnant qu'il nous soit si ardu de résister aux achats compulsifs. Quand la jupe fuseau dont vous rêviez vous appelle par votre nom et que, par surcroît, elle vous va comme un gant et s'harmonise avec tout ce qui garnit déjà votre garde-robe, vous devez déployer toute votre détermination pour trouver la force de lui résister.

Le shopping, j'en conviens, est un sport essentiellement féminin. Beaucoup d'entre nous dénoncent les diktats de la mode et de la beauté, y voyant là une forme d'emprise sur les femmes basée sur leur désir de séduction auprès des hommes. À quoi je réponds qu'ils n'ont pas tort. Mais je ne vois pas vraiment où est le mal. Étant donné que, dans une perspective biologique qui échappe à la conscience de la plupart des humains, les rapports entre les sexes sont liés à la procréation, il va de soi que les femmes entretiennent le désir instinctif de plaire aux hommes afin de les attirer dans leurs filets et ainsi se faire faire quelques bébés. Il ne faut pas chercher plus loin. Nous sommes des animaux. Les choses sont souvent infiniment plus simples qu'elles n'y paraissent. Les paons font la roue, les autruches y vont d'une petite danse et les lucioles clignotent dans le but de séduire le sexe opposé. Poursuivant le même objectif, les hommes font rouler leurs biceps, développent leurs pectoraux, astiquent leur automobile ou réparent la robinetterie. Les femmes, elles, calquent les signes de l'excitation sexuelle en s'appliquant du fard à joues et du rouge à lèvres, et enveloppent leur charme en portant des bas résille. On ne change pas le monde.

« En regardant les gens marcher dans la rue, on apprend à distinguer les hommes des femmes : les têtes qui se tournent vers toutes les vitrines des magasins sont celles des femmes », a dit le comédien Groucho Marx avec l'ironie savoureuse qui l'a toujours caractérisé. De fait, je connais peu de femmes que la perspective d'une journée de magasinage n'enchante pas. Je suis de celles qui, même sans aucune intention d'acheter, éprouvent une joie euphorisante à faire simplement du lèche-vitrine et à fureter sans but précis dans les centres commerciaux ou sur les grandes artères du centre-ville. Les rayons des robes du soir, notamment, ceux des dessous et des tricots chauds et moelleux exercent tous chez moi une fascination presque pathologique. Je confesse aussi sans honte un penchant marqué pour les sacs à main et autres accessoires.

Mais mon obsession des chaussures demeure certainement ce qui illustre le mieux ma névrose du shopping. Elle domine sans aucun doute toutes les autres propensions à la dépense contre lesquelles je dois apprendre à me battre. Aux prises avec une dépendance qui mériterait que je fonde une association sur le modèle des Alcooliques Anonymes, je me couvre de sueur et je me mets à trembler imperceptiblement dès que j'entre dans le rayon des chaussures d'un grand magasin ou dans une boutique spécialisée. Je ne connais rien qui puisse me consoler d'une peine, apaiser une angoisse ou récompenser un effort ou un succès aussi efficacement qu'une paire de chaussures neuves.

Les souliers sont nos plus fidèles compagnons. À l'instar de nos meilleures copines, ils savent rehausser notre confiance en notre image et *booster* notre sex-appeal. Quoi qu'on en dise, les chaussures se montrent complètement indifférentes aux fluctuations de votre poids. Que vous accusiez quinze kilos de plus sur le pèse-personne n'affecte en rien la manière dont elles flattent la courbe de votre pied, cambrent vos reins et vous donnent l'impression d'être Cendrillon. C'est connu, les souliers vous pardonnent mieux que vous-même les prises de poids qui vous obligent à passer de *Small* à *Medium* ou encore de *Medium* à *Large* dans vos choix de vêtements. Vous aurez beau vous empiffrer de glace au chocolat pendant des mois, vous chausserez encore et toujours la même pointure.

Ma maladie, j'en ai bien peur, est déjà fort avancée. C'est dans la solitude de ma chambre, à l'abri des regards, que je goûte le mieux à la volupté de mes chaussures nouvellement acquises. Ce qui n'est pas bon signe. Tout le monde sait qu'une femme qui se réjouit en cachette de ses souliers neufs, c'est un peu comme un alcoolique qui boit en solitaire. Mais, qu'à cela ne tienne. Assise sur le lit, je retire avec précaution le couvercle de la boîte pour contempler avec contentement la splendeur de ces objets de culte. Puis je les dégage délicatement du papier de soie qui les protège et je les prends un à un dans mes mains avant de les enfiler doucement. Dans le miroir qui me permet de me voir de pied en cap, j'observe mes chaussures à la semelle lustrée et encore vierge sous tous leurs angles, me félicitant de leur trouver mille et un usages additionnels auxquels je n'avais pas pensé au moment de l'achat.

Mon mari, bien qu'il soit capable d'apprécier de jolies chaussures quand j'en porte, avoue être complètement dépassé par mon adoration des escarpins et des bottes. Pourtant, j'imagine aisément que la sensation que provoquent d'élégants souliers neufs équivaut, pour les hommes, à celle que procure l'odeur du cuir neuf d'une nouvelle voiture. Un plaisir épidermique absolument ridicule et néanmoins infiniment enivrant.

Tout compte fait, je donnerais beaucoup pour qu'un psy me livre une théorie exhaustive pouvant expliquer cette obsession que partagent la plupart des femmes. À ma prochaine visite chez mon psychiatre, je me promets d'aborder la question pour en avoir enfin le cœur net. À moins que je ne décide de laisser le mystère s'épaissir par peur que le charme n'opère plus.

Modèles d'élégance

Même si j'ai mis beaucoup de temps avant d'y céder, mon attirance pour la mode et les artifices féminins trouve son origine dans ma petite enfance. Du plus loin que je me souvienne, j'observais ma mère s'adonner à ses préparatifs en vue des soirées mondaines auxquelles elle assistait avec mon père. Sitôt sortie de chez le coiffeur, qui savait fixer avec adresse un chignon postiche au sommet de sa tête, ma mère procédait à une séance de maquillage qui tenait proprement dit du cérémonial. En attendant d'enfiler sa robe longue, elle était uniquement vêtue de ses dessous de dentelle ainsi que de ses bas noirs sous son peignoir de ratine. Elle allait et venait dans la maison chaussée de ses délicats escarpins de soie. Devant elle, alignés sur le comptoir de la salle de bain, s'étalaient les compacts Lancôme, les mascaras Maybelline et les rouges à lèvres Elizabeth Arden qui allaient la consacrer reine de beauté. Car de l'avis de tous, ma mère était – et continue de l'être – magnifique. Une fois habillée de son fourreau de velours ou de satin, méticuleusement maquillée, impeccablement coiffée et parfumée, elle pivotait devant mon père admiratif dont le tressaillement de la pomme d'Adam trahissait l'émotion et apposait le sceau final d'approbation.

Mais ma mère ne fut pas ma seule icône. Mon professeur de première année, mademoiselle Nadeau, a aussi considérablement marqué mon imaginaire esthétique. Cette belle rousse, d'à peine plus de vingt et un ans, nous enseignait dans des tenues classiques à souhait. On ne peut plus distinguée, douce, cultivée et empreinte d'un raffinement inné que lui enviait, j'en suis certaine, la majorité de ses collègues, mademoiselle Nadeau illuminait la classe de sa grâce de même que la cour de récréation où nous nous agglutinions autour d'elle comme des anneaux sur un aimant.

Lorsque, à la fin de l'année, elle m'informa du fait que son mariage imminent l'amenait à déménager à Québec, les mots me manquèrent pour exprimer mon profond chagrin. Consciente de ma peine et de mon sentiment de perte, elle me raccompagna à pied, en cette dernière journée d'école, jusque chez moi. Le cœur gros et les yeux remplis de larmes, je suis restée longtemps sur le trottoir à la regarder s'éloigner vers le grand boulevard dans son petit tailleur marine, le cou cerclé d'un rang de perles et les pieds chaussés de fins escarpins assortis à son sac à main. Je l'ai suivie des yeux jusqu'à ce que sa chevelure de feu cesse de rougeoyer dans la lourdeur du mois de juin.

Étonnamment, alors que l'on aurait pu croire que mon attachement pour d'autres professeurs atténuerait celui que je n'ai cessé d'éprouver pour mademoiselle Nadeau, cette image m'a hantée toute ma vie. Au point que, en 1987, alors que je magasinais chez Saks Fifth Avenue pendant un séjour à New York, je n'ai pu me retenir d'acheter un petit tailleur marine en tous points comparable à celui qu'elle portait en ce jour de fin d'année. Indifférente à la véritable ruine qu'entraînait cet achat, je m'offrais ainsi la chance inouïe et inespérée de pouvoir enfin lui ressembler un peu. Et de pouvoir, vingt-quatre ans plus tard, m'approprier une parcelle de l'élégance de cette femme que je n'oublierai jamais.

Nécessaire distance

Tout aussi palpitant qu'il soit, le plaisir de modifier son apparence n'est cependant qu'un jeu. On l'oublie trop souvent. C'est pourquoi je ne peux que m'inquiéter devant ces femmes qui ne franchissent jamais le pas de leur porte sans être maquillées et coiffées, qui ne se montrent pas sans que leur allure soit irréprochable. Je me désole toujours de constater à quel point la confiance en soi et l'estime personnelle de certaines femmes dépendent de l'image que le miroir leur renvoie ou, pire encore, du regard des autres. Quand les modulations de notre apparence cessent d'être un jeu, elles tournent souvent au drame.

Les plaisirs de me pomponner me sont indiscutablement savoureux, mais je dois admettre que, sans la liberté que m'offre l'insouciance, ils deviendraient une véritable prison. J'aime pouvoir sortir en me moquant complètement de mon apparence, poussant parfois le je-m'en-foutisme jusqu'à des extrêmes surprenants. Il m'arrive en effet de faire mon épicerie au saut du lit, les cheveux lâchement retenus par un simple élastique et le visage dénué de tout fard, le teint légèrement cireux et la lèvre gercée. Je déambule sans gêne dans les allées, affublée d'un pantalon de coton extensible informe – le même depuis deux ou trois ans – mais terriblement confortable, et d'un *sweat-shirt* qui, au lieu d'arborer le logo du Festival de jazz de Montréal, serait plus dans le ton d'afficher *En grève de make-up*.

Si vous ne me croyez pas, vous n'aurez qu'à demander à ce caissier qui, chaque fois qu'il me voit dans cet état, ne manque pas de manifester sa stupéfaction. « *Oh boy !* » lance-t-il, comme si nous avions élevé les vaches ensemble, un brin sarcastique et prenant les autres clients à témoin. « La madame est *pockée* à matin ! » Ce à quoi je choisis de ne pas répondre, me contentant de payer et de quitter les lieux en assumant pleinement mon look patibulaire qui, dois-je le préciser, semble embarrasser les autres infiniment plus que moi. À tout bien considérer, mes visites au marché dans ces accoutrements font très bien le contrepoids avec ces jours où, sortie tout droit d'un studio de photo ou d'un plateau de télévision, je me présente aux caisses aussi grimée qu'une catin et coiffée comme Dolly Parton.

La vérité, c'est que je n'ai de comptes à rendre à personne. Pour rien au monde je ne veux m'enfermer dans l'obligation de présenter constamment de moi une image travaillée. Je sais pertinemment qu'il est impossible, sans l'aide d'une smala de coiffeurs et de maquilleurs professionnels, et surtout sans des heures de manipulation Photoshop, de rivaliser avec les photographies des magazines féminins. Je vois bien, quand je sors sans m'être parée, les mines déconfites de ceux qui, me reconnaissant, ne peuvent cacher cette espèce de désillusion qui se lit dans leur regard. Mais j'ai choisi de m'appartenir et de ne pas laisser le regard d'autrui, justement, me définir. Quand j'en ai marre du naturel, quand mes cheveux plats et sans vie me désespèrent, je n'ai qu'à ouvrir le coffre aux trésors de mes cosmétiques pour m'inventer une image enjolivée, améliorée, redessinée. D'une fois à l'autre, je n'oublie jamais que le jeu de l'apparence est comme le poker ou les machines à sous. Il cesse d'être une fête quand vous vous rendez esclave des émois qu'il suscite.

Je crois que les choses dites féminines se transmettent de mère en fille. C'est par mimétisme que les petites filles perpétuent les gestes de beauté le plus naturellement du monde. D'une génération de femmes à l'autre, l'art de se maquiller, le talent pour se coiffer, et ce que j'appelle l'instinct vestimentaire se raffinent jusqu'à atteindre parfois des sommets de grâce et d'élégance. Je ne me suis jamais lassée de regarder ma fille détourner certains objets de leur usage familier. Dès l'âge de deux ou trois ans, faisant d'un vulgaire tapis de bain une étole de fourrure, d'une paire de collants une obi japonaise ou d'une serviette de plage une robe de bal digne des passerelles de Paris, Rosemarie transformait d'une touche magique, chic et créative les plus ordinaires des objets usuels. Dès que j'avais le dos tourné, les vieux anneaux de douche devenaient des créoles, les linguinis des colliers de princesse et les *motons* de Kleenex des bouquets de corsage.

Mais son sens esthétique ne s'arrêtait pas là. De toute évidence, aucun de mes rituels de beauté ne lui échappait puisqu'un jour, vers l'âge de sept ou huit ans, ma fille est sortie de la salle de bain les jambes couvertes de taches de sang qu'elle avait pris soin de recouvrir de petits bouts de papier-mouchoir. Calquant son comportement sur le mien, elle avait réussi à s'emparer de mon petit Bic à deux lames et tenté tant bien que mal de se raser les jambes tout en prenant son bain. Comment la réprimander quand je constatais, par surcroît, qu'elle avait aussi généreusement couvert sa bouche en cœur de rouge à lèvres carmin ?

C'est indéniable, les petites filles choisissent leur maman comme modèle. D'où l'importance de bien mesurer l'impact sur elles de nos propres choix en matière de mode et de beauté, et, surtout, de poser des balises qui les tiendront loin des tenues inconvenantes pour leur âge.

Sexualisation précoce

Comme vous, sans doute, je m'inquiète du courant actuel qui tend à sexualiser prématurément les petites filles. Quand, en faisant du shopping, je vois des t-shirts pour fillettes affichant l'inscription *Sexy*, je ne peux cacher mon indignation. Depuis quand, sauf aux yeux des pervers, une enfant de dix ans est-elle sexy ? Que l'on fabrique des *G-strings* à l'intention des jeunes filles prépubères me glace littéralement le sang. Plusieurs mamans seront d'avis que je fais une tempête dans un verre d'eau et argueront qu'en ne cédant pas aux exigences de leurs filles qui vont en ce sens, elles s'exposent à des crises qui n'en finissent plus. Je vais vous dire une chose : peut-être en arriverez-vous à la conclusion que j'ai une attitude de tyran, mais, si ma fille m'avait demandé de lui acheter un *G-string* à dix ans ou ce qu'il est maintenant convenu d'appeler un *t-shirt bedaine* à treize ans, elle m'aurait trouvée sur son chemin. « Tu peux rouspéter à ta guise, ma fille, me détester ou y aller de toutes les crises que tu voudras, aurais-je répondu, mais tu ne porteras pas ce genre de vêtement. »

Savez-vous que, encore aujourd'hui, alors que Rosemarie frôle ses vingt ans, il m'arrive de lui soumettre mes doutes quant à certains de ses choix de vêtements ? On ne s'habille pas pour les salles de cours comme on le ferait pour un *party*. J'estime qu'il est de mon devoir de l'aider à faire la différence de façon qu'elle puisse se balader en n'envoyant pas de message contraire à ce qu'elle est, en ne s'attirant pas de remarques humiliantes et désobligeantes et en ne mettant pas sa sécurité en danger. Les jeunes filles reprochent aux hommes de parfois les traiter comme des objets sexuels. Ce n'est pas en sortant à moitié dévêtue que les choses risquent de s'améliorer. Mon père disait : « La vitrine annonce la marchandise. Si tu vends du poisson, n'emplis pas ton étal de jambon. » Aux dernières nouvelles, le centre-ville n'est toujours pas une plage.

Or il m'arrive, surtout durant l'été, de voir marcher des jeunes filles dans la rue et de craindre réellement pour leur sécurité. Car, comme le prouvent malheureusement trop souvent les journaux qui rapportent des nouvelles scabreuses, il y a pas mal de détraqués en liberté. Je sais pertinemment que les rustres, incapables de retenir leurs ardeurs, sont bien plus à blâmer que nos jeunes filles. Malgré que leur look soit parfois calqué sur celui d'idiotes comme Britney Spears, Paris Hilton ou Lindsay Lohan, elles peuvent être bien plus innocentes et vulnérables qu'elles n'y paraissent. De toute manière, je suis d'avis que toute femme, aussi érotisante et affriolante soit-elle, mérite qu'on la traite avec respect. Les hommes qui ont tendance à vouloir passer pour une victime et à justifier leur comportement de goujat avec des affirmations comme : « Elle était habillée pour chercher le trouble », méritent qu'on leur enfonce nos chaussures dans la gorge jusqu'au trognon. Mais il faut bien en venir à l'évidence, certains pervers se croient tout permis. Y compris d'abuser de nos enfants. Pourquoi alors prendre des risques inutiles ? Je suis persuadée qu'un peu de réalisme et de lucidité peuvent contribuer à éviter le pire.

Je sais, comme en témoigne la sexologue Jocelyne Robert dans ses conférences, que les jeunes sont aujourd'hui nombreux à vivre une sexualité extrêmement précoce. « De ces jeunes filles qui font l'amour beaucoup trop tôt, ai-je déjà demandé à madame Robert en entrevue, à quel pourcentage évaluez-vous le nombre de celles qui acceptent de le faire uniquement par peur de perdre leur amoureux aux mains d'une autre fille ? » « Cent pour cent », a répondu sans hésiter la spécialiste, me laissant pantoise. Ne croyez-vous pas qu'il y a de quoi nous faire réfléchir ?

Il est impératif que nous inculquions à nos jeunes filles le sens de leur propre valeur. Que nous participions activement à construire leur jugement et à les aider à trouver en elles la force de résister aux modes et aux influences lorsqu'elles sont insensées. Construire sa personnalité, savoir qui l'on est, relève d'un long processus qui prend naissance dès l'enfance. Apprendre à avoir le courage d'agir conformément à sa conscience et à ses valeurs est d'une importance capitale pour vivre libre. En tant que guides privilégiés, nous, les parents, avons le devoir de faire le contrepoids à tout le discours actuel qui glorifie le paraître au prix de l'être. Vous aurez sans doute parfois l'impression de prêcher dans le désert quand vos filles vous regarderont en haussant les épaules d'indifférence, mais vos propos ne seront pas entièrement vains. Il en restera toujours quelque chose.

L'idée n'est surtout pas de diaboliser la féminité assumée et le sex-appeal, mais bien de l'intégrer correctement dans l'ensemble de sa personnalité et d'en rester maître. Ne croyez-vous pas qu'à dix ans, douze ou quatorze, les jeunes filles ont mieux à faire que vivre une vie d'adulte, encore mal équipées qu'elles sont pour la gérer adéquatement ? Quand elles auront acquis assez de maturité pour comprendre tous les impacts de leur charme et de leur différence, quand elles maîtriseront l'arme redoutable qu'est leur beauté, elles seront en âge d'exploiter adéquatement leur capital de séduction et d'en jouer. Ce n'est qu'alors – et pas avant – qu'elles seront vraiment des femmes.

Sans doute en réaction au métier de mannequin que j'ai pratiqué, et qui m'a chaque jour durant plus de dix ans soumise à des préparatifs de beauté laborieux et contraignants, je refuse d'adhérer aveuglément et sans bémol à ce courant prônant le culte de la beauté et de la jeunesse à tout prix. Parce que j'ai compris rapidement qu'il s'agit là d'une poursuite aussi irréaliste qu'inutile, je fais montre de tolérance envers moi-même et j'accepte sans trop de mal les marques de la vie. Plutôt que de maudire les vestiges de ma grossesse sur mon corps, par exemple, ou les effets de la gravité sur mes fesses, je choisis de les voir avec respect et tendresse à la manière des guerriers qui s'enorgueillissent des cicatrices de leurs blessures de combat.

Je dois admettre que j'ai certains petits trucs pour détourner mon attention de toutes ces imperfections qui ne cessent de s'accumuler. Depuis quelques années déjà, j'évite le reflet de mon arrière-train dans le miroir. Sinon, j'en fais des cauchemars. Ensuite, j'applique de l'autobronzant avant d'aller faire l'essai des maillots de bain dans les boutiques. C'est fou ce qu'un petit *tan* peut faire; en plus d'amincir la cuisse, il unifie merveilleusement bien la teinte de la peau. Je veux bien ressembler à la fameuse *Baigneuse* de Falconet, mais pas pour ses marbrures. Par ailleurs, je ne regarde plus, sous aucune considération, mon visage en contre-plongée au-dessus d'une glace. La dernière fois que j'ai fait ça, je croyais m'être réincarnée en saint-bernard pendant la nuit. Pour moi, ce sont des astuces qui marchent. Mais ma meilleure stratégie reste sans doute d'avoir pris soin d'épouser un homme légèrement plus âgé que moi. Le principe est simple, il suffisait d'y penser: au fur et à mesure que mon corps se détériore, sa vue en fait tout autant!

Artifices de beauté

Mais attention! Cela ne veut pas dire que je renonce pour autant à maximiser mon potentiel de beauté. Je voudrais bien pouvoir affirmer que j'accepte en bloc toutes les marques du temps, mais je n'en suis pas rendue à ce niveau de détachement. J'avoue que la vanité me pousse à déjouer légèrement certains des effets du temps de même que les dommages de l'exposition solaire. De fait, je suis de cette époque où, le visage enduit d'huile Baby's Own, on se faisait rôtir au soleil pendant des heures avec l'aide d'un réflecteur d'aluminium. Cette pratique partagée par toutes les filles de mon collège – et qui ferait figure aujourd'hui de pure hérésie – n'est pas sans avoir laissé des traces.

La dermatologie esthétique offre de nos jours des solutions simples, efficaces, non invasives et réversibles pour améliorer notre physionomie. En ce qui me concerne, je ne me cache pas de recevoir deux ou trois fois par année des injections de Botox visant à atténuer les pattes-d'oie qui sont apparues autour de mes yeux depuis quelques années. De temps en temps, je ne lève pas le nez non plus sur un traitement au laser capable d'unifier mon teint de façon plus qu'appréciable. Je ne recherche pas tant un aspect de jeunesse qu'un petit coup de fraîcheur. C'est un peu comme refaire la peinture d'une maison qui prend de l'âge. Si ça ne lui donne pas spécialement l'air plus récente, cela lui confère incontestablement plus d'éclat.

Dans le monde des médias où je travaille depuis plusieurs années, en dépit du fait que le recours à ces techniques d'embellissement se soit répandu comme une traînée de poudre, la question de la dermatologie esthétique est encore taboue. Les comédiennes, les chanteuses et les animatrices sont nombreuses à bénéficier des avantages de ces traitements. Mais bien peu d'entre elles acceptent cependant de le reconnaître publiquement, alourdissant ainsi, selon moi, le poids de la honte et de la culpabilité qui accablent les femmes qu'on accuse d'imposture. Pourtant, recevoir du Botox ou se soumettre à des traitements qui embellissent n'est pas plus trompeur que de blondir sa chevelure, de blanchir ses dents ou de s'appliquer de l'autobronzant. Cela m'apparaît relever beaucoup plus de l'ineffable logique que de la vile tromperie.

Je crois plutôt que c'est en raison des excès qui sont commis et des monstruosités que les médias nous donnent à voir que la chirurgie esthétique et les interventions telles que le Botox et les techniques visant à atténuer l'apparence des rides sont l'objet de virulents détracteurs. Ce sont d'ailleurs toujours les cas patents – c'est-à-dire les interventions outrancières ou carrément ratées – qui font les manchettes. Quand vous voyez les photos *avant-après* des actrices Melanie Griffith et Meg Ryan, ou de la chanteuse Cher, pour ne nommer qu'elles, j'avoue qu'il y a de quoi s'insurger et se demander ce qui a bien pu leur passer par la tête.

Mais la controverse ne s'arrête pas là. Il serait malhonnête de ne pas reconnaître que le sujet de l'apparence nous donne à réfléchir sur une question morale fondamentale que nous aurions tort d'éluder. Gommer les marques du temps, se sculpter un corps de déesse, effacer les stigmates d'une grossesse constituent pour plusieurs une tentation, voire un véritable fantasme. Qui d'entre nous n'a jamais rêvé, même furtivement, d'avoir recours à ces chirurgies qui, d'un coup de scalpel magique, vous retranchent dix ou quinze années ou tout autant de kilos ? Qui n'a jamais lorgné du côté des magazines féminins pour en savoir plus sur les nouvelles techniques de rajeunissement ? Qui n'a jamais péché par voyeurisme devant des émissions telles qu'*Extreme Makeover* où des gens se soumettent à des transformations esthétiques chirurgicales pour le moins impressionnantes ?

Maintenant que l'on ne croit plus à la vie après la mort, voilà que l'on se met à rêver non seulement au paradis sur terre mais aussi à la jeunesse éternelle. Tout le problème est là. Pour certains d'entre nous, les imperfections n'ont plus droit de cité, l'âge est devenu une tare et l'afficher sans ambages, un scandale. Drôle de monde où il n'y a de place, tout compte fait, que pour les beaux, les jeunes, les performants et les heureux. Loin de moi l'idée de condamner les femmes et les hommes qui se tournent vers la chirurgie ou toute autre technique d'embellissement moins agressives. Je n'hésite pas un seul instant à affirmer que, si un complexe physique allait jusqu'à me pourrir littéralement la vie, je n'aurais pas l'ombre d'un remords à subir une intervention visant à m'en débarrasser. Je connais des gens qui ont vu leur existence changer de façon spectaculaire à la suite d'une rhinoplastie, par exemple, d'une réduction mammaire ou d'un redrapage des seins. Il arrive que l'apparence du corps inflige à l'âme des blessures profondes que l'on ne doit pas sous-estimer.

Ce qui s'explique mal, devant certains extrêmes, c'est qu'on puisse en arriver à se détester soi-même au point de souhaiter subir trois ou quatre chirurgies d'un même coup ou se dégoter sans cesse de nouvelles raisons de passer sous le bistouri. On se souvient tous du décès de la productrice Micheline Charest qui, en 2004, n'a pas survécu à un ensemble de procédures chirurgicales pratiquées en même temps. Ne connaissons-nous pas tous une abonnée de la chirurgie qui se fait tantôt remonter le visage, tantôt remodeler les fesses ou les seins, tantôt resserrer le ventre et *tutti quanti* ?

Inspirées par de nombreuses vedettes du cinéma qui n'hésitent pas à subir de multiples transformations, beaucoup de femmes emboîtent le pas sans discernement. « Je n'ai pas l'intention de vieillir avec élégance, a dit une actrice hollywoodienne dont j'oublie le nom, j'ai l'intention de subir des *facelifts* jusqu'à ce que mes oreilles se touchent. » La question qui se pose dans un tel cas est celle-ci : que nous est-il arrivé en cours de route pour que la haine de soi nous pousse ainsi jusqu'à de tels excès ? D'où nous vient ce dédain des moindres marques de la vie sur notre corps ? Où est passée notre tendresse pour nous-mêmes ?

Ce qui me frappe en ces années de narcissisme navrant, c'est ce déni morbide de la vie et cette incapacité à accepter les changements que celle-ci implique par définition. Thomas d'Ansembourg, qui a signé un ouvrage intitulé *Être heureux, ce n'est pas nécessairement confortable,* croit que le bonheur, justement, réside pour une large part dans l'aptitude à faire des deuils, à tourner des pages et à s'adapter aux changements que nous impose inévitablement l'existence. Je suppose que cela concerne aussi les deuils que nous devons faire de notre fraîcheur, de notre fermeté, de notre jeunesse et des idéaux impossibles à atteindre. Sans quoi nous nous engageons dans une course aussi folle que vaine. Car, que nous le voulions ou non, la jeunesse et le vieillissement demeureront toujours en porte-à-faux. Ma mère me l'a toujours dit : « Personne ne va en rajeunissant. » J'en riais avec une arrogance pédante jusqu'à ce que j'atteigne l'âge de quarante ans et que mon miroir me renvoie en plein visage mes pattes-d'oie et l'affaissement de mon ovale.

Voyons les choses en face. En dépit de tout ce qui s'écrit sur le culte du corps depuis toutes ces années, ce n'est pas l'obsession de la jeunesse qui nous tient au ventre. C'est la peur de la mort qui nous tenaille. Et certaines d'entre nous vont jusqu'à risquer leur vie pour ne pas la voir en face. Voilà qui, à mon sens, nous ramène à l'essentiel et nous oblige sans contredit à sonder nos vues spirituelles et à transcender nos triviales préoccupations esthétiques.

Influences contradictoires

Être une femme équilibrée, de nos jours, représente un défi de taille. Alors que nous sommes littéralement déchirées entre des discours et des écoles de pensée contradictoires qui prétendent vouloir chacune notre bien, il est bien difficile, parfois, de trouver le juste milieu. La question de la minceur est un exemple des plus probants. Comment se retrouver dans l'avalanche d'informations dont on nous abreuve constamment ? Les unes nous invitent à célébrer nos rondeurs sans complexe tandis que les autres, médicales celles-là, nous préviennent des risques inhérents au surplus de poids. Certains fabricants de cosmétiques, désireux d'exploiter le filon de la fragile estime de soi féminine, nous enjoignent à grand renfort de publicité d'assumer notre embonpoint et de faire fi des kilos superflus. À juste titre, d'autres condamnent l'obsession de la minceur dont le reflet sur les passerelles des grands designers internationaux est une véritable désolation.

« *Big is beautiful* », vont même jusqu'à affirmer certains. Pendant ce temps, de récentes études prouvent que les femmes obèses sont nettement plus à risque de souffrir de maladies coronariennes, de l'apnée du sommeil, du diabète, d'un cancer ainsi que d'une infinité d'autres affections. Tout ça au moment où l'industrie de l'amaigrissement se fait montrer du doigt et accuser d'encourager les désordres alimentaires tels que l'anorexie et la boulimie. On s'insurge devant la pression sociale qui pèse sur les adolescentes en faveur de la minceur pendant que, d'un autre côté, on découvre que l'obésité chez les jeunes est une véritable épidémie nord-américaine entraînant des problèmes de santé menaçants. On blâme les magazines, l'industrie de la mode et la pornographie pour le règne de l'obsession du corps parfait, quand ce n'est pas à la démission maternelle que l'on s'en prend pour l'embonpoint juvénile.

On vend des pilules pour maigrir, on procède à des chirurgies bariatriques pendant que, parallèlement, on offre des portions d'ogres sur le menu des restaurants et que s'organisent des concours de beauté pour les tailles fortes ou que se créent des sites Internet comme *Vive les rondes* ! C'est à en perdre son latin. En prenant la décision de s'accepter avec leur plus ou moins notable corpulence, les femmes sont du coup culpabilisées par le discours médical. Et en poursuivant la minceur avec rigueur, elles sont accusées de souscrire à un courant sordide répondant à des diktats malsains.

Peu importe ce vers quoi elles se tournent, c'est partout pareil. Les femmes sont constamment tenues en otage par des industries et des mouvements sociaux antinomiques. Avec une adresse de plus en plus sophistiquée, on manipule les cordes sensibles de la culpabilité et de l'indignité qu'elles ont tendance à ressentir avec tellement de facilité. On leur reproche de laisser leur bébé en garderie pour aller travailler en même temps qu'on les blâme de renoncer à une carrière pour s'occuper à temps plein de leur famille. On se permet même de leur dicter comment jouir en instituant le point G comme le symbole ultime d'une sexualité féminine mature. On terrorise enfin celles qui choisissent de consommer des hormones synthétiques quand la ménopause leur pourrit la vie, tout en se gardant cependant bien de les renseigner sur les choix moins connus et plus sécuritaires que sont les hormones bio-identiques.

Franchement, des fois, y en a marre ! Pas étonnant que nous ayons envie, de temps à autre, de nous engouffrer dans un spa entre copines et, surtout, loin de ce tumulte. Question de reprendre contact avec nous-mêmes. Pas surprenant non plus que, dans un élan de révolte et de ras-le-bol, nous avalions parfois sans remords la totalité d'un contenant de crème glacée, tout un sac de chips ondulées ou une boîte entière de chocolats fourrés. On a les soupapes qu'on peut. Voilà comment s'expliquent aussi, du moins en partie, certaines virées shopping qui nous font rapporter à la maison plus de marchandise que nous sommes capables d'en porter. Ou encore, pourquoi certaines d'entre nous renoncent un jour à s'épiler les jambes, à se maquiller et à se bichonner. Elles abandonnent la partie, sortant dans la rue dénuées de tout fard et de tout artifice, un peu comme elles brandiraient le majeur avec insolence. À chacune sa façon de dire «*fuck you*» à tous les interdits que nous imposent les courants sociaux et à toutes les obligations qu'on tente de nous prescrire depuis toujours.

J'adore être une fille. Mais il va falloir vous lever de bonne heure pour me dicter comment l'être. Jusqu'à ma mort, je choisirai d'être une femme en mes termes, c'est-à-dire le plus libre possible de toute entrave à l'expression de ma véritable nature de même qu'à l'amour et au respect que je me porte. Bonne chance à ceux qui tenteront de m'imposer quoi manger, quoi porter et quoi penser, quoi dire ou taire. Ils ne sont pas au bout de leurs peines.

On aura beau chercher à nous apposer des étiquettes et à nous cantonner dans des rôles définis, nous, les femmes, sommes plurielles depuis la nuit des temps. Au moment où on croit nous avoir saisies, voilà que nous surgissons d'on ne sait où, renouvelées, réinventées, contradictoires. Nous sommes parfois chiantes, je le reconnais, et pas toujours simples. Mais nous sommes vibrantes et nécessaires comme de l'eau, mystérieuses et en même temps lumineuses.

Je veux bien admettre que nous ne sommes pas toutes des Monica Bellucci ni des Charlize Theron. Mais comme les hommes ne sont pas tous non plus des Brad Pitt ou des Roy Dupuis, il n'y a pas de quoi en faire un plat. Nous sommes toujours différentes et pourtant toujours les mêmes. Nous sommes changeantes, fortes et fragiles, douces et âpres, à la fois belles et repoussantes, sécurisantes et redoutables. Comme la vie. Nous sommes un *package deal.*

À prendre ou à laisser…

Bonheur apprivoisé

Impose ta chance, serre ton bonheur et va vers ton risque.
René Char

Au printemps dernier, je faisais la file à la caisse d'un grand magasin en compagnie de ma fille. À grands coups de « petite maman chérie » et de « mamoute d'amour », elle venait de me convaincre de lui acheter, selon son dire, rien de moins que les chaussures de ses rêves. Des stilettos noirs bien trop chers, en peau de serpent, agrémentés d'une délicate courroie entourant la cheville ; le tout produisant un effet on ne peut plus sexy. Bref, une folie. Mais que voulez-vous ? Bien que je sache me montrer intraitable sur des questions de fond, je compte parmi ces mères qu'un simple ronron dans le cou suffit parfois à faire fléchir.

En proie à une vague impression d'être en train de me faire manipuler, je me tenais debout, les escarpins dans une main et ma carte de crédit dans l'autre quand, tout à coup, l'invraisemblance de la situation me sauta aux yeux. Il me semblait que la dernière fois que j'avais acheté des chaussures à Rosemarie, c'était chez Panda. De petits souliers à semelle de gomme et à bout rond s'attachant à l'aide d'une bande velcro surmontée d'un coquelicot de cuir rose. Franchement, j'étais sous le choc. Quelque chose n'allait pas. Mon regard alternait sans cesse du visage de ma fille à ces souliers de diva, trahissant du fait mon sentiment d'incrédulité de même qu'un soudain affolement.

Où donc étaient passées toutes ces années écoulées entre une paire de Hush Puppies multicolores et ces escarpins de femme fatale ? Par quel sortilège ma bambine était-elle devenue du jour au lendemain une ravissante jeune femme qui, hissée sur de pareilles échasses, n'en marchait pas moins avec aplomb et élégance ? Ma vie avait filé à toute allure – je devais bien le reconnaître – et bien plus vite, en fait, que je n'aurais pu l'imaginer. Comme si quelqu'un, à mon insu, avait appuyé sur le bouton *Fast Forward* de l'appareil qui projetait le film de ma vie.

Ma mère m'avait certes prévenue, y allant de temps en temps de ses multiples mises en garde : « Profite bien de la vie, ma fille ; ça passe tellement vite ! » Ou bien : « Encore un Noël derrière nous ; je n'ai même pas vu l'année passer... » Autant de rengaines que j'accueillais en levant les yeux au ciel, irritée de cette nostalgie casse-pieds propre aux parents. Bien à l'abri dans ma jeunesse que je voyais sans fin, il me semblait que mon existence frôlerait l'éternité et que le temps serait toute ma vie durant à mon service : docile, accommodant, flexible et élastique. Au beau milieu d'une file d'attente en compagnie de ma petite fille devenue femme, voilà donc que je comprenais en un éclair toute la profondeur des élans mélancoliques de ma mère. Eh oui ! C'était maintenant à mon tour de compter plus d'années derrière moi que devant. Avec stupeur, je prenais conscience de faire dorénavant partie de ceux qu'une photo ancienne précipite dans le vague à l'âme et qu'un souvenir lointain fait presque pleurer.

Alors que je mesure plus que jamais la fugacité du temps, je me rends bien compte que, plutôt que de saisir le moment présent et de le vivre conformément à nos valeurs et à nos aspirations, nous laissons parfois le véritable sens de notre vie nous échapper. Ce faisant, nous passons à côté de l'essentiel. Bien confortablement installés à côté de soi, cherchant désespérément la vie ailleurs que dans la nôtre, nous loupons celle, l'unique, qui nous a été donnée. C'est ce qui a d'ailleurs fait dire à la célèbre écrivaine française Colette, à la fin de ses jours : « Quelle vie merveilleuse j'ai eue ! J'aurais seulement voulu m'en rendre compte plus tôt. »

À cet égard, dans un petit livre intitulé *Vivre content*, publié il y a quelques années et qui mérite d'être lu par chacun de nous, Jean-Louis Servan-Schreiber se penche sur l'un des nombreux sentiments snobés par notre société. Toujours poussés à désirer plus et mieux, continuellement insatisfaits de ce que nous possédons, nous en oublions d'apprécier ce que nous tenons entre nos mains. Pourtant le contentement, loin d'être un bonheur à rabais, est à mon sens l'une des bases les plus solides d'une vie heureuse. Les choses simples, comme la présence des amis, les soupers familiaux, la chance de travailler ou le confort de son foyer, recèlent d'innombrables raisons d'éprouver une profonde gratitude. Dans notre quête perpétuelle de sensations fortes et exaltantes, victimes d'une espèce de convoitise maladive où même le trop n'est jamais assez, nous dédaignons à tort la forme de bonheur la plus accessible qu'est le contentement. Pour être heureux, il nous faut des feux d'artifice éblouissants alors que, dans l'ordinaire de chaque jour, brillent de mille éclats des joies profondes et incomparables.

Imposture mortelle

La triste vérité, c'est que nous vivons comme si nous avions du temps plein les poches. Comme si la mort, tout compte fait, n'était qu'un ouï-dire assommant, un trouble-fête destiné à empoisonner nos projections d'avenir. Absorbés par les préoccupations triviales de la vie quotidienne, tourmentés par la longue et incessante suite de responsabilités qui nous incombent, soucieux de remporter la course à la performance, nous reportons sans cesse le moment de faire ce qui nous tient vraiment à cœur. Nous ajournons la réalisation de nos rêves en tenant pour acquis que la mort attendra.

Or, elle n'attend pas toujours. À preuve, nombreux sont ceux qui, s'étant promis d'enfin réaliser leurs rêves le jour de la retraite venu, se font tirer le tapis de sous les pieds, n'ayant goûté de la vie que ses devoirs et trop peu de ses plaisirs. C'est ainsi que, au lendemain de sa toute dernière journée à l'emploi d'une grande compagnie, après de longues années de labeur et de sacrifice, un homme que je connaissais bien s'inscrivit à un club de bridge, renouvela tout son équipement de golf et acquit enfin le petit chalet de ses rêves... trois jours avant qu'un infarctus ne l'emporte.

Non, la vie n'est pas éternelle, pas plus que le temps ne fait marche arrière. Aucun d'entre nous ne réussira jamais à échapper à sa finalité. C'est comme ça. Nous aimons, nous faisons des enfants, nous achetons des maisons, nous voyageons, nous travaillons, nous fêtons comme si de rien n'était, mais, au fond de nous, nous savons tous que tout peut s'arrêter un jour sans préavis. Portés par notre enthousiasme, nous esquissons des plans d'avenir lointain, contractons des hypothèques sur vingt-cinq ans et préparons notre retraite avec minutie. Mais, comble de l'ironie, aucun de nous ne sait combien de grains contient son sablier. Malgré la pleine conscience de notre condition humaine et de notre mortalité, nous prenons le beau risque de vivre.

Personne ne peut prétendre qu'on puisse apprendre la vie sans apprendre la mort. D'ailleurs, c'est très jeunes que certains d'entre nous se sont butés à la réalité des départs. Ce fut mon cas. Quand mon grand-père Raoul est mort, je n'avais pas encore six ans, mais j'ai tout de suite compris que quelque chose clochait dans le système. Qu'un grain de sable risquait à tout moment de s'introduire dans l'engrenage et ainsi de perturber l'organisation pourtant si parfaite de nos rouages affectifs. Les autres mouraient. Il fallait bien que je me rende à l'évidence. Allongée dans mon petit lit blanc et doré tandis que dormait toute la maisonnée, voilà le constat que je faisais.

Pendant qu'on tenait leur présence pour acquise et que la seule idée de leur disparition ne nous effleurait même pas, les autres, surtout les vieux, pouvaient passer l'arme à gauche malgré la force de notre amour et de notre attachement, en dépit des câlins et des confidences. Quelle horreur ! D'autant plus que cela survenait plus fréquemment qu'on ne pouvait le croire. Mon amie Francine ne s'était-elle pas absentée de l'école pendant quelques jours au moment du décès de sa grand-mère ? Mon petit voisin Louis ne m'avait-il pas raconté la mort de son vieil oncle, emporté par un cancer ?

Les ragots étaient donc fondés, pensai-je alors. Les autres, les vieux, pouvaient « casser leur pipe », comme le disait mon père. Ils partaient Dieu sait où en vous laissant interloqué, médusé, incrédule. Ils se dérobaient à la vie, aux caresses, aux baisers ; désertaient sans crier gare leur fauteuil préféré, abandonnaient leurs pantoufles ou leur Fedora, emportant avec eux le secret de leur tarte aux pommes ou laissant inachevée la construction d'une cabane à moineaux.

Penchée sur ma maison de Barbie en carton ou affairée à colorier sur la table à café du salon, je ne pouvais m'empêcher de penser que j'étais de toute évidence victime d'une escroquerie monumentale. En plus de vieillir, de voir l'arthrite tordre leurs doigts et les plis froisser leur beau visage, les *vieux autres* risquaient à tout moment de s'éteindre. « Non, mais quelle vacherie ! » me disais-je. On m'avait catapultée dans un monde où, prisonnière de la conviction de mon éternité personnelle, enfermée dans la certitude de mon exclusive immortalité, je me croyais condamnée à survivre au départ des autres jusqu'à la fin des temps sans que jamais mon tour ne vienne.

Ce n'est que bien plus tard que la réalité de ma propre finitude me rattrapa : j'allais moi aussi mourir un jour. Il n'y avait même rien de plus sûr. Et ce pouvait être demain, ce soir ou dans l'heure. Je n'y pouvais rien. La mort d'Aline, une de mes camarades de classe, tuée à dix-sept ans dans un terrible accident de motocyclette, m'a d'un seul coup sortie de l'enfance. Adieu innocence, illusions et chimères ; bonjour la vie ! Car, contrairement à ce qu'on peut en dire, ce n'est pas la perte de la virginité qui vous propulse dans le monde des adultes ni même l'atteinte de votre majorité. C'est la conscience soudaine et inaltérable de la terrifiante fragilité de la vie et du temps qui fuit.

Vous êtes un enfant tant et aussi longtemps que vous vous croyez éternel, et vous cessez de l'être quand vous comprenez, stupéfait et profondément contrarié, qu'il n'en est rien. Que d'immortels, il n'y a tout compte fait que la fée Clochette et le père Noël. Oui, la mort peut interrompre votre vie comme un rustre vous coupe au beau milieu d'une phrase. Ça n'arrive pas qu'aux autres. Pour ma part, c'est en me tenant devant la terre éventrée se refermant sur tous les rêves de ma jeune amie que, à dix-huit ans, j'ai quitté le camp des petits pour celui des grands. « À l'enterrement, écrit le journaliste et auteur tchèque Ludvik Vaculik dans *La hache*, je découvris le sens de tous les enterrements : une initiation à notre propre mort. »

Tout cela pour dire que, depuis le jour où j'ai pris conscience de ma propre finalité, je suis hantée par la peur dévorante de gaspiller ma vie. Une espèce d'anxiété, ou plus précisément un sentiment d'urgence, me pousse constamment à tenter de maximiser le plus possible tout le potentiel de mon existence. Ma tête résonne sans cesse au son d'une minuterie intérieure qui, sans toutefois se faire vacarme, me rappelle jour après jour l'écoulement du temps et la précarité de la vie. Devant l'évidence du temps qui fuit, je m'efforce, dans une recherche d'équilibre qui aurait de quoi rendre fou n'importe qui, de goûter aux douceurs de la vie et de me rendre utile en même temps. Comme l'écrivait l'auteur américain Elwyn Brooks White : « Je m'éveille le matin déchiré entre le désir de profiter de la vie et celui d'améliorer le monde. Cela rend difficile la planification de la journée. »

C'est un fait. Alors que je me délecte avec reconnaissance d'un après-midi passé au bord de la mer, ou que je me régale d'un bon repas dans la chaleur rassurante de mon foyer en compagnie de ceux qui me sont chers, j'apprécie ma chance tout en étant consciente d'être en dette. Les plaisirs de ma vie, je peux vous assurer que je ne les ai pas volés. Mais chacune des grâces qui me sont accordées me plonge dans une infinie reconnaissance et sollicite en moi un désir d'action concrète de don et de partage qui trouve son origine, j'en suis convaincue, dans mon héritage familial.

Valeurs héritées

Avec un mélange d'étonnement et de soulagement, je suis en effet forcée de constater que, en dépit de tous mes efforts pour développer mes propres valeurs en marge de celles imposées par mon éducation, il reste toujours quelque chose des repères de mon enfance. Les mots de gratitude qui ont marqué ma jeunesse à l'occasion du bénédicité – «… et donnez du pain à ceux qui n'en ont pas » –, que nous récitions, impatients de nous précipiter comme des goinfres sur la dinde de l'Action de grâces ou sur le jambon de Pâques, trouvent avec les années et l'expérience de la vie une résonance nouvelle et plus approfondie.

Ainsi, ma culture familiale, empreinte de bons sentiments, contribue sans doute pour une large part à la manière dont je me suis toujours sentie redevable. Pouvoir manger à ma faim et dormir dans un lit douillet tous les soirs, plutôt que sur un banc de parc, m'a de tout temps semblé une chance extraordinaire. « Pense aux petits Biafrais qui meurent de faim ! » me disait ma mère, culpabilisante quand, enfant, je faisais la fine gueule devant mes choux de Bruxelles et mon foie de veau. « Va déposer vingt-cinq sous dans le gobelet du clochard », me suggérait mon père lorsque nous sortions de notre banlieue pour faire quelques courses chez Dupuis Frères. Désireuse de remettre à la vie une partie de ses largesses, ma mère s'occupait l'année durant à des tâches bénévoles à l'hôpital Notre-Dame, contribuait aux paniers de Noël destinés aux familles dans le besoin ou donnait de son temps à la Société canadienne du cancer au nom de laquelle elle recueillait des dons dans les centres commerciaux en échange de la légendaire jonquille.

De son côté, en tant qu'avocat, mon père a toute sa vie accepté de défendre *Pro bono,* c'est-à-dire gratuitement, les victimes d'injustice les plus vulnérables qu'il lui arrivait de croiser dans le cadre de sa pratique. Sensible à la misère des gens, il n'a jamais hésité à rendre service, poussant parfois la charité jusqu'à des extrêmes étonnants. C'est ainsi qu'il procura un emploi à l'une de ses clientes, pauvre et démunie, en l'embauchant chez nous comme aide-ménagère, un travail qu'elle gardera pendant plus de vingt-cinq ans. Des dizaines d'autres personnes lui sont aujourd'hui redevables pour toutes sortes de bienfaits. Devenu avocat pour défendre la veuve et l'orphelin, selon l'expression consacrée, son empathie n'était rien d'autre que le résultat d'une éducation familiale sur fond de Deuxième Guerre mondiale et de crise économique, rien d'autre que le fruit d'une longue tradition d'altruisme et de compassion, ses parents ayant bien avant lui ouvert leur cœur, leur maison et leur porte-monnaie aux aïeuls vieillissants, à trois orphelins, de même qu'aux plus pauvres, malgré la lourde charge que représentaient déjà leurs dix enfants.

Notre éducation, c'est indéniable, colle à notre peau certains stigmates résistant aux changements. Je reste pantoise devant la manière dont les comportements parentaux trouvent parfois parfaitement écho dans ceux de leur progéniture. À l'instar de quelques amies avec qui je soulevais la question récemment, je me surprends parfois à réprimander ma fille avec les mêmes mots que ceux que ma mère utilisait pour me sermonner. « Coudonc, ce manteau-là, ça va-tu marcher tout seul jusque dans le garde-robe ? Si tu ne ramasses pas ta chambre dans l'heure qui suit, je fous tout aux vidanges... On verra bien si tu riras encore quand le camion sera passé ! » « Écoute-moi bien, ma petite fille, tu feras à ta guise quand tu auras le nombril sec ! » « Es-tu folle ? Reviens immédiatement mettre une tuque et un foulard, on gèle. Si t'es malade, après ça, ne compte pas sur moi pour t'apporter des oranges ! »

Mais ma mère n'est pas la seule à avoir gravé à jamais dans mon vocabulaire et dans le ton de ma voix les marques de son ascendant. Je calque aussi inconsciemment mes comportements d'impatience sur ceux que mon père a adoptés toute sa vie, et je me prends souvent en flagrant délit de répéter les gestes, les expressions et les rictus de certains membres de ma famille. Comme on dit, la pomme ne tombe jamais loin de l'arbre. On aura beau passer des années sur le divan d'un thérapeute dans le but de dégager notre individualité des imprégnations de notre milieu familial, nous en portons éternellement des traces. La vérité, c'est que les enfants sortent de leur mère au terme de neuf mois de grossesse, mais que la mère, elle, ne sort jamais tout à fait de son enfant. Son influence, bien que souvent réfutée avec vigueur par ses ouailles, est sans cesse trahie par mille et une attitudes qui sont autant d'empreintes dénonciatrices. « Hé ! Que t'es donc la fille de ta mère ! » me dit parfois mon mari quand je me transforme en *ti-boss des bécosses* dans la cuisine. Allégation que je me fais un devoir de contester avec véhémence. « *Come on*, t'exagères ! Je ne suis pas du tout comme elle ! » dis-je sur un ton de vierge offensée. « C'est fou comme on ne se voit pas ! » répond Jacques en prenant ma fille à témoin qui, elle, ne demande pas mieux que de me prendre en défaut.

Si l'influence de la mère domine parfois, celle des pères n'est certes pas en reste. « Grand-papa, sors de ce corps ! » me lance Rosemarie en riant quand, au volant derrière un conducteur trop lent, je profère d'affreuses grossièretés semblables à celles que mon père ne se retient pas de prononcer en pareille circonstance. « Tiens ! Un autre qui cherche une place pour s'évanouir ! On n'a pas toute la vie, *maudite marde* ! » Je voudrais bien croire que l'on emprunte à nos parents que le meilleur de ce qu'ils sont pour former notre personnalité, mais je suis forcée de constater que, à notre grand désarroi, nous nous approprions aussi une partie de l'inavouable et, surtout, une grande part du ridicule. Cela fait partie de notre legs.

À cet égard, ma fille ne se différencie pas des autres jeunes. Tout en rejetant en bloc, comme il se doit, une grande part de ses influences maternelles dans le but de se construire, elle reste perméable aux attitudes et aux sensibilités transmises dans la famille. Malgré elle, elle maugrée comme moi lorsqu'elle est contrariée. À titre d'exemples, elle invective aussi à voix haute les objets qui lui résistent comme s'ils étaient des êtres vivants ; elle cultive l'art du désordre comme j'en suis capable et n'agit qu'à sa tête comme je l'ai fait toute ma vie. Elle me chipe mes bijoux et mes accessoires tout comme j'ai subtilisé, dans le temps, ceux de ma mère en négligeant – ce qui provoque mon courroux – de les remettre à leur place.

« Ce n'est pas moi la coupable », a-t-elle un jour eu l'effronterie de me servir comme excuse à ses comportements répréhensibles, « c'est toi en moi ! ». Ne reconnaissez jamais vos tares devant vos enfants. Ça pourrait bien se retourner contre vous. Je vous en passe un papier.

Altruisme transmissible

Mais les influences exercées sur ma fille ne s'arrêtent pas là. Issue d'une famille où l'action bénévole faisait figure de valeur importante, fraîchement émoulue d'une école qui l'a encouragée à l'entraide dès son plus jeune âge, c'est aussi très tôt que Rosemarie exprima le désir de se rendre utile. Elle fit ce qu'on appelle de l'aide aux devoirs auprès des petites élèves des classes primaires de son école, du gardiennage auprès des enfants de familles immigrantes tout en participant à une infinité de collectes de fonds destinées aux moins nantis. Plus récemment, elle a aussi participé à un voyage humanitaire qui l'a menée à séjourner au Sénégal pendant six semaines.

Par ailleurs, je ne saurai jamais assez bien exprimer la fierté que j'ai ressentie lorsque, de son propre chef, ma fille m'a demandé il y a quelques années de la conduire à l'Institut universitaire de gériatrie de Montréal afin de s'y inscrire comme bénévole. Elle souhaitait faire des visites aux personnes âgées, participer aux activités hebdomadaires et rendre service d'une manière ou d'une autre. De son propre aveu, Rosemarie aime les *vieux*. C'est ainsi qu'elle fut jumelée à une bénéficiaire à qui elle s'attacha immédiatement. Beau temps, mauvais temps, qu'il pleuve ou qu'il neige, elle a visité – pendant près de trois ans et souvent plus d'une fois par semaine – cette vieille dame très malade, lui apportant tantôt du chocolat, tantôt des fleurs. Sinon, elle se contentait de discuter avec elle de tout et de rien ou de simplement lui brosser les cheveux.

En dépit de leur grande différence d'âge, Rosemarie et madame Picard ont partagé, jusqu'à son décès, une amitié profonde qui a souvent fait l'envie des autres bénéficiaires. Elles ont, comme des gamines, échangé des confidences et des fous rires et transcendé leurs différences générationnelles en mettant l'accent sur leurs affinités. Fait éminemment courageux pour une toute jeune fille que rien n'avait préparée à assister à une agonie, Rosemarie a tenu à être aux côtés de sa vieille amie le plus longtemps possible malgré la rudesse de l'expérience. Au lendemain de sa dernière visite aimante et silencieuse, elle apprit que madame Picard avait finalement rendu l'âme, non sans s'être assurée qu'on remette à ma fille, en son nom, une petite poupée qu'elle avait entrepris de confectionner pour elle à son insu. Objet que Rosemarie conserve depuis précieusement.

Je crois profondément que le désir de donner relève essentiellement d'une profonde disposition du cœur. Mais je suis en même temps d'avis que rien n'encourage mieux la générosité et la compassion que l'exemple. Selon moi, ce n'est pas en offrant à un enfant tout ce qu'il désire qu'on lui apprend à donner, mais en l'aidant à prendre conscience des besoins des autres et en stimulant sa recherche de solution.

Je me souviens d'une occasion où, animatrice à la radio de Rythme FM, j'avais invité les auditeurs à contribuer à aider une mère chef de famille monoparentale atteinte d'un cancer incurable. En compagnie de son jeune garçon, une femme avait entendu mon appel. « C'est une situation difficile pour cette maman et sa petite fille », avait-elle expliqué à son fils qui ne devait pas être âgé de plus de sept ans. « Que proposes-tu pour que nous l'aidions ? » La mère et l'enfant s'étaient alors présentés à la station pour offrir un montant d'argent provenant en partie de la tirelire du petit garçon. Lorsque celui-ci me tendit son enveloppe décorée de cœurs et de soleils radieux, contenant quelques dollars en plus de deux ou trois pièces de monnaie, ses yeux exprimaient une fierté émouvante de participer à quelque chose de bon et de bien. J'ai la ferme conviction que les enfants à qui on a demandé de partager leurs jouets, les jeunes que l'on n'a pas hésité à mettre à contribution dans des collectes de denrées et ceux à qui on a enjoint de briser leur *petit cochon* dans le but d'aider autrui grandissent tout naturellement dans un esprit de partage et d'équité qui les accompagnera toute leur vie.

Don enrichissant

Savoir donner, je crois, est une grande bénédiction. « Le bonheur est souvent la seule chose qu'on puisse donner sans l'avoir et c'est en le donnant qu'on l'acquiert », a d'ailleurs écrit Voltaire. Je ne peux en effet rien nommer qui m'ait apporté dans ma vie autant de réconfort immédiat que le don. Rien qui n'ait atténué avec autant d'efficacité la douleur de la perte. Aussi curieux que cela puisse paraître, donner est le meilleur des antidotes au désespoir. Lorsque l'on n'a plus rien à offrir, c'est encore le don qui nourrit le plus. Alors qu'on a la terrible impression de ne plus rien valoir et d'être tari à la source, se tourner vers les autres restaure non seulement notre estime personnelle, mais redonne aussi du même coup un sens à notre vie. Même en pleine tourmente, même au plus creux de l'épreuve, il est toujours émerveillant de constater à quel point le sentiment d'être utile vous justifie d'exister.

« Qui donne reçoit », nous ont toujours enseigné les grands humanistes. En nous détachant momentanément de notre propre souffrance pour soulager un tant soit peu celle de notre voisin, nous nous arrachons à la force centrifuge qui nous paralyse et nous tient à l'écart du mouvement de la vie. Ce faisant, nous entretenons le lien vital qui nous unit aux autres. À partir du moment où l'on aborde la question du don par la porte du privilège plutôt que par celle du devoir, notre potentiel de bonheur s'intensifie.

Je suis toujours émue de constater que ceux qui donnent le plus sont souvent ceux qui possèdent le moins. Je connais une mère chef de famille vivant de l'aide sociale en raison d'une grave maladie qui l'empêche de travailler. Malgré sa propre indigence, une situation financière extrêmement précaire et d'immenses défis quotidiens de survie, elle contribue du mieux qu'elle peut à combler les besoins de ceux dont elle juge la situation encore pire que la sienne. Ne pouvant de toute évidence souscrire financièrement aux efforts de son quartier pour soutenir les nécessiteux, elle apporte autrement une aide qui n'en est pas moins précieuse. Reconnaissante de bénéficier elle-même de la générosité de quelques personnes empathiques à sa situation, elle *donne au suivant.*

Dans l'anonymat le plus complet, dans l'ombre et avec une humilité bouleversante, sans qu'aucun remerciement officiel ne lui soit exprimé pour son don de soi assidu, cette femme change le monde beaucoup plus qu'on ne pourrait le croire. En répartissant les contenants de macaronis, les conserves de légumes et les sacs de riz dans des boîtes de carton destinées à des comptoirs alimentaires, elle devient un maillon indispensable dans la grande chaîne de l'entraide. Son nom ne comptera sans doute jamais parmi ceux des bénévoles émérites à qui on rend parfois hommage, pas plus qu'il ne figurera sur la liste des grands donateurs d'instituts de recherche. Mais son apport à la société n'en est pas moins important.

N'est-il pas stupéfiant de constater que nous vivons dans une société où, comme le disait Oscar Wilde, « les gens savent le prix de tout et ne connaissent la valeur de rien » ? Étonnamment, ce n'est pas ce à quoi on peut apposer un prix qui revêt la plus grande des valeurs, mais tout ce qui ne coûte rien du tout. Chacun sait bien que l'essentiel ne se monnaye pas : si l'on peut se payer des soins médicaux, on ne peut en revanche acheter la santé ; si nous pouvons offrir de l'argent contre de la compagnie pour tromper notre solitude, il nous est impossible d'acheter l'amour pas plus que l'amitié.

Les véritables richesses, quoi qu'en pense notre société de consommation, sont immensément moins coûteuses qu'on ne le croit. Par exemple, quelques minutes de conversation avec un sans-abri peuvent changer le cours de sa journée ; une parole bienveillante envers un inconnu peut lui redonner courage et espoir. Nous ne connaîtrons jamais tout à fait l'étendue de l'impact des petits gestes en apparence anodins que l'on fait à l'occasion. Nous aurions tort d'en sous-estimer la valeur et la puissance bienfaitrice sous prétexte qu'ils ne coûtent pas un sou. Qui sait tout le chemin que peut faire un sourire ?

Humanisme transcendant

Au fur et à mesure que j'avance dans ma vie, je prends de plus en plus conscience de l'importance de notre relation au monde dans la découverte de qui l'on est. La recherche de soi, qui constitue sans aucun doute la plus longue et la plus exigeante quête de toute existence, ne peut s'effectuer que dans la mesure où nous demeurons connectés au reste du monde. Plus encore, je dirais que ce n'est que dans le lien que réside le véritable sens de notre vie. Peut-être que « l'enfer, c'est les autres », comme l'a écrit Sartre, mais ils sont aussi notre salut. Car, aussi antinomique cela puisse-t-il paraître, c'est en approfondissant notre humanité que l'on touche à notre spiritualité. Assez étrangement, plus nous nous humanisons, plus nous transcendons notre condition humaine.

J'avoue humblement que j'envie ceux à qui le talent est donné d'aborder la vie dans la simplicité. C'est avec jalousie que j'observe les gens qui réussissent à profiter du moment présent sans que jamais ne soit perturbée leur sérénité. Ceux-là, débonnaires et flegmatiques, marchent dans la vie avec la confiance émouvante des petits enfants et échappent aux grandes angoisses existentielles. Pour ma part, mes efforts pour faire de même ne produisent rien qui vaille. En duel permanent avec l'anxiété, mon ennemie de toujours, je ne résiste que très rarement à la tentation de me projeter dans l'avenir.

Pourtant, vieillir ne me fait pas peur. Mis à part quelques ennuis mécaniques qui ne manquent pas de survenir de temps en temps et de plus en plus fréquemment, je trouve que l'âge me gratifie bien plus qu'il ne me dépossède. Bien sûr, il me faut maintenant trois jours pour me remettre d'avoir fait la fête toute une nuit et mes articulations ne se gênent pas pour crier au secours d'avoir trop dansé. Mais c'est, je pense, devoir renoncer à bien peu en échange de beaucoup.

Assez curieusement, nous associons toujours la jeunesse à la légèreté alors que la mienne m'a sacrément pesé. Cela peut sembler étonnant, mais, en effet, vieillir m'allège formidablement. Je constate année après année que le passage du temps me déleste toujours un peu plus de mes entraves et de mes chaînes. Petit à petit, je me libère de ce qui encombre ma vie et en trouble le sens. Un peu plus chaque jour, je jette par-dessus bord les poids inutiles qui alourdissent ma traversée. Moi qui ai commencé ma vie corsetée dans la peur de tout et paralysée par le manque de confiance en moi, voilà que je suis capable de courage et d'assurance. Je peux enfin dire que je vis libre et debout. Cela vaut bien de perdre en fraîcheur. Je vous le garantis.

Félicité amadouée

En supposant que je vive jusqu'à soixante-quinze ans, j'ai derrière moi déjà plus des trois quarts de mon existence. Cela fait réfléchir. Mon parcours, il est vrai, n'a pas été un fleuve tranquille. Mais tout bien considéré, je n'y changerais rien. En rétrospective, ce que la vie m'a donné a infiniment plus de valeur à mes yeux que ce qu'elle m'en a coûté. Il est vrai que j'ai connu beaucoup de souffrances. Mais parce que j'ai trouvé des façons de leur donner un sens, elles n'ont pas réussi à détruire l'essentiel. Ma pulsion de vie, dont le pouls se fait ressentir dans ma capacité d'aimer, a certes chancelé quelques fois, mais n'a jamais, jamais cessé de battre.

Quant à la grande question qu'est celle du bonheur, je suis forcée de reconnaître qu'elle se simplifie comme par magie à partir du moment où on la retourne vers soi. « Le bonheur, dit l'adage, c'est comme du sucre à la crème ; quand tu en veux, tu t'en fais. » À travers toutes mes tribulations amoureuses et après tous mes déboires, j'ai finalement appris que le bonheur est un choix dont le passage obligé est sans conteste le risque. Je constate que nous avons beaucoup plus de pouvoir sur notre existence que nous ne serions tentés de le croire. Plutôt que de le concéder aux autres, il suffit simplement de s'en emparer. Et si, par ailleurs, il est vrai que nous n'avons parfois aucune emprise sur les événements de notre vie, il nous appartient toujours de décider de la manière dont nous allons nous en accommoder.

Personne ne détient le monopole de la difficulté de vivre. Nous portons tous sur nos épaules et dans le cœur des bagages parfois très lourds. En ce qui me concerne, je refuse de laisser les miens me priver de vivre pleinement et saper mes chances de bonheur. On a beau blâmer le monde entier pour nos malheurs, je crois que nous sommes, finalement, les seuls responsables de ce que nous devenons. Le chemin est ardu, j'en conviens. Personne n'a jamais prétendu que le bonheur était reposant. Mais puisqu'il est impossible de le trouver ailleurs, il faut bien faire l'effort de le trouver en soi.

À l'heure des bilans, quand au bout du chemin nous repenserons notre existence et que l'angoissante question du sens de notre vie émergera, j'ai bien peur que nos avoirs nous soient d'un bien piètre réconfort. Moi qui ai cru mon heure arrivée plus d'une fois au cours des dernières années en raison de nombreuses tachycardies fulgurantes, je peux vous certifier qu'au moment de passer sur l'autre rive, l'essentiel n'est en rien ce que l'on croit.

Hantée par la peur de passer à côté de ma vie, aux prises avec les tentacules visqueux de mes lâchetés et de mes turpitudes, je tente avec plus ou moins de succès, selon les jours et les circonstances, de construire ce qu'il me sera possible d'emporter avec moi dans l'éternité et qui ne tient, au bout du compte, que dans l'amour donné et reçu.

Lorsque j'arrive à taire mon tapage intérieur, quand je laisse enfin s'étendre le silence de la réflexion et le calme de la vie qui se suffit à elle-même, je peux entendre ma conscience dont la voix me guide. Dans ma quête perpétuelle d'équilibre, je compte sur sa sagesse pour m'aider à faire la part des choses entre le respect de soi et l'oubli de soi, l'amour des autres et l'amour de soi. J'essaie, toujours écartelée entre ces deux pôles, d'honorer la vie qui m'a été donnée en cultivant le meilleur de moi-même.

Quant au pire, je suis bien forcée d'admettre qu'il a tout d'un jardin de chiendent. J'ai beau le désherber assidûment, il me semble que c'est toujours à recommencer dès que j'ai le dos tourné. À plus de cinquante ans, je confesse que je n'ai encore rien appris de la patience et de l'indulgence notamment, et encore trop peu de la tolérance. La liste est longue des défis qui m'attendent jusqu'à la fin. Rien ne me plaît moins de le dire, mais je suis bien partie pour devenir une de ces petites vieilles acariâtres et grincheuses comme on en voit dans les films. C'est, en tout cas, la prédiction de ma fille, Rosemarie.

Demain la vie

Quoi qu'il en soit, j'apprécie ma chance. Alors que je m'apprête à mettre un point final à ce livre, les circonvolutions odorantes d'un délicieux pot-au-feu me parviennent de la cuisine. Pendant que je sirote avec lenteur un petit verre de porto et que mon chien mendie des caresses à mes pieds en lâchant des soupirs de vieille fille, mon mari s'acharne sur un sudoku classé *diabolique* tout en jetant un œil sur le football. C'est un samedi comme les autres. Tout ce qu'il y a de plus ordinaire. De sa chambre, je peux entendre clairement les éclats de rire de ma fille qui, allongée sur son lit, jacasse comme une pie avec son amie Fred pendant que la chatte, telle une voleuse, chipe au chien quelques graines de nourriture dans son bol. Ni vu ni connu.

Plus tard, bien après que j'aurai envoyé les dernières lignes de mon manuscrit et que j'aurai finalement éteint mon ordinateur, mon beau-fils viendra se caler contre nous sur le canapé du salon, ma fille fera des biscuits Pillsbury et nous regarderons tous, pour la vingtième fois, *Cinéma Paradiso*. Comme à chaque fois, je pleurerai comme une Madeleine. On n'y échappe pas.

Non, la grandeur n'est pas que dans les grandes choses. Elle se cache aussi dans les tout petits riens de la vie quotidienne. L'appel d'un ami, le baiser d'un enfant, l'odeur d'un feu de bois. Quoi qu'on en pense, les splendeurs du monde ne sont pas toutes au musée. Elles flamboient aussi dans l'intimité des maisons, à l'heure de la sieste, autour du souper familial ou dans un bain de mousse. Drapés de leur modestie et parés de leur humilité, les joyaux de notre quotidien attendent que nous en prenions conscience pour déployer leur incroyable valeur. Il y a, dans toutes ces petites choses ordinaires de la vie, tant de vie, justement, et tant de raisons de dire merci.

Ma vie m'a appris qu'il faut serrer son bonheur contre soi tant qu'on le tient.

Car personne ne peut dire de quoi demain sera fait.

Libre échange

Si ce livre suscite en vous des réactions et des commentaires que vous aimeriez partager avec moi, je serais ravie de lire vos courriels.

Vous pouvez me les faire parvenir à l'adresse : dominique.bertrand@live.ca

Table des matières

Suivez les Éditions de l'Homme sur le Web

Consultez notre site Internet et inscrivez-vous à l'infolettre pour rester informé en tout temps de nos publications et de nos concours en ligne. Et croisez aussi vos auteurs préférés et l'équipe des Éditions de l'Homme sur nos blogues !

www.editions-homme.com

Achevé d'imprimer au Canada
sur papier Enviro 100 % recyclé
sur les presses de Imprimerie Lebonfon Inc.